AF383860

ÉTUDES

sur

L'HISTOIRE D'HAÏTI

Paris. — Imprimerie de E. DONNAUD, rue Cassette, 9.

ÉTUDES

SUR

L'HISTOIRE D'HAÏTI

PAR B. ARDOUIN

ANCIEN MINISTRE D'HAÏTI PRÈS LE GOUVERNEMENT FRANÇAIS,
ANCIEN SECRÉTAIRE D'ÉTAT DE LA JUSTICE, DE L'INSTRUCTION PUBLIQUE
ET DES CULTES.

TOME DIXIÈME.

PARIS

DÉZOBRY, E. MAGDELEINE ET Cᵉ, LIBRAIRES-ÉDITEURS

RUE DES ÉCOLES, 78

(près du Musée de Cluny et de la Sorbonne)

1860

PÉRIODE HAÏTIENNE.

CINQUIÈME ÉPOQUE.

LIVRE CINQUIÈME.

CHAPITRE PREMIER.

1825. Impressions produites dans toute la République par la publication de l'ordonnance de Charles X. — Boyer se porte vivement au Cap-Haïtien : il y prend des mesures pour assurer la tranquillité publique. — Il est rappelé à la capitale par la maladie de Célie Pétion qui y succombe. — Arrivée de M. le baron Maler, consul général, et de consuls envoyés par le gouvernement français. — Proclamation du Président qui convoque le corps législatif pour le 10 janvier 1826. — Réclamation du consul général de France, à propos d'un article publié dans le *Télégraphe*. — 1826. Discours de Boyer à la fête de l'Indépendance et à l'ouverture de la session législative. — La Chambre des communes déclare *dette nationale* l'indemnité consentie envers la France, et vote différens codes et d'autres lois. — Examen des dispositions du code rural : effets qu'il produit dans les campagnes. — Exécution difficile de diverses lois successives établissant une contribution extraordinaire sur l'universalité des citoyens pour payer la dette nationale. MM. Rouanez et Frémont retournent à Haïti, après avoir contracté un emprunt pour payer le premier terme de l'indemnité, et signé une convention de commerce et de navigation. — Message de Boyer au Sénat : accord des deux pouvoirs pour refuser la ratification de cette convention. — Boyer fait écrire au gouvernement français pour en déduire les motifs. — Il publie une déclaration qui fait savoir dans quel sens il a accepté l'ordonnance de Charles X, et envoie en France un million de piastres qui ne suffit pas pour acquitter le premier terme de l'indemnité. — Sur la réponse du ministère français, il adresse un nouveau message au Sénat qui s'accorde avec lui pour faire cesser le demi-droit en faveur du commerce français. — Cette disposition empêche la conclusion d'une nouvelle convention au Port-au-Prince : on en réfère au gouvernement français. — La Grande-Bretagne envoie M. Charles Mackensie en qualité de consul général et des consuls particuliers : d'autres puissances également. — Proclamation qui permet la navigation haïtienne sous certaines restrictions. — Célébration de la fête de l'Agriculture. — Recrutement des troupes. — Création du papier-monnaie. — Convocation des électeurs pour la formation d'une nouvelle législature. — Convocation des généraux à la capitale. — Le secrétaire d'État envoie une obligation de 30 millions de francs pour le deuxième terme de l'indemnité. — Agent haïtien au Hâvre chargé de recevoir et de vendre des denrées pour compte de la République. — Examen du système financier.

Le gouvernement haïtien avait pris une grande résolution, en se décidant à accepter l'ordonnance rendue par Charles X sur la question qui se débattait entre la France et Haïti depuis la paix générale de 1814. Mais, si le président Boyer personnellement hésita à souscrire à cet acte, parce qu'il ne lui sembla pas réunir toutes les garanties désirables pour l'indépendance et la souveraineté de son pays; s'il crut cependant pouvoir se confier en la loyauté du gouvernement français pour terminer définitivement ce long litige par un traité subséquent, d'après la note officielle qu'il obtint de son envoyé, expliquant les clauses de l'ordonnance, il ne pouvait pas raisonnablement espérer qu'aucune répugnance ne se manifesterait dans le pays, à propos de cette transaction, et par les mêmes motifs qu'il avait eus pour ne pas vouloir la conclure.

Quelque confiance qu'un chef d'État inspire à ses concitoyens, l'opinion publique ne saurait abdiquer son droit d'examen de ses actes, surtout lorsqu'ils se rattachent à l'existence politique de la nation. Elle le pouvait d'autant moins en cette circonstance, que, durant toute l'année 1824, elle avait été surexcitée à l'endroit de la France, par le Président lui-même. Ses discours à la fête de l'indépendance et à l'ouverture de la session législative; ses proclamations du 6 janvier, du 14 avril et du 18 octobre; ses instructions aux commandans d'arrondissement pour mettre la République en état de défense; la réunion de ces généraux à la capitale où ils conférèrent avec lui secrètement : tout avait préparé les esprits à résister vigoureusement à toutes prétentions injustes de la part de la France. Est-il donc étonnant, qu'en apprenant les particularités relatives à l'acceptation de l'ordonnance; en lisant cet acte sur le journal officiel du gouvernement sans y trouver aussi la note de M. de Mackau; en sachant que cet officier avait emmené à sa suite une force maritime qui pénétra dans la rade du Port-au-Prince; est-il étonnant qu'on ait montré presque partout un sentiment de mécontentement, sinon d'indignation, de la conduite mal comprise de Boyer?

Mais il était plus naturel que ce sentiment éclatât dans

le Nord, où le long régime de H. Christophe avait toujours excité la méfiance et la haine contre la France, où existait une opposition permanente contre le système du gouvernement, surtout parmi les anciens généraux du régime déchu qui avaient essayé d'y établir un État distinct de la République. Au Cap-Haïtien, le général Magny, qui ne partageait pas leur sentiment, qui s'était pénétré des grandes vues politiques de Pétion, suivies par son successeur à l'égard de la France, en recevant l'information officielle de ce qui s'était passé à la capitale, avait fait publier avec pompes la proclamation du Président, du 11 juillet; par ses soins, le chef-lieu du Nord fut illuminé pendant trois jours de suite. Ces démonstrations, calculées sans doute pour rallier l'opinion en faveur du gouvernement, déplurent singulièrement aux généraux du Nord et à d'autres officiers, à des fonctionnaires publics et à des particuliers : ils manifestèrent si hautement leur désapprobation de la conduite tenue au Port-au-Prince, que Magny jugea la situation assez grave pour la mander à Boyer et l'engager à se transporter au Cap-Haïtien.

Le Président n'y mit aucun délai : le 25 juillet il partit avec sa garde à pied et à cheval et arriva au moment où il était le moins attendu dans le Nord. En passant à Saint-Marc et aux Gonaïves, il avait trouvé ces villes paisibles comme tout le département de l'Artibonite, par les soins des généraux Bonnet et Beauvoir. Magny lui signala le général Toussaint (celui qui avait pris possession de Samana en 1822), le général Nord Alexis, commandant de la place du Cap-Haïtien, et l'officier de santé L. Eusèbe, comme ceux qui avaient le plus tenu des propos tendant à compromettre la tranquillité publique. A une réunion des généraux, des fonctionnaires de l'ordre militaire et civil et des citoyens, qui eut lieu au palais national, le courageux Magny soutint hautement l'information qu'il avait donnée au Président d'Haïti, en sa qualité de commandant d'arrondissement chargé du maintien de l'ordre; il y ajouta tout ce que lui suggéraient sa profonde conviction politique et sa longue expérience des affaires de son pays, pour reprocher à ceux dont il se plaignait la légèreté de leur conduite en cette circonstance. Son ancienneté militaire, son honorable conduite dans tous les temps, l'estime générale dont il jouissait, tout contribua à donner un grand poids à sa parole. Boyer ne put qu'y déférer, sachant combien il était sincère dans son dévouement à la patrie; et après avoir parlé lui-même à cette assemblée, avec cette modération qui inspire la confiance, avec cette intelligence des choses qui fait naître la conviction, avec cet accent du patriotisme qui le distinguait et qui se communique par la persuasion, afin de prouver à ses concitoyens du Nord qu'il n'avait pu sacrifier les intérêts de la nation, il considéra néanmoins qu'il devait se montrer assez ferme pour interdire toute velléité de troubler l'ordre public.

Il ordonna aux généraux Toussaint et Nord Alexis et au citoyen Eusèbe, de se rendre au Port-au-Prince immédiatement. Le premier était sans emploi, le second ne pouvait plus occuper celui de commandant de place au Cap-Haïtien, après avoir été dénoncé par le commandant de l'arrondissement, et ce fut regrettable; car Nord Alexis était un excellent officier, bien propre aux fonctions qu'il remplissait depuis la conspiration de Richard. Ce qu'il y eut encore de regrettable, c'est que le général Toussaint, dont nous avons parlé aussi avec éloges, à propos de sa conduite à Samana, arrivé sur le bord de l'Artibonite, se fit sauter la cervelle par un coup de pistolet. Cet acte de désespoir n'avait aucun fondement, puisque ni lui ni ses compagnons n'étaient conduits sous escorte, et qu'il aurait dû considérer cette mesure du Président comme dictée seulement par la prudence gouvernementale. Parvenu à la capitale, le général Nord Alexis reçut ensuite l'ordre de se rendre à Jacmel; et Eusèbe, d'aller au Petit-Trou, dans l'arrondissement de Nippes. Après quelques mois de séjour en ces endroits, ils revinrent au Port-au-Prince où Boyer leur dit qu'ils pouvaient retourner à leur domicile [1].

D'après la relation de ces faits, le lecteur peut reconnaître qu'il n'y eut pas *conspiration*, ni même projet de conspiration de la part des trois personnes que nous venons de nommer. S'il existait dans le Nord une opposition constante, elle avait ses causes dans le système du gouvernement de la République qu'on n'y agréait pas, d'après les précédens régimes qui y avaient longtemps prévalu. Mais le mécontentement manifesté en cette circonstance fut un fait général dans tout le pays, et nous en avons dit les motifs dans la précédente Époque. Au Port-au-Prince même, où l'on fut témoin de tout, il était certainement plus vif que partout ailleurs; à Santo-Domingo, le général Borgella fut le premier à le manifester, sans calculer ce que l'autorité de sa parole pouvait avoir d'influence sur l'esprit public : aussi verra-t-on ce que produisit deux ans plus tard son opinion généralement connue à ce sujet.

---

[1] Le respectable sénateur Larose, ancien ami du général Magny, fut très-courroucé contre lui à propos de la dénonciation qu'il porta au Président contre le général Nord Alexis. M. Larose avait beaucoup d'estime pour ce dernier, et il pensait que l'expression de ses opinions en cette circonstance, ne pouvant compromettre la paix publique dans le Nord, Magny aurait dû les combattre par le raisonnement appuyé de son exemple. Nord Alexis resta sans emploi pendant longtemps et obtint ensuite le commandement de l'arrondissement du Port-de-Paix où il mourut. Eusèbe ne fut pas non plus employé, et il exerça la médecine au Cap-Haïtien : c'était un bien digne citoyen.

C'est ici le lieu et l'occasion de remarquer qu'en Haïti, il arrive assez souvent que les fonctionnaires publics surtout ne semblent pas toujours bien pénétrés de l'obligation où ils sont, de se tenir dans une réserve commandée par leur position, lorsqu'il s'agit de juger les actes du gouvernement. Ils oublient que ce qui est permis aux simples citoyens leur est interdit à eux-mêmes, sous peine de voir colporter leur opinion d'une manière fâcheuse pour eux et pour le pays. Ils passent alors pour être *opposans* au chef du gouvernement; celui-ci se défie d'eux, et la chose publique en souffre. Certainement, on ne cesse pas de s'y intéresser, on n'abdique point sa qualité de citoyen, quand on occupe une fonction quelconque dans l'État; mais comme l'on contracte en même temps l'obligation de suivre le système que le gouvernement a adopté, selon les circonstances, pour mieux régir le pays, on est tenu à beaucoup de prudence dans l'examen de ce système, — à moins peut-être qu'on ne se trouve dans ces temps de désolation où les mauvaises intentions du chef du gouvernement se décèlent par ses actes mêmes.

Tel n'était point le cas où se trouvait Boyer, quand il accepta l'ordonnance du roi de France. Mais il n'y eut que trop de gens satisfaits de cette espèce d'échec subi par son gouvernement, parmi ceux qui lui étaient opposés personnellement. Malheureusement, — nous l'avons déjà dit, — il avait eu le tort de ne pas imiter la conduite de Pétion, il avait négligé ce qui pouvait le plus excuser, sinon justifier la sienne; et quand il apprit que de tous côtés on lui jetait la pierre, quand les journaux étrangers vinrent augmenter cette fâcheuse situation par leurs réflexions plus ou moins acerbes sur l'acceptation de l'ordonnance, le Président se laissa aller à une sorte de dégoût dans ses rapports avec les fonctionnaires et les citoyens. Dès cette époque, il n'eut plus cet enthousiasme qu'il avait toujours montré dans les affaires publiques. Il continua, certainement, de prouver la fermeté, l'énergie de son âme dans les circonstances difficiles qui survinrent ensuite ; mais on peut dire qu'il était désenchanté du pouvoir. Son caractère était trop impressionnable pour ne pas l'être.

Au moment où il raffermissait son autorité dans le Nord, il reçut une nouvelle pénible pour son cœur : l'intéressante fille de son prédécesseur, la bonne et sensible Célie Pétion, était dangereusement malade au Port-au-Prince ! N'écoutant que ses affections pour cette jeune personne, sa fille adoptive, dont il s'était plu à achever l'éducation, il partit immédiatement du Cap-Haïtien avec son état-major, laissant l'ordre à sa garde de le suivre, et il arriva à la capitale le 23 août, à 4 heures du matin, avec deux officiers seulement : il avait franchi ces 60 lieues de distance en une trentaine d'heures. Malheureusement, tous les soins, tous les secours de la science du docteur Pescay, ne purent sauver sa pupille : après une maladie persistante, qui avait tous les symptômes de la fièvre typhoïde, Célie expira le 28 septembre, âgée d'environ 20 ans [1].

Durant le cours de cette funeste maladie, la population tout entière du Port-au-Prince s'associa aux inquiétudes qu'éprouvaient Boyer et sa famille ; elle prouva sa profonde sympathie à la mort de la jeune fille qui lui rappelait les

[1] A l'occasion de la mort de Célie, Boyer se brouilla avec le docteur Pescay dont le caractère avait bien des défauts, si celui du Président n'en manquait pas non plus. Il paraît que Boyer lui aura reproché d'avoir négligé la maladie à sa naissance : aussi voulut-il dès lors lire les ouvrages sur la médecine, afin d'avoir des idées générales de cette science. Ayant demandé au docteur Pescay de produire son compte, celui-ci, disait-on alors, éleva ses prétentions à une somme considérable que le Président lui paya néanmoins ; mais il ne fut plus appelé à soigner sa famille.

actes de bienfaisance de Pétion. Il y eut bien des pleurs versés aux obsèques de Célie, car elle méritait ce témoignage de regrets ; et l'on voyait avec douleur s'éteindre en elle l'unique rejeton de celui que le peuple honora du nom de *Père de la Patrie*. Son cercueil fut placé dans le même caveau où sont les restes de son père .

Après le retour de M. de Mackau en France, avec les trois plénipotentiaires haïtiens, Daumec, Rouanez et Frémont, chargés de conclure un traité par suite de l'acceptation de l'ordonnance du 25 avril, et un emprunt destiné à payer le premier terme de l'indemnité consentie, le gouvernement français nomma M. le baron Maler, consul général et chargé d'affaires pour résider au Port-au-Prince, M. Raguenaud de la Chenaie, consul aux Cayes, et M. Molien, vice-consul au Cap-Haïtien. Ces agents arrivèrent au Port-au-Prince dans les premiers jours de novembre : le 10, leurs lettres de créance furent présentées, et le 13, Boyer les reçut au palais de la présidence. Il leur accorda l'*exequatur* indispensable à l'exercice de leurs fonctions consulaires.

Dans sa préoccupation pour prendre les mesures les plus convenables à l'exécution de l'ordonnance sous le rapport pécuniaire, Boyer publia une proclamation qui convoqua la Chambre des communes au 10 janvier 1826.

A peine le chargé d'affaires de France était-il arrivé, que l'occasion s'offrit à lui de faire au gouvernement une réclamation dont l'objet était tout politique. Jusqu'alors, le *Télégraphe* portait le titre de : *Journal officiel* ; mais ses colonnes étaient ouvertes à l'insertion de tous articles quelconques

---

1 Ce douloureux événement fournit à Juste Chanlatte l'occasion de faire de nouveaux éloges de Pétion, dans des stances élégiaques, en acrostiches, qu'il publia sur les journaux pour témoigner les regrets éprouvés par la mort de Célie.

qu'il plaisait aux particuliers de publier, en vertu de la liberté de la presse. Or, le numéro du 20 novembre produisit un long article, sous la rubrique de Santo-Domingo, qui commentait l'ordonnance de Charles X avec une certaine vivacité de patriotisme, et telle qu'en général on la concevait dans la République. M. le baron Maler en fut ému ; il s'adressa immédiatement au gouvernement, qui semblait patroner cet article, puisqu'il avait paru dans son journal officiel, et qu'il en devenait en quelque sorte responsable aux yeux du gouvernement français. Le secrétaire général Inginac lui répondit que la liberté des opinions existait en Haïti et que chacun avait le droit d'exprimer les siennes. Mais il fut facile à M. Maler de lui démontrer que, cela étant, et le gouvernement laissant à chacun la faculté de publier sur son propre journal, celui-ci devait avoir, comme le *Moniteur français*, une « partie officielle » pour insérer les actes du gouvernement, et une partie « non officielle » pour insérer les écrits des particuliers, afin de n'en être pas responsable et solidaire. Cette réclamation était trop judicieuse pour n'être pas aussitôt accueillie : depuis lors, la distinction fut établie, selon que le suggéra le chargé d'affaires de France.

L'anniversaire de l'indépendance d'Haïti, jour de fête nationale consacrée par la constitution, survint peu après, et M. Maler fut invité à assister aux cérémonies usitées. Dans son discours du 11 juillet précédent, Boyer avait dit que désormais, dans cette solennité, les Haïtiens devraient ajouter au serment « de vivre indépendans ou de mourir » le vœu « qu'une confiance et une franchise réciproque ciment-« tent à jamais l'accord qui venait de se former entre eux « et les Français. » Son discours du 1er janvier 1826 fut en rapport avec cette idée, tout en rappelant à ses concitoyens l'obligation qu'ils avaient contractée envers leur postérité, de défendre leur indépendance nationale contre n'importe quelque puissance que ce fût ; et la formule du serment prêté en cette occasion ne fut pas textuellement celle de 1804, mais à raison de la position nouvelle d'Haïti comme État reconnu indépendant.

L'ouverture de la session législative eut lieu le 14 janvier, par un discours du Président : il annonça à la Chambre des communes la transaction conclue entre la République et la France, et la nécessité pour la première de donner des gages de sa bonne foi dans les arrangemens contractés ; et pour y parvenir plus facilement, il indiqua une série de mesures législatives appropriées à la situation. Parmi ces mesures, il y en avait qui devaient produire des économies dans les dépenses publiques, d'autres qui tendaient à augmenter les ressources de l'État, surtout en provoquant une plus grande production agricole. Enfin, la législation du pays devait se compléter par le vote des différens codes que le Président avait fait préparer par des commissions : aussi cette session fut-elle la plus laborieuse de celles où participa la 2ᵉ législature de la Chambre des communes, dont le mandat allait cesser dans la même année.

Elle vota d'urgence, quatre jours après l'ouverture de ses travaux, une loi qui réorganisa « la gendarmerie, » en créant une légion pour chacun des six départemens de la République, formant en tout 3,000 hommes dont le service, assujetti aux règlemens militaires, dut se faire à cheval. Cette gendarmerie était destinée « à la haute police des arrondisse-
» mens, à l'acheminement de la correspondance du gouver-
» nement et des autorités administratives et à faire exécuter
» les jugemens des tribunaux. » La haute police s'entendait particulièrement de celle des campagnes, en vue de la

production agricole et de l'exécution du « code rural » qui fut voté le 6 mai. Ce code était le résumé, une sorte de compilation de tous les anciens règlemens des divers gouvernemens du pays sur les cultures, et l'on y trouvait beaucoup de dispositions empruntées au code rural publié par H. Christophe, lequel avait emprunté aussi aux précédens règlemens. — « Le code de commerce, le code d'instruction » criminelle et le code pénal » furent aussi votés, ainsi qu'une nouvelle loi « sur l'organisation judiciaire, » une autre « sur » l'organisation et les attributions de la chambre des comptes » y créant des fonctionnaires titulaires, et d'autres « sur les en- » canteurs, sur le notariat, sur la taxe des médecins et des » chirurgiens [1]. » Par suite des dispositions du code civil, une loi décréta « l'organisation et la conservation des hypo- » thèques, » et une autre établit « l'enregistrement » par rapport aux actes civils et judiciaires. Cette dernière devait produire des revenus au fisc, de même que les lois rendues » sur l'établissement de la poste aux lettres, sur les pa- » tentes, sur l'impôt foncier assis sur la valeur locative des » maisons des villes et bourgs et sur les produits des éta- » blissemens ruraux consommés dans le pays. »

Afin de diminuer les dépenses de l'État, d'autres lois furent rendues, — l'une, qui réduisit le nombre « des aides de camp et des guides des généraux, » à la moitié de ceux qui servaient auprès d'eux ; l'autre, qui supprima « l'indemnité annuelle de 600 gourdes » qui était accordée aux commandans d'arrondissement pour frais de tournées ; la troisième, qui ferma les ports de Miragoane, Anse-d'Eynaud,

---

[1] Le public malicieux prétendit à cette époque, que la loi « sur la taxe des médecins et » des chirurgiens, » copiée d'une loi française sur la même matière, n'était que le résultat de la demande exagérée d'honoraires faite par le docteur Pescay, après la mort de Célie Pétion. Au fait, cette loi ne fut jamais exécutée.

Aquin, Monte-Christ, Azua, Port-de-Paix et Saint-Marc,
jusqu'alors ouverts au commerce étranger et où se trouvaient de nombreux fonctionnaires et employés de l'administration des finances, auxquels de simples préposés furent
substitués; la quatrième, sur une « nouvelle organisation
des troupes de ligne » dont les bataillons n'eurent plus que
six compagnies au lieu de neuf qu'ils avaient auparavant :
ce qui rendit disponibles une foule d'officiers qui allaient
être employés à la « police rurale » créée spécialement par
le code rural [1].

Le corps législatif vota encore, 1° une loi sur « l'établis-
» sement d'entrepôts réels de produits étrangers dans les
» ports du Port-au-Prince, des Cayes, du Cap-Haïtien, de
» Jacmel et de Santo-Domingo, » dans des vues fiscales
qui ne furent point réalisées; 2° une loi « sur la création
» d'une Banque d'Haïti, » qui ne put jamais s'établir;
3° une loi qui « accorda des avantages aux armateurs et
» commerçans haïtiens, trafiquant au long cours et par
» navires sous pavillon national, tant à l'importation qu'à
» l'exportation, » mais que quelque temps après on abrogea, parce qu'ils servaient de prête-noms aux étrangers;
4° une loi qui rapporta toutes celles en vertu desquelles le
gouvernement délivrait « des concessions nationales de ter-
» rains dans les campagnes; » 5° une loi qui mit en vente
« tous les biens domaniaux non réservés pour l'utilité pu-
» blique; « 6° une loi « sur l'organisation de la garde na-

[1] Par une loi du 13 avril 1807, le Sénat avait organisé les *demi-brigades* d'infanterie à
3 bataillons chacune, et 9 compagnies par bataillon : ce qui portait leur force à 1861
hommes. Mais Pétion en avait formé des *régimens* à 2 bataillons de 9 compagnies chacun, comprenant de 6 à 700 hommes. La loi de 1826 conserva les deux bataillons avec
6 compagnies chacun, et le régiment eut alors 630 hommes, officiers, sous-officiers, soldats et musiciens. Cette nouvelle organisation réforma ainsi 48 officiers par régiment,
outre les sous-officiers des compagnies supprimées.

» tionale; » 7ᵉ une loi « additionnelle à celle du 8 juillet
» 1824, sur les propriétés de l'Est, accordant remise à des
» particuliers de redevances dues à l'État sur les biens qui
» lui étaient échus. » Enfin, après avoir rendu, dès le 26
février, une loi qui déclara *dette nationale* l'indemnité de
150 millions de francs consentie en faveur de la France pour
la reconnaissance de l'indépendance d'Haïti, en laissant au
Président de la République la faculté de prendre les mesures
que sa sagesse lui suggérerait pour en libérer la nation, le
corps législatif vota encore une loi qui imposa « une contri-
» bution extraordinaire de 30 millions de gourdes (piastres
» fortes) payables en dix ans, à partir du 1ᵉʳ janvier 1827,
» sur l'universalité des citoyens d'Haïti. »

Ainsi, en outre des quatre codes comprenant ensemble
23 lois sur les matières dont ils traitaient, 24 autres lois sur
des objets divers furent discutées et votées dans la session
de cette année : aussi avait-il fallu la prolonger d'un mois
pour parfaire cet immense travail. Le 10 mai, la Chambre
des communes publia une « adresse au peuple » pour lui en
rendre compte : elle terminait son mandat par cet acte.

Par le code de commerce, des tribunaux formés de commerçans exerçant gratuitement leurs fonctions furent établis dans les villes du Port-au-Prince, des Cayes, du Cap-
Haïtien et de Santo-Domingo ; leur ressort étant le même
que celui des tribunaux civils de ces lieux, les autres tribunaux civils du pays durent continuer à connaître des affaires
commerciales dans l'étendue de leur juridiction. Par le code
d'instruction criminelle, l'institution du *jury* fut établie
pour la première fois en Haïti, afin de juger les causes criminelles ; mais l'exécution de ce code, du code pénal et du
code de commerce, fut ajournée à l'année 1827, à cause de
la difficulté de leur impression.

Le code rural seul, imprimé avant les autres, put être exécuté trois mois après sa promulgation, tant on avait hâte d'obtenir les résultats qu'on espérait de cette nouvelle organisation des travaux agricoles. Mais, s'il suffisait de publier des lois sur cette matière pour faire prospérer un pays, le code rural ayant amplement statué à cet égard, Haïti aurait dû être, sous son régime, le pays le plus fortuné de l'univers. Le législateur n'oublia qu'une chose : c'est qu'après vingt années écoulées depuis que la République était instituée ; après l'entière liberté fondée par Pétion et laissée à chacun de cultiver son champ selon qu'il le jugerait convenable à ses intérêts ; après la distribution des terres accomplie par lui et continuée encore par son successeur ; surtout après la jouissance, par les ouvriers agricoles, d'une faculté indéfinie de *locomotion*, il n'était pas possible d'imposer des règles qui tenaient d'ailleurs à l'ancien état de choses qu'ils avaient en horreur et auquel ils avaient toujours cherché le moyen de se soustraire.

En effet, nous avons dit comment, sous Toussaint Louverture, les cultivateurs imaginèrent de s'associer entre eux pour acheter d'anciens propriétaires, de petites portions de terrains où ils se réfugiaient pour cultiver des vivres ou autres denrées, afin d'être *indépendans* des colons restaurés dans leurs biens, ou des chefs militaires et civils fermiers des biens séquestrés, et de jouir d'une complète *liberté* : ce qui porta Toussaint à publier un arrêté du 7 février 1801 restreignant la vente des terrains à 50 carreaux au moins[1]. Ensuite, nous avons fait remarquer que, sous Dessalines, les cultivateurs, de l'Ouest et du Sud particulièrement, trouvaient dans l'exploitation du bois de campêche le même

____

[1] Voyez tome 4 de cet ouvrage, pages 317 et suivantes.

moyen vainement imaginé par eux en 1800 et 1801 [1]. Quant au régime suivi sous H. Christophe, nous avons dit qu'il était en réalité autre chose que ce que faisait supposer sa loi sur la culture ou code rural publié en 1812 [2]. Enfin, en parlant de la loi du Sénat, du 21 avril 1807, sur la police des campagnes, code rural de cette époque, et des vues contraires de Pétion à ce sujet, nous avons dit quel fut le résultat de la divergence entre les opinions du pouvoir législatif et celles du pouvoir exécutif [3]. Jusqu'en 1826, Boyer fut le continuateur du système agricole de son prédécesseur; il l'étendit dans l'Artibonite et le Nord après les événemens de 1820, et dans l'Est après ceux de 1822.

Maintenant, par le code rural que nous examinons, il revenait aux anciennes idées qui avaient dominé dans le pays depuis les règlemens publiés par Sonthonax et Polvérel, parce qu'il est vrai de dire que l'article 216 de la constitution disposait ainsi : « La police des campagnes sera soumise à des lois particulières. » Le moment lui parut convenable, sans doute, pour exécuter cette disposition : la nation venait de contracter une dette immense, il fallait la payer pour lui procurer sa parfaite tranquillité, garantir son indépendance désormais incontestée; et les produits de l'agriculture, augmentés par des travaux incessans et réguliers, devaient en fournir le moyen. Boyer et tous les hommes qui concouraient avec lui à l'administration du pays, ne pouvaient que concevoir cette pensée judicieuse en elle-même; car la culture des terres est la base de la prospérité de tous les peuples, et le peuple haïtien y est nécessairement voué, puisque ses produits agricoles servent d'échan-

---

1 Voyez tome 6 de cet ouvrage, page 561.
2 Voyez tome 7 » 478
3 Voyez tome 7 » 25 à 27, 39 à 45.

ges dans ses transactions avec les autres nations commerçantes qui lui apportent les marchandises qu'il ne fabrique pas et dont il a besoin. Indépendamment de ces réflexions qu'ils devaient faire dans l'état des choses, les idées qui venaient de l'étranger n'étaient propres qu'à stimuler le zèle de nos gouvernans à cet égard.

A l'étranger, on nous reprochait sans cesse l'espèce d'abandon où le gouvernement *semblait* laisser l'agriculture du pays, parce qu'on ignorait la véritable constitution du système y relatif, ou qu'on jugeait d'après l'ancien régime colonial et d'après ce qui passe dans les autres Antilles. Les défenseurs de notre indépendance, plus bienveillans que ceux-là, attribuaient le dépérissement des cultures au retard mis par la France à la reconnaître, ce qui contraignait notre gouvernement à maintenir sur pied une armée considérable et disproportionnée à notre population, armée qui, selon eux, pourrait être mieux employée dans les travaux agricoles, si nos craintes cessaient pour notre existence politique.

Eh bien! en présence de toutes ces idées conçues à l'intérieur et à l'étranger, n'est-il pas convenable d'examiner le système adopté par le code rural et ses principales dispositions? On appréciera mieux les résultats qu'il a produits.

La loi numéro 6 de ce code organisa la police rurale sous l'autorité principale des commandans militaires d'arrondissement, secondés des commandans militaires de communes, ceux-ci surveillant l'action d'officiers militaires assistés de gardes-champêtres dans les sections rurales, employant aussi la gendarmerie, et, au besoin, des détachemens de troupes de ligne, afin d'activer les cultures, de mettre de l'ordre et de l'assiduité dans les travaux, de faire observer la discipline dans les ateliers, de réprimer le vagabondage et de veiller à l'entretien et aux réparations des routes publiques et particulières. Dans certains cas déterminés, les juges de paix exerçaient aussi la police rurale [1], et les conseils des notables des communes et les conseils d'agriculture formés dans chaque section, assistaient au besoin ces autorités militaires et civiles. Dans chaque habitation où le propriétaire ne résiderait pas, il y aurait un gérant ayant des conducteurs d'ateliers sous ses ordres; pareillement, si l'habitation avait un fermier qui n'y résiderait pas.

Les officiers de police rurale et les conseils d'agriculture étaient les autorités le plus fréquemment en contact avec les cultivateurs des champs. Le code prescrivait une foule de dispositions qui exigeaient des *lumières* pour être bien comprises, et presque tous ces hommes étaient *illétrés*, ainsi que d'autres agents. Par exemple, art. 169 : « Les attributions » des conseils d'agriculture sont : 1° de veiller à ce que *les* » *dispositions des lois* relatives à la culture *ne soient pas tron-* » *quées* dans leur exécution; 2° de *chercher*, par des expé- » riences nouvelles, et par le maintien de la concorde entre » tous les intéressés, à *augmenter* progressivement ses ré- » sultats; 3° de signaler au conseil de notables et aux auto- » rités militaires, tous les abus ou négligences qui pourront » avoir lieu dans la section qu'ils habitent. » En outre, les membres de ces conseils d'agriculture, dont les fonctions étaient honorifiques, devaient *correspondre* individuellement ou collectivement avec les autorités militaires ou civiles. Ils étaient nommés, tous les ans au 1ᵉʳ mai, par le juge de

---

1 Par une loi du 15 novembre 1839, les attributions données aux juges de paix à cet égard furent laissées aux commandants des communes.

paix et le conseil de notables de chaque commune, au nombre de trois pour chaque section rurale, parmi les propriétaires, les fermiers principaux ou les gérans, et ils pouvaient être continués indéfiniment dans leurs fonctions. Mais la plupart des propriétaires sachant lire et écrire, demeurant dans les villes ou bourgs, il est clair que le choix des membres de ces conseils d'agriculture se portait sur les petits propriétaires, sur les petits fermiers et sur les gérans, tous *illétrés* et occupés de leurs propres travaux; et c'étaient à de tels hommes que le code confiait son exécution et le progrès de la culture!

Les commandans de communes n'avaient jamais reçu de l'État des frais de tournées dans l'étendue de leurs commandemens, et le code leur enjoignait d'en faire trois, chaque année, afin de visiter toutes les habitations des sections rurales. Une loi venait de supprimer les 600 gourdes accordées antérieurement aux commandans d'arrondissement pour leurs tournées d'inspection, et le code leur prescrivait néanmoins d'en faire une tous les ans dans toutes les sections rurales de leurs commandemens respectifs. Désormais, cette obligation devait être inévitablement négligée.

Jusqu'alors, les conventions habituelles entre les ouvriers des campagnes et les propriétaires et les fermiers étaient *verbales,* soit qu'il s'agît de la culture des champs, de l'élève des bestiaux ou de la coupe des bois destinés à l'exportation. Mais comme il arrivait souvent que les travailleurs rompaient leurs engagemens, soit par inconstance ou par tout autre motif, dans le moment où les travaux agricoles exigeaient le plus leurs soins et leur présence, le code rural prescrivit qu'à sa publication comme à l'avenir, ces conventions devraient être constatées par « contrats synallagmatiques » passés par devant notaire qui en garderait minute sur papier timbré, de même que les expéditions qui en seraient délivrées aux parties, ce qui devait profiter au fisc [1]. La durée des contrats ne pouvait être moindre de six mois, ni plus d'un an pour les coupes de bois; de deux ans à neuf ans pour les cultures secondaires et les manufactures; de trois ans à neuf ans pour les autres cultures [2].

Par ces dispositions, on espérait éviter les perturbations qui survenaient dans les travaux de toute nature, en *contraignant* les engagés *volontaires* à remplir leurs obligations. Les propriétaires, fermiers ou gérans qui souffriraient que des ouvriers restassent sur les habitations sans avoir passé un contrat, seraient passibles d'une *amende*. L'ouvrier qui aurait rompu le contrat avant son terme, qui aurait déserté l'habitation, y serait ramené par la police pour l'achever, et en outre condamné à une *amende*. Ensuite, par rapport aux grandes propriétés rurales exploitant n'importe quelles denrées que ce soit, à la fin de la récolte le partage de l'argent provenant de sa vente devait avoir lieu, selon les conventions prises, entre les propriétaires ou fermiers et les travailleurs en masse; et la part de chacun de ces derniers, divisée en trois classes, par *quarts de parts, demi-parts et parts entières*, selon l'importance de leurs travaux. C'était l'une des dispositions adoptées par le Sénat, dans sa loi de 1807 sur l'agriculture.

Les ouvriers contractans ne pouvaient voyager à l'intérieur, qu'après avoir obtenu un *permis* du propriétaire, du fermier ou du gérant de toute habitation; ceux que la police

---

[1] Dans le même but fiscal, le code prescrivait aux propriétaires, fermiers ou gérans, de fournir à l'administration des états de population chaque année, lesquels états devaient être dressés sur papier timbré.

[2] On entendait par « cultures secondaires, » celles des potagers, des fleurs, des arbres fruitiers, des vivres et des fourrages. Les autres cultures étaient celles de toutes autres denrées.

rencontrerait les jours ouvrables, non munis d'un tel permis, seraient considérés comme *vagabonds* et punis d'*emprisonnement*, et en cas de récidive condamnés *aux travaux publics* de la ville ou bourg. Les heures du travail dans les campagnes furent fixées, et les ouvriers ne devaient pas se livrer « à des danses ou festins, » ni jour ni nuit, durant les jours ouvrables fixés du lundi matin au vendredi soir de chaque semaine. Tout individu qui ne serait pas employé au service public, ou comme domestique, qui n'exercerait pas une industrie assujettie à la patente, qui ne pourrait enfin justifier de ses moyens d'existence, devait cultiver la terre; et ceux qui se trouvaient dans ce cas, ne devaient pas avoir la faculté de quitter les campagnes pour habiter les villes ou bourgs, sous peine d'être considérés comme *vagabonds*. Aucune réunion ou association de cultivateurs fixés sur une même habitation ne pouvait se rendre *fermière* de la totalité du bien pour l'administrer par eux-mêmes en société; et aucun propriétaire, fermier ou gérant d'habitation ne pouvait établir un système contraire à l'ordre établi par le code rural : — ce qui revenait à dire, qu'on ne pouvait volontairement suivre le régime qui avait été adopté jusqu'alors, par suite du dissentiment qui exista entre Pétion et le Sénat sur le système agricole. Les cultivateurs contractans étaient tenus d'être « soumis et respectueux » envers les propriétaires, les fermiers et les gérans, « obéissans » envers les conducteurs de travaux, et toute « désobéissance ou insulte » de leur part les exposait à être punis d'*emprisonnement* par les juges de paix. Du reste, le code prescrivit aussi aux propriétaires, fermiers ou gérans, « de les traiter en bons pères » de famille, de s'abonner avec un médecin pour les soigner » dans leurs maladies, de fournir les médicamens nécessaires, etc. »

Mais il aurait suffi de l'obligation imposée aux ouvriers des campagnes, en général et en quelque genre de travaux que ce fût, de s'engager par « contrats synallagmatiques » durant n'importe quel temps, pour les porter à envisager le code rural comme créant un ordre de choses contraire à la liberté complète dont ils avaient joui jusqu'alors, comme nuisible à leurs intérêts; et quand ils se virent contraints à se livrer aux travaux à des heures fixes, à y être assidus, à renoncer aux danses et aux festins durant les jours ouvrables, etc. [1], ils ne considérèrent le code que comme prescrivant le retour, sinon à l'ancien régime colonial, du moins au régime des divers gouvernemens qui avaient adopté des mesures pour les campagnes, fort opposées à celles pratiquées sous Pétion [2].

Le code rural fut donc frappé d'*improbation*, dès sa publication, aux yeux des masses employées aux travaux de toute nature dans les campagnes. Les officiers ruraux, leurs gardes-champêtres, les conseils d'agriculture, auxquels tant de devoirs étaient imposés sans qu'ils pussent bien comprendre le texte de la loi; même les conseils de notables, les juges de paix et les commandans de communes, qui

---

[1] On connaît ce mot d'un cultivateur au sujet des contrats synallagmatiques : « Vous signé avec moi, mais vous pas signé *piedsamoi*. » Ce qui veut dire : « Vous avez porté mon nom sur le contrat, mais vous ne pouvez pas m'empêcher d'aller où je veux. »

[2] « Si c'est un sentiment très-développé chez l'homme que sa prédilection pour tout ce qui lui appartient, son indifférence pour ce qui est possédé par autrui n'est pas moins grande ; ni peines, ni fatigues ne coûtent à un propriétaire pour faire fructifier son champ; mais lorsqu'il s'agit de cultiver celui d'un autre, tout soin devient pénible. Jusque dans les plus froides régions du Nord où la rigueur de la température fait, à l'homme une loi tout hygiénique du mouvement et du travail, les populations réduites au servage se font remarquer par leur apathie. A plus forte raison en Orient, où le climat invite à la paresse, les peuples sont-ils difficilement assujettis à un labeur ardent et assidu, à moins que l'intérêt ne les stimule. Pour qu'une société se perfectionne, pour qu'elle marche vers le progrès d'un pas calme et soutenu, il faut la placer sur ses bases naturelles et la délivrer des institutions qui violentent tous ses instincts. » *L'Égypte contemporaine*, par M. Paul Merruau, page 46.

voyaient leurs attributions s'étendre de manière à les surcharger d'occupations : tous ces agents de l'autorité publique finirent par se *dégoûter* de ce code de lois. On l'exécuta tant bien que mal dans les premières années et dans les départemens à l'Occident de la République, car dans ceux de l'Est on ne l'agréa en aucune manière ; les autorités elles-mêmes reconnurent l'impossibilité de l'exécuter et en aver tirent le gouvernement.

Accueilli avec beaucoup de faveur cependant, par certains propriétaires qui réclamaient sans cesse des mesures *coercitives* pour la prospérité de l'agriculture, parce qu'ils ne purent jamais se convaincre que le temps des rigueurs était passé, le code rural devint la ruine de leurs biens ; car après l'expiration des premiers contrats synallagmatiques, la plupart des cultivateurs ne voulurent plus les *renouveler* et abandonnèrent ces biens pour se réfugier, ou sur les petites propriétés de leurs parens et amis où ils étaient assurés de l'inexécution des dispositions de contrainte contenues dans ce code, ou sur leurs propres propriétés. La loi qui mit en vente tous les biens domaniaux provoqua de leur part une acquisition extraordinaire pendant la durée des contrats, de sorte qu'à leur expiration, les nouveaux acquéreurs étaient en mesure de passer sur leurs petites propriétés où ils se trouvaient *les égaux* des grands propriétaires et pas plus contraignables qu'eux [1].

Nous l'avons souvent dit et nous le répétons ici : l'une des causes principales du dépérissement des cultures en Haïti doit être attribuée à l'habitude contractée par les anciens ou les nouveaux grands propriétaires, de ne pas *résider* sur

---

[1] Le gouvernement qui, en Haïti, ne pourra ou ne voudra pas se convaincre que l'*égalité*, en toutes choses, est le droit le plus précieux aux yeux du peuple, sera toujours exposé à se fourvoyer.

leurs biens, pour les exploiter eux-mêmes au lieu d'en confier la gestion, à des gérans pris nécessairement dans la
classe des cultivateurs et n'ayant pas le même intérêt à les
faire prospérer, occupés d'ailleurs de soigner les petites
propriétés qu'ils possèdent, soit par concessions délivrées par
le gouvernement, soit par acquisition de terrains du domaine
national. La plupart de ces grands propriétaires étant des
fonctionnaires publics ou ayant fui le séjour des campagnes
dans les temps de troubles civils, résident dans les villes ou
bourgs et ne peuvent par conséquent concourir par leurs lumières aux progrès de l'agriculture, par le perfectionnement
des méthodes, par l'introduction de nouvelles machines in-
ventées ailleurs dans le but de diminuer le travail manuel
de l'homme; de là la propension de leur part à croire qu'à
l'aide de *mesures coercitives*, on parviendrait à obtenir plus
de résultats dans les cultures. On peut citer cependant
l'exemple de beaucoup de grands propriétaires qui,
administrant *eux-mêmes* leurs biens, en ont obtenu à
leur satisfaction. Mais, pour la généralité d'entre eux,
lorsqu'ils virent l'effet produit par le code rural, ils
furent les premiers à se récrier contre l'*impuissance* du
gouvernement à le faire exécuter dans toutes ses dispositions; ils formèrent dès lors ce qu'on peut appeler « l'Opposition négative. »

De son côté, « l'Opposition active » ne fit pas faute de reprocher au gouvernement son *insuccès* dans l'exécution du
code rural, et les dispositions de *contrainte* qu'il contenait.
Par ces dernières, elle lui imputa d'avoir voulu rétablir
les anciens régimes sur les cultures, contraires aux *droits*
des citoyens habitant les campagnes; par son insuccès, elle
l'accusa d'*inertie et d'incapacité*; et il arriva un moment où,
dans son infructueux triomphe contre Boyer, elle compta

ce code au nombre des actes *arbitraires* qu'elle lui trouvait dans l'exercice de sa magistrature [1].

À l'étranger, les faiseurs de systèmes d'organisation et d'administration pour Haïti, qu'ils ont toujours très-imparfaitement appréciée, firent chorus à toutes ces accusations, et leurs écrits vinrent encore réagir à l'intérieur du pays où il n'y a que trop d'esprits disposés à accueillir sans examen, tout ce qui s'imprime au dehors.

Parmi tous ces opposans, aucun ne sembla vouloir reconnaître une chose essentielle cependant : c'est qu'avec le système libéral dont Pétion fut le fondateur, par le morcellement et la distribution des terres, il n'était plus possible de maintenir une immense *supériorité* au profit des grandes propriétés rurales, comme anciennement; et que les petites propriétés, au contraire, devaient l'emporter avec le temps, bien certainement en faveur *des masses* de la population laborieuse qui cultive les terres de ses mains. Par là, le bien-être se déplaçait; il passait des mains des hautes classes dans celles des classes qui, jusque là, avaient été subordonnées, puisque l'agriculture, en Haïti, est, sans contredit, la base la plus solide de la fortune. C'est aux hautes classes à comprendre que, possédant des biens étendus dans les campagnes, elles doivent, autant que possible, les faire valoir par leurs propres soins : sinon, elles se verront dans la nécessité de les *morceler*, de les *vendre* partiellement à ceux qui peuvent les cultiver. Le séjour des hommes éclairés parmi ceux-là aurait le bon effet de diriger leurs efforts vers la prospérité des cultures, par l'exemple qu'ils traceraient, par les procédés qu'ils emploieraient dans l'exploitation de leurs biens.

1 Voyez le décret du gouvernement provisoire, du 22 mai 1843, sur la réforme du droit civil et criminel : décret rédigé par l'avocat Franklin.

Si le code rural ne put être exactement exécuté, par les divers motifs déduits dans le long examen que nous venons d'en faire; s'il finit par tomber en désuétude, on peut en dire autant de la loi qui imposa, sur l'universalité des citoyens, une « contribution extraordinaire » de 30 millions de gourdes-piastres, payables en dix ans. De même que pour le code rural, le gouvernement ne sembla pas se préoccuper de l'inconvénient que présente toujours l'établissement de tout impôt direct, ni de leur difficulté, pour ne pas dire l'impossibilité, qu'il y aurait à effectuer celui-ci d'une manière équitable, en supposant même que les ressources de chaque citoyen le rendissent réalisable durant cette période de dix années. Il est vrai qu'avant les arrangemens contractés avec la France, bien des gens disaient à Boyer qu'ils consentiraient volontiers à sacrifier une partie de leurs moyens pour payer l'indemnité, afin d'asseoir la stabilité du pays sur l'indépendance nationale reconnue par cette puissance ; mais c'était encore un de ces mécomptes auxquels il ne s'était pas attendu, à propos de cette affaire importante.

Toutefois, pour mieux disposer les citoyens au sacrifice qu'ils avaient promis de faire, pendant que la Chambre des communes discutait la loi, il adressa au Sénat, le 26 avril, un message par lequel il lui déclara qu'il destinait, comme « don patriotique, » les indemnités d'une année de sa magistrature (40 mille gourdes), qu'il verserait successivement au trésor public par cinquième, de manière à parfaire cette somme en 1830. A son exemple, les grands fonctionnaires se décidèrent à faire un don semblable, à raison de leurs émolumens, et après eux, presque tous les magistrats et autres fonctionnaires publics de la capitale consentirent à verser aussi au trésor, en général un mois de leurs appointemens. S'il y eut des imitateurs dans les autres villes, parmi les fonctionnaires et les citoyens, le nombre en fut trop restreint pour former une somme considérable par ce don patriotique. La loi votée par la Chambre des communes le 27 avril, laissa d'ailleurs à tous la faculté de compenser avec le trésor le montant de ce qu'ils y auraient versé, lorsque tous les citoyens auraient été taxés pour payer la contribution extraordinaire.

Cette loi répartit entre tous les arrondissemens la quotité que chacun devait donner par an, pour compléter les 3 millions de gourdes payables chaque année durant la période décennale. Dans chaque arrondissement, une commission spéciale extraordinaire fut formée pour répartir entre les communes dudit arrondissement la somme à payer par chacune. Dans ces communes, une nouvelle commission devait procéder à la confection des rôles, afin de taxer individuellement les contribuables. Ceux-ci furent divisés en dix classes, et la commission devait les taxer en raison de leurs facultés comme propriétaires, industriels, rentiers, etc., etc.

On conçoit dès lors quelles difficultés devaient se présenter pour l'application équitable de la loi, dans un pays qui n'avait point de cadastre, dont les habitans ne furent jamais assujettis à payer des contributions personnelles de cette nature, dont on n'a jamais pu savoir exactement le chiffre de la population; et cela, dans le temps où chacun était plus ou moins mécontent de l'acceptation de l'ordonnance de Charles X, et alors que les plénipotentiaires haïtiens, envoyés en France, étaient déjà revenus sans avoir pu obtenir le traité qui devait en faire disparaître les ambiguïtés. Aussi cette loi ne put-elle atteindre son but, parce qu'elle était réellement inexécutable. Néanmoins, le gouvernement ne voulant pas reconnaître qu'il était impossible d'obtenir du peuple cette contribution extraordinaire, la Chambre des

communes vota une nouvelle loi à ce sujet, le 30 mars 1827,
qui abrogea la précédente et établit la contribution de
2 millions de gourdes pour cette seule année, sauf à la
renouveler annuellement s'il y avait lieu. Voici les motifs
énoncés dans la loi :

« Considérant l'état de gêne où se trouve la nation, causé
» par la stagnation du commerce et par la crise financière
» qui existe généralement [1], et voulant autant que pos-
» sible aviser, par un nouveau système de classement, au
» moyen de déterminer la quotité du contribuable d'une
» manière proportionnelle aux facultés de chacun, etc. »

En conséquence, les contribuables furent divisés cette fois
en vingt classes, la première payant 500 gourdes, la deuxième 300, la troisième 200, ainsi de suite jusqu'à la ving-
tième payant 3 gourdes. Une commission spéciale dans chaque commune, composée des principaux fonctionnaires et de
trois citoyens propriétaires de biens ruraux, de maison de
ville ou de bourg, et commerçans, était chargée de la formation des rôles et « d'y inscrire chaque citoyen dans la classe
» qu'elle jugerait convenable, d'après les revenus provenant
» soit de ses fonctions, de son industrie, de ses propriétés ou
» de son commerce. » Il était établi quatre catégories de personnes à exempter de la contribution, — les femmes n'ayant
d'autre industrie et d'autres revenus que ceux de leurs maris;
les enfans qui sont sous la puissance de leurs pères ou mères;
les mineurs n'ayant aucune propriété; les infirmes hors d'é-
tat de gagner leur propre existence. Du 1er juillet au 31 décembre 1827, les contribuables taxés devaient avoir payé
leur quote de contribution en trois termes égaux, de deux

____

1 La crise financière et commerciale dont s'agit avait commencé dès 1825, en Europe
et aux Etats-Unis, et elle continuait encore en réagissant sur les affaires en Haïti comme
partout.

mois en deux mois, et tout retardataire serait contraint par les voies de droit.

Il suffit de lire les dispositions de cette nouvelle loi pour comprendre encore qu'elle n'était pas plus exécutable que la précédente, du moins qu'elle ne pouvait atteindre que les fonctionnaires public sou les citoyens les plus aisés des villes, et par là, occasionner des mécontentemens. Mais, toutefois, le gouvernement persista dans ses vues en obtenant de la Chambre des communes, dans la session de 1828, une loi qui établit « une imposition personnelle et mobilière sur » tous les Haïtiens » pour l'année 1829 et prorogée pour 1830, — les citoyens en étant exempts en 1828. Aussi, cette persistance insolite fit-elle penser et dire : que Boyer n'avait d'autre but que de prouver à la France, qu'il avait vainement fait ses efforts pour porter les Haïtiens à remplir les engagemens pécuniaires contractés envers elle ; d'où résultait la nécessité de *réduire* la somme de l'indemnité, d'après l'espoir que M. de Mackau lui avait donné à ce sujet.

Mais ce négociateur militaire avait promis plus qu'il n'espérait peut-être lui-même. Il fut aisé de s'en convaincre, au retour de MM. Rouanez et Frémont qui arrivèrent au Port-au-Prince dans les premiers jours de février, sur la frégate française *la Médée*. L'infortuné Daumec avait terminé sa carrière à Paris, sans pouvoir concourir avec ses collègues, à remplir toute la mission dont le gouvernement les avait chargés. Sa mort fut un évènement malheureux pour le Sénat haïtien où ses lumières auraient été d'un grand poids [1].

1 Je tiens de feu M. Frédéric Martin, Français, qui avait habité le Port-au-Prince et qui était passager sur la frégate *la Circé*, que dans la traversée, Daumec manifesta souvent le pressentiment de sa fin dans cette mission, quoiqu'il fût toujours d'une humeur gaie et charmante. Il fut malade en se rendant de Brest à Paris et mourut quelques se-

MM. Daumec, Rouanez et Frémont eurent à discuter avec des commissaires du roi de France, une simple « convention de commerce et de navigation, » seul acte que le gouvernement français voulut faire avec Haïti, et qui contenait encore au moins autant de clauses incompatibles avec son honneur et sa dignité, que l'ordonnance du 17 avril 1825. Bien qu'ils se persuadassent que Boyer ne la ratifierait pas, à raison de sa teneur et des circonstances politiques du pays, ils consentirent néanmoins à signer cette convention le 31 octobre, pour terminer la discussion qui durait depuis plus d'un mois, et afin de pouvoir se livrer entièrement aux négociations de l'emprunt qu'ils étaient chargés de contracter et dont les obligations allaient exiger d'eux un travail long pour les signer, etc. Le 4 novembre, l'emprunt fut adjugé à des banquiers représentés par MM. Ch. Ternaux, J. Gandolphe et compagnie, au taux de 80 pour cent et à 6 pour cent d'intérêt par an.

Il fallait verser à la caisse des dépôts et consignations, à Paris, la somme de trente millions de francs pour le premier terme de l'indemnité, et les instructions de Boyer aux commissaires haïtiens portaient qu'ils ne devaient souscrire des obligations que pour cette somme [1]. Or, au taux que fut contracté l'emprunt, les prêteurs donnant 800 francs, recevaient une obligation de 1,000 fr. ; de sorte, qu'ils ne déboursèrent effectivement que 24 millions de francs et reçurent des obligations pour trente millions, signées de MM. Rouanez et Frémont, qui se renfermèrent

maines après. Par les soins de ses collègues, son corps fut embaumé ; et quand sa famille le fit porter à Haïti, Boyer ordonna qu'à ses obsèques on rendit à Daumec les honneurs dus à sa fonction sénatoriale et au rang de plénipotentiaire qu'il avait dans sa mission.

[1] Il paraît que le Président croyait que l'emprunt se ferait au pair, que ses envoyés recevraient 30 millions en espèces, contre 30 millions en obligations souscrites par eux : autrement, on ne comprendrait pas cette limitation dans leurs instructions.

ainsi dans leurs instructions. Mais ils ne satisfirent pas aux exigences de l'ordonnance de 1825, quant à l'indemnité, n'ayant que ces 24 millions à verser à la caisse des dépôts et consignations.

Les obligations de l'emprunt, au nombre de 30 mille, furent divisées en vingt-cinq séries de douze cent chacune, portant les lettres alphabétiques de A à Z. Chaque année, l'une de ces séries devait être amortie par un tirage au sort, en payant les 1,200 mille francs du capital outre les intérêts de 6 pour cent payables par semestre, pour le capital de toutes les obligations émises. Pour la première année, échéant le 1er janvier 1827, ces intérêts seraient de 1800 mille francs; mais ils diminueraient chaque année par l'effet de l'amortissement, qui seraient terminé au 1er janvier 1851, si Haïti remplissait exactement cet engagement.

Cet emprunt était déjà une lourde charge pour elle; et en supposant qu'on en contractât un semblable pour chacun des versemens à faire à la caisse des dépôts et consignations, afin de se libérer des 150 millions de l'ordonnance, cette somme énorme serait presque doublée par ces emprunts 1. Une telle perspective était effrayante et propre à suggérer de pénibles réflexions à Boyer qui, en offrant en 1821 de payer « une indemnité raisonnablement calculée, » — sur les ressources de la République, — n'avait certainement pas cru qu'il fallût atteindre un chiffre aussi disproportionné. Et encore, ses espérances étaient déçues au sujet du traité qui devait faire disparaître les ambiguïtés de l'ordonnance!

Le 14 février, le Président informa le Sénat du contrat

1 Si je ne me trompe pas dans mon calcul, le seul emprunt de 1825, au bout de 25 ans, aurait coûté 23,210,000 fr. d'intérêts, qui, avec les 30,000,000 du capital souscrit, feraient la somme d 53,210,000 fr. En quintuplant ce chiffre, on obtient celui de 266,050,000 fr. tandis que les prêteurs n'auraient déboursé que 120,000,000.

passé à Paris par MM. Rouanez et Frémont, au sujet de l'emprunt, et du versement opéré par eux des 24 millions de francs qu'il avait produits : ce qui rendait la République débitrice de 6 millions pour acquitter le premier terme échu de l'indemnité. Le 24, il adressa un nouveau message au Sénat. Il lui dit :

« Citoyens sénateurs,

« Par l'article 125 de la constitution, vous devez connaître des traités faits par le Président d'Haïti avec les puissances étrangères, afin de les approuver, s'il y a lieu. Dans l'occurence actuelle, je crois devoir vous transmettre sous ce pli, en communication, l'acte conventionnel arrêté et signé à Paris le 31 octobre dernier entre les commissaires du roi de France et ceux de la République.

» Par suite de l'acceptation de l'ordonnance de Sa Majesté Charles X, du 17 avril dernier, pour la reconnaissance de notre indépendance, j'avais donné aux commissaires qui furent expédiés à Paris, des instructions pour former avec le gouvernement français un traité expliquant clairement toutes les parties de l'ordonnance dont il est question, en réglant en même temps les bases futures des rapports et du commerce des deux nations. Les commissaires, de retour, ne m'ont pas laissé ignorer que cette convention, telle qu'elle se trouve, est tout ce qu'ils ont pu obtenir dans leurs négociations avec les commissaires du roi de France. Comme elle ne se trouve pas conçue dans des termes qui assurent l'intérêt général de la République, je serais bien aise, citoyens sénateurs, d'avoir votre opinion motivée sur le meilleur parti qu'il conviendrait de prendre à cet égard.   « J'ai l'honneur, etc.

« Signé : BOYER. »

Le Sénat trouva, comme le Président, que cette convention ne répondait pas à ce qu'on avait attendu du gouvernement français, d'après la note d'explications fournie par M. de Mackau pour obtenir l'acceptation de l'ordonnance. Il fut d'avis que cette convention ne devait pas être ratifiée, et que le Président devait insister pour avoir un traité qui effacerait les ambiguïtés de l'ordonnance, — qui fixerait le délai où la faveur du demi-droit, « à l'importation, » cesserait pour les produits français, — qui ferait cesser immédiatement cette faveur étendue « à l'exportation » des produits d'Haïti par navires français, dès le jour où l'ordonnance fut acceptée.

Car, si Haïti avait dû consentir à payer une indemnité en faveur des anciens colons, rien ne devait l'obliger à en payer une autre au commerce de la France sous la forme du demi-droit ; et il était aussi absurde qu'injuste que, tandis qu'elle s'épuiserait pour acquitter la première, on voulût lui en ôter les moyens qu'elle trouverait dans la perception des deux impôts, à l'importation et à l'exportation. D'ailleurs, les droits perçus par le fisc, à l'*exportation* des produits indigènes, n'étaient que la représentation de l'*impôt foncier* établi sur les Haïtiens sous cette forme. Aussi, cette extension abusive avait fait affluer dans nos ports une foule de navires français venus la plupart sur l'est, pour se charger de nos denrées ; les armateurs et les commerçans de cette nation avaient compris que ceux des autres nations en profiteraient pour opérer leur retour par ces navires ; et par là, le commerce de ces nations partagerait effectivement la faveur du demi-droit que l'ordonnance du 17 avril n'accordait qu'à celui de la France. Mais peu importait au gouvernement français qui, de cette manière, voyait favoriser la navigation de son pays et introduire dans ses ports presque toutes les denrées d'Haïti sur lesquelles il percevait des droits très-élevés.

Il est inutile de dire qu'il n'était nullement question, dans la convention du 31 octobre, de la « réduction » du chiffre de l'indemnité. A ce sujet, Boyer avait tout espéré de la réclamation qu'il en fit par sa lettre autographe à Charles X, et ce monarque avait fait la sourde oreille. C'était un nouveau motif pour qu'il refusât de ratifier la convention, et ce fut en vain que M. le baron Maler, et M. de Mélay, commandant de la frégate *la Médée*, qui lui avait été adjoint dans ce but, le pressèrent d'y apposer sa signature. Le 3 mars, il fit adresser au ministère français une dépêche signée par le secrétaire général Inginac, contenant ses divers motifs ; et il sentit en même temps qu'il devenait nécessaire et urgent, autant par rapport aux circonstances politiques où se trouvait le pays depuis l'acceptation de l'ordonnance, que pour fixer le gouvernement français et les autres puissances étrangères, sur le sens qu'il y avait attaché, de publier une déclaration solennelle qui fut rendue sous la forme d'une « proclamation aux Haïtiens, » datée du 5 mars. Nous en donnons ici un extrait :

» .... En acceptant l'acte qui reconnaît l'indépendance d'Haïti, nous ne nous sommes pas dissimulé le vague des dispositions qu'il renferme. Nous avons prévu dès-lors la diversité des interprétations qu'on pouvait lui donner ; mais nous aurions cru faire injure au gouvernement français en lui supposant d'autres pensées, d'autres intentions que celles qui, dans une déclaration de cette nature, peuvent seules honorer et immortaliser le souverain qui l'a proclamée. Des intérêts aussi chers, des droits aussi sacrés que ceux de la patrie, ne pouvaient pas toutefois être

abandonnés à l'arbitraire des interprétations. Mon devoir
me prescrivait de réclamer des explications : je les ai demandées. Les commissaires.... sont de retour.... Les clauses essentielles de la convention qu'ils m'ont remise, ne
s'accordant pas exactement avec les intérêts d'Haïti, la prudence a commandé de ne rien conclure à cet égard, dans
l'espoir fondé que des explications ultérieures amèneront
le résultat désiré.... Cependant, dans l'état des choses, je
me dois à moi-même, je dois à mon pays, au monde entier,
de déclarer solennellement le sens d'après lequel le gouvernement d'Haïti a accepté l'ordonnance du 17 avril :

« Libre et indépendante de fait depuis vingt-deux an-
» nées, Haïti n'a vu dans cette ordonnance que l'applica-
» tion à son égard d'une formalité pour légitimer aux yeux
» des autres nations le gouvernement d'un peuple qui s'est
» constitué en *Etat souverain*. C'est cette formalité, d'où
» résulte la *renonciation* du Roi de France, pour lui, ses
» successeurs et ayant-cause, *à toute souveraineté* sur le ter-
» ritoire de la République, que nous avons obtenue en
» compensation d'une indemnité dont le premier payement
» a été effectué, comme les autres le seront religieusement
» aux termes convenus. La présente législature, en décla-
» rant cette indemnité *dette nationale*, vient de donner une
» nouvelle preuve de la garantie offerte par la République
» de la bonne foi de son gouvernement. Ainsi, il ne peut
» exister dans l'opinion du monde le moindre doute que
» ce ne soit là la seule interprétation raisonnable de l'or-
» donnance reconnaissant l'indépendance d'Haïti : interpré-
» tation qui, d'ailleurs, s'accorde naturellement avec les
» précédens manifestes du gouvernement. »

« Citoyens ! la déclaration de votre premier magistrat
est en harmonie avec votre inébranlable détermination,

qui depuis longtemps est universellement connue.... »

Cette déclaration produisit le meilleur effet dans les rangs de ceux des Haïtiens qui, blessés des termes de l'ordonnance du 17 avril, avaient pensé que le Président n'aurait pas dû l'accepter, sans être pour cela de l'opposition existante contre son gouvernement. Ils virent avec satisfaction qu'il tenait un langage digne du premier magistrat d'un peuple qui se reconnaissait « libre, indépendant et souverain » sur son territoire, dès le jour à jamais mémorable du 1ᵉʳ janvier 1804. Après cet acte, qui posait Haïti en face de la France comme résolue à soutenir ses droits, il n'y avait plus qu'à persévérer à obtenir le traité qui devait expliquer l'ordonnance, ou l'annuler par la conclusion de nouveaux arrangemens, pour satisfaire l'honneur national.

Mais cet honneur même obligeait le gouvernement à vider le trésor public de tous les fonds qui y étaient en réserve, afin de compléter, s'il y en avait suffisamment, le premier terme de l'indemnité. Boyer fit expédier en conséquence un million de piastres qui produisit en France la somme de 5,300,000 francs, lorsqu'il en aurait fallu six millions. Le citoyen Seguy Villevaleix, chef des bureaux de la secrétairerie générale, fut chargé d'accompagner ces fonds qu'on plaça sur la corvette française l'*Hébé* et qui furent versés à la caisse des dépôts et consignations. C'étaient donc 700,000 francs qui restaient dus encore.

Pendant que la corvette se rendait en France, le gouvernement reçut la réponse du ministre des affaires étrangères de ce pays, à la dépêche que le secrétaire général lui avait adressée le 3 mars. On va voir ce que disait cette réponse et ce qui motiva le message suivant, en date du 1ᵉʳ août, adressée par Boyer au Sénat :

« Citoyens sénateurs,

« Par suite de la non-ratification de la convention qui avait été signée à Paris le 31 octobre 1825, par les commissaires que j'y avais envoyés et ceux de S. M. T. C., je fis adresser des observations, le 3 mars dernier, au gouvernement français, sur différentes clauses de cette convention, en demandant que le roi de France nommât des commissaires et leur donnât des instructions et pouvoirs suffisans pour terminer ici un traité favorable aux deux nations.

» La réponse du ministre des affaires étrangères de France, en date du 23 mai dernier, m'apprend que Charles X, accédant aux observations et aux propositions faites à son gouvernement, avait nommé des commissaires pour s'occuper avec ceux du gouvernement d'Haïti de la conclusion d'une nouvelle convention.

» Les instructions envoyées à ces commissaires [1] ne les autorisant pas, à ce que m'a dit le consul général Maler, à rien statuer au sujet du *demi-droit* qui a été établi par l'ordonnance du 17 avril, sur les marchandises et navires français ; et comme cependant c'est le point le plus important à régler, parce que Haïti, payant une indemnité déterminée à la France, pour la reconnaissance de son indépendance pleine et entière, ne pouvait pas, sans atténuer son indépendance, se soumettre *à perpétuité* à l'obligation d'admettre dans ses ports le commerce français au demi-droit, il est indispensable de s'expliquer clairement à cet égard avec le gouvernement français, afin de fixer le temps pen-

---

[1] Nous croyons nous rappeler qu'à M. Maler il fut encore adjoint M. de Mélay qui passa quelque temps en station au Port-au-Prince, sur la frégate qu'il commandait.

dant lequel les Français devront jouir en Haïti, sur leurs navires et leurs productions ou marchandises, de la faveur du demi-droit, et de faire cesser l'extension onéreuse qui, jusqu'ici, a étendu cet avantage sur les droits dus pour l'exportation des denrées et productions du sol d'Haïti.

» D'après le développement de ma pensée, que je viens de manifester dans l'intérêt aussi bien que pour l'honneur d'Haïti, je désire, citoyens sénateurs, avoir l'opinion motivée du Sénat. Je viens donc la réclamer, et vous reconnaîtrez dans cette nouvelle démarche combien je désire donner du poids ou de la stabilité à toutes les démarches du gouvernement d'Haïti, pour fortifier de plus en plus la prospérité nationale.

» J'ai l'honneur, etc.   Signé : Boyer.

Ce ne fut qu'un mois et demi après, le 13 septembre, que le Sénat répondit à ce message ; probablement, les sénateurs présens à la capitale n'étaient pas en nombre suffisant pour former la majorité, et on en aura mandé d'autres pour la délibération.

Le Sénat dit au Président : qu'il était d'avis qu'il fallait s'entendre avec le gouvernement français pour fixer l'époque où le demi-droit, *à l'importation*, devait cesser ; mais que, quant *à l'exportation*, cette faveur devait être immédiatement supprimée.

Malgré l'opinion du Sénat sur ce dernier point, la mesure ne fut pas prise, parce que le Président fit écrire de nouveau au gouvernement français, en même temps que M. Maler lui demandait de nouvelles instructions sur la double question du demi-droit. Les choses ayant traîné en longueur, on verra ce qu'imagina le gouvernement haïtien, en 1827, pour atteindre le but qu'il se proposait.

A l'exemple tracé par la France, le gouvernement britannique appointa dans cette année un consul général en la personne de M. Charles Mackensie, et des consuls et vice-consuls pour résider dans divers ports d'Haïti [1]. Successivement, plusieurs autres puissances européennes, la Hollande, la Suède, le Danemarck, etc., établirent aussi des consulats dans la République [2].

Se fondant sur ces faits, le 1er avril Boyer publia une proclamation qui rapporta celle du 20 mars 1823, en permettant aux navires haïtiens de naviguer dans les hautes mers et de commercer avec les pays amis d'Haïti. Néanmoins, il leur fut encore défendu d'aller dans les colonies de ces pays et dans les deux États de la Caroline du Sud et de la Caroline du Nord. Mais, à raison des démarches que les gouverneurs de Saint-Thomas et de Curaçao avaient faites dans le temps, les navires nationaux eurent la faculté de s'y rendre

1 Avant l'arrivée de M. C. Mackensie en Haïti, des journaux anglais avaient fait savoir qu'il était « homme de couleur, », né dans une des colonies de la Grande-Bretagne. Son origine africaine prédisposa les Haïtiens à l'accueillir avec une bienveillance particulière. Mais quelqu'un lui ayant avoué ce sentiment, il s'en trouva excessivement choqué ; de là la morgue offensante qu'il ne cessa de montrer durant son séjour dans le pays. On sait quel rapport il fit au gouvernement anglais qui l'avait chargé « de recueillir des renseignemens sur les progrès et les conséquences de l'abolition de l'esclavage en Haïti. » A cette époque, ce gouvernement préparait les voies à l'émancipation des esclaves de ses colonies. Ce rapport fut si malveillant pour les Haïtiens et leurs gouvernemens, et il pouvait tellement nuire à l'œuvre d'émancipation, que la Société abolitioniste de Londres jugea qu'il était convenable de faire prendre de nouveaux renseignemens sur l'état des choses en Haïti ; et dans ce but, elle y envoya M. Richard Hill, homme de couleur de la Jamaïque. M. R. Hill examina la situation avec plus de calme et de sagacité, et ramena l'opinion à des appréciations mieux raisonnées. Il jouit en Haïti, durant son séjour, de toute l'estime et de la considération qu'il méritait, car il s'y montra un vrai *gentleman*.

2 En 1825, M. John Quincy Adams était Président des États-Unis. Cette République ne voulant pas accréditer des consuls en Haïti, dans un message qu'il adressa au Congrès, ce Président dit : « On trouve de *nouvelles* raisons contre la *reconnaissance* de la République d'Haïti dans ce qui s'est passé dernièrement, quand ce peuple a accepté de la France une souveraineté nominale, accordée par un prince étranger, sous des conditions parfaitement convenables à un état de vasselage colonial, et ne laissant de l'indépendance rien que le nom. » Mais quand en 1821, le même personnage, alors secrétaire d'État, adressait une lettre « à S. E. le général Boyer, Président d'Haïti, » au sujet d'une affaire d'argent, c'était bien *reconnaître* la République d'Haïti comme un État indépendant et souverain.

pour le commerce. La proclamation recommanda aux Haïtiens de respecter strictement les droits des nations.

En conséquence de la publication du code rural et afin de prouver aux citoyens qu'il voulait honorer les travaux des champs, le gouvernement ordonna de célébrer avec pompes, dans toutes les communes, la fête de l'agriculture fixée au 1er mai. A la capitale, le cortège des autorités civiles et militaires, des commerçans et autres citoyens notables, des instituteurs et leurs élèves, et des groupes de cultivateurs, se réunit au palais de la présidence, d'où il se rendit sur l'autel de la patrie, avec les membres de la Chambre des communes, ceux du Sénat, les grands fonctionnaires et le Président d'Haïti. Là, le conseil des notables proclama les noms des agriculteurs qui avaient été désignés d'avance, comme ayant mérité cette distinction par leurs travaux ; des couronnes civiques furent posées sur leurs têtes, au bruit de la musique militaire et d'une salve d'artillerie, conformément au programme de la fête. Puis, le cortège se rendit à l'église de la paroisse où une messe fut chantée, et le soir la ville fut illuminée, après bien des divertissemens de la part de la population. Dans les années suivantes, les mêmes cérémonies eurent lieu le 1er mai; mais, hélas! l'agriculture n'y gagna pas grand'chose! Le code rural lui avait porté malheur. On finit très-souvent par couronner les plus hardis paresseux qui enviaient cette distinction civique, lorsque le gouvernement imagina d'y joindre des instrumens aratoires comme prix du travail qui honore l'homme des champs : les officiers de police et les conseils d'agriculture se prêtèrent même à ces fraudes [1].

---

[1] A toutes ces fêtes, les cultivateurs apportaient des produits de leur travail, comme spécimen. On vit à l'une d'elles, un travailleur habituel des magasins de commerce au Port-au-Prince, se présenter parmi eux avec une canne à sucre d'une longueur prodi-

A la nouvelle organisation des troupes de ligne, le Président avait saisi cette circonstance pour congédier du service un grand nombre de soldats qui y comptaient vingt-cinq années. Le 28 juin il publia un arrêté qui ordonna un recrutement général dans la République, afin de compléter les cadres. Cette opération fut confiée aux soins des commandans d'arrondissement, comme par le passé en pareil cas, et il leur fut recommandé « de ne pas enrôler » les hommes qui travaillaient à la culture de la terre, les » employés au service public, ni les hommes mariés. » — Le recrutement fut toujours une mesure laissée à l'arbitraire de l'autorité militaire, le défaut d'états de population n'ayant jamais permis au gouvernement de la régler sur l'âge des citoyens. Aux exceptions indiquées pour la première fois dans cet arrêté, d'autres exceptions furent ajoutées par une loi de 1841 ; alors on congédiait les hommes qui avaient dix-huit années de service militaire, et successivement ce service devait se borner à douze années.

Trois mois étaient à peine écoulés depuis que le gouvernement avait expédié en France tous les fonds qui existaient au trésor national, que le service public ne pouvait être payé par l'insuffisance des revenus : la faveur du demi-droit accordée au commerce français, tant à l'importation qu'à l'exportation, en était la principale cause. Dans de telles circonstances, le gouvernement devait y pourvoir par le seul moyen qui se présentait ; c'était une impérieuse obligation qui lui incombait. Cet état de choses se compliquait par la crise financière et commerciale qui se faisait sentir en Europe et aux États-Unis depuis 1825, et qui réagissait en

gieuse : cet individu eut le temps d'être couronné et de recevoir une serpe en prix, avant qu'il eût été reconnu par les membres du conseil de notables dont plusieurs étaient commerçans.

Haïti comme dans tous les autres pays d'Amérique. Jusqu'alors il avait suffi, pour toutes les transactions commerciales et autres du pays, d'environ un million de gourdes de monnaie nationale frappée à l'effigie de Pétion et de Boyer, d'environ dix-huit cent mille gourdes de monnaie *à serpent* (l'hôtel des monnaies n'en ayant produit que 1,100,000 et les 700,000 autres étant venus de l'étranger en contrefaction) et de la monnaie d'Espagne qu'importait le commerce ; mais la crise financière dont s'agit avait fait disparaître une partie de cette dernière. La circulation était donc gênée, en même temps que le fisc ne percevait, en 1826, que 2,303,408 gourdes en recettes contre 3,648,986 gourdes de dépenses.

Le 25 septembre, Boyer publia un arrêté qui ordonna l'émission, par le trésor général, de *billets de caisse*, d'une valeur nominale d'une, de deux et de cinq gourdes, imprimés et attachés à des cahiers à souches avec une série de numéros ; ils étaient signés par le trésorier général et contre-signés par les membres de la chambre des comptes et par le secrétaire d'État [1]. Toute falsification ou contrefaction de ces billets entraînait les peines portées contre les faux monnayeurs.

Telles furent les causes et l'origine de ce *papier-monnaie* qui dut circuler dans la République comme *argent*, servir comme tel aux dépenses du trésor et y être reçu en payement des impôts de toutes sortes. Nul individu ne pouvait le refuser ou le recevoir pour une valeur au-dessous de sa valeur nominale [2]. Dès lors, aucune prévision humaine ne

---

[1] Avant la fin de 1826, le trésor général mit en circulation 222,000 gourdes en billets de toutes valeurs. Cette idée fut suggérée par A. Nau, trésorier général.

[2] À l'apparition des billets de caisse, un négociant anglais, M. Maunder, essaya de les refuser : on le menaça de lui retirer sa patente, et il se soumit à l'arrêté du Président.

put assigner l'époque où les billets de caisse, véritable expédient financier, pourraient être retirés de la circulation; car, lorsqu'un gouvernement entre dans cette voie par une urgente nécessité, il est rare qu'il ne s'y enfonce pas chaque jour davantage, à moins de circonstances extrêmement favorables.

La deuxième législature avait terminé son mandat dans la session de cette année. Au terme de la constitution, c'était au 1er février 1827 que les électeurs devaient se réunir pour nommer les membres de la nouvelle Chambre des communes; mais le pouvoir exécutif désirant, à raison des circonstances, qu'elle s'assemblât à la capitale avant le 1er avril, Boyer publia, le 4 décembre, une adresse aux électeurs, qui les convoqua au 10 janvier afin de pouvoir ouvrir la session législative au 10 février. Il leur recommanda de se montrer tous empressés à se trouver aux assemblées communales : « Songez, leur dit-il, que l'ab-
» sence d'un seul bon citoyen peut laisser le champ libre
» à l'intrigue et à l'ambition; et souvenez-vous que la
» constitution, en vous confiant le soin d'élire les man-
» dataires du peuple, a entendu que le patriotisme uni
» aux lumières, obtînt seul vos suffrages. »

Ces paroles sensées avaient évidemment le cachet d'un regard rétrospectif sur les élections et sur la session de 1822. Mais comme toujours, le gouvernement ne désigna aucun candidat par l'entremise de ses agents. Il oublia peut-être que la nature même de l'institution d'une Chambre de représentans admet *la brigue*, sinon *l'intrigue;* et que, quant à *l'ambition*, « le patriotisme uni aux lumières » n'en est point exempt, que cet ardent sentiment l'inspire, au contraire, dans l'espoir d'être utile à la chose publique. Par là, nous entendons bien certainement cette généreuse et noble émulation qui porte un citoyen à vouloir se distinguer honorablement : dans la carrière *civile* comme dans la carrière *militaire*, une telle ambition est légitime.

Dans la situation où se trouvait la République, dont le le gouvernement continuait à correspondre avec celui de France, par rapport au traité qu'il désirait conclure, Boyer pensa sans doute qu'il était sage et prudent d'instruire particulièrement les généraux de l'armée commandans d'arrondissement, de tout ce qui s'était passé depuis l'acceptation de l'ordonnance de Charles X. A cet effet, il les convoqua à la capitale dans le mois de décembre, ainsi qu'il l'avait fait deux ans auparavant; presque tous s'y rendirent. Une communication leur fut donnée de tous les actes du gouvernement, avec l'explication des motifs qui l'avaient guidé dans les vues patriotiques dont il était animé, et du but auquel il désirait atteindre. C'était le vrai moyen de convaincre les chefs qui dirigeaient le peuple dans leurs commandemens respectifs, et de les porter à soutenir le Président de la République dont l'aménité ajoutait un nouveau prix à cette communication. S'ils ne se retirèrent pas tous pénétrés des raisons qu'il allégua pour justifier sa conduite dans ces graves circonstances, du moins ces généraux ne pouvaient se plaindre qu'il eût dédaigné de les mettre au courant des affaires de l'État.

L'arrêté du Président qui créa les billets de caisse avait imposé une trop rude besogne au secrétaire d'État Imbert, en l'obligeant à les viser. Indépendamment de ses occupations multipliées et de ses fréquentes indispositions causées par l'asthme dont il était atteint depuis de longues années, ce moyen de contrôle financier n'était pas de toute nécessité. Un nouvel arrêté du 12 décembre avertit le public que désormais ce visa ne paraîtrait plus sur le papier-monnaie.

Cet expédient même auquel le gouvernement avait dû recourir pour payer le service public à l'intérieur, et l'impossibilité où il s'était trouvé de solder le premier terme de l'indemnité, après avoir épuisé tous les fonds qu'il y avait au trésor, avaient sans doute fait pressentir au gouvernement français que le second terme, échéant au 31 décembre 1826, ne serait pas versé à la caisse des dépôts et consignations. Il ne voyait d'ailleurs aucun agent haïtien chargé de contracter un nouvel emprunt en Europe pour cet objet, si tant est qu'il eût été possible d'y trouver encore des prêteurs. Aussi, M. de Villèle lui-même ne fut-il pas étonné quand, au lieu d'argent, le Président d'Haïti fit expédier par le secrétaire d'État, une *obligation* écrite pour la somme de 30 millions de francs, qui fut déposée à la caisse des dépôts et consignations. On a eu lieu de croire, en Haïti, que M. le baron Maler, convaincu de l'insuffisance des ressources, et pour mieux dire, de la pauvreté de la République, avait préparé son gouvernement à endurer cette nécessité, à considérer que l'exécution littérale de l'ordonnance du 17 avril était chose absolument impossible [1].

Toutefois, quant à l'emprunt, Boyer avait pensé que le pays devait faire tous les efforts possibles pour prouver

---

1 On a dit que M. Maler était un ami particulier de M. de Villèle. Durant son séjour en Haïti, il se montra toujours conciliant et d'une bonhomie qui plaisait par ses formes et ses discours. On connaît le conseil qu'il donna un jour au général Inginac qu'il visitait souvent. Le secrétaire général se récriait contre l'énormité de la dette contractée envers la France ; M. Maler lui répondit : « Nous avons fait avec Haïti une mauvaise affaire ; » on vous croyait plus riches. Mais la France est très-puissante; ne tenez pas un langage qui » puisse blesser son honneur. Dites toujours que vous lui paierez, et prenez votre temps : » il se peut qu'à la fin elle réduira votre dette. En attendant, ayons de bons rapports en-» tre nous. » — Si ce ne sont pas ses propres paroles, c'en est du moins le sens.

qu'on avait la sérieuse intention de remplir les engagemens contractés. A cet effet, dès le retour de MM. Rouanez et Frémont, il avait fait choix de M. Calix Brouard, négociant au Port-au-Prince et ancien administrateur des finances dans le Sud, pour remplir les fonctions d'agent du gouvernement au Havre, afin de recevoir et de vendre les denrées qui y seraient expédiées pour le compte de la République, en remettant les valeurs à la compagnie d'adjudication de l'emprunt. Ces fonds devaient servir à payer les séries d'obligations qui sortiraient du tirage au sort et les intérêts semestriels du reste. Mais cette combinaison ne fut pas de longue durée; notre agent ne put effectuer que le payement des intérêts de l'emprunt échus le 1er juillet 1827, le 1er janvier 1828 et une portion de ceux du 1er juillet de la même année, parce que 1° les cafés envoyés d'Haïti supportaient des droits énormes, comparativement à ceux que payaient les cafés des colonies françaises, et bien qu'ils fussent importés au Havre par des navires français [1]; 2° la valeur commerciale de cette denrée, qui était de 14 piastres, en 1825, dans ce port, était descendue à 12 piastres un quart en 1826, et descendit encore à 10 et demi en 1827, et à 8 piastres seulement en 1828, par l'effet de la crise financière. Le gouvernement haïtien se vit donc contraint de renoncer à cette combinaison et de rappeler son agent.

Nous reviendrons sur les affaires de l'emprunt et de l'indemnité dans d'autres chapitres de ce livre et successivement d'après l'ordre chronologique. Mais au moment où

---

[1] Le gouvernement avait essayé d'envoyer ses denrées en France par navires sous pavillon haïtien, mais il dut y renoncer à cause des droits. Suivant diverses lois rendues en 1816 et 1818 et le 17 mai 1826, les navires haïtiens payaient 105 fr. par 100 kilogr. net de café, les navires français, 95 fr. En même temps, les cafés des colonies françaises importés par navires français, payaient 60 fr. et même 50 fr., suivant la situation de ces colonies.

Haïti venait de s'engager à payer une dette aussi considérable, où la session législative de 1826 avait produit tant de lois en vue de lui en faciliter les moyens, il est peut-être convenable d'examiner sur quel système d'impôts, l'administration basait ses ressources financières, et quelles étaient ses dépenses à l'intérieur. Sans qu'il soit besoin de rechercher quelle fut l'origine des divers impôts établis, en remontant jusqu'au temps de l'ancienne colonie et à celui des gouvernemens qui précédèrent l'établissement de la République d'Haïti, prenons-les tels qu'ils résultent de ces lois.

Il nous semble qu'on peut les grouper en deux catégories distinctes, sous la désignation de *contributions directes* ou de *contributions indirectes,* ainsi que le font les vieilles nations civilisées.

Et d'abord, il est utile de se ressouvenir qu'Haïti est un pays essentiellement *agricole;* qu'elle n'a point de *manufactures* donnant des produits ouvragés à l'aide de machines, à moins qu'on ne veuille compter comme telles, les *usines* attachées aux établissemens d'agriculture dans lesquelles on prépare quelques-unes de ses denrées, pour les livrer à la consommation ou les rendre exportables, ce qui serait peu rationnel; qu'elle possède certaines industries indispensables à tous les peuples, telles que le commerce d'échanges, la fabrication d'objets divers qui tiennent aux arts et métiers, etc.

Les *contributions directes* du pays se divisaient alors en quatre classes : 1° en *impôt territorial,* assis sur la *production* des denrées qui s'exportent à l'étranger, perçu par le fisc, non pas des mains du producteur, mais dans les douanes, au moment de l'exportation de ces denrées et suivant leurs quantités; 2° en droit *d'exportation,* assis également sur les quantités de ces denrées, perçu en même temps dans les douanes. Le fisc ne demandant pas au producteur lui-même ces deux impôts, à la rigueur on pouvait les classer dans les « contributions indirectes ; » mais nous les classons comme *directes*, parce qu'effectivement ils tiennent lieu de l'impôt qu'en d'autres pays on appelle « contribution foncière, » et qui est assis sur le *revenu net* des propriétés rurales ; 3° en *impôt foncier*, assis directement celui-ci, — sur les établissemens *ruraux* dont les produits ne sont pas exportés à l'étranger, mais sont consommés à l'intérieur, tels que sucre, sirop, rhum ou tafia, cannes plantées sans moulins y attachés, bois à brûler, charbon de bois, chaux, poteries, briques, tuiles, sel, herbes en coupes réglées servant au fourrage des animaux ; — sur les établissemens *urbains* qui produisent un loyer, tels que maisons ou cases habitées dans les villes ou bourgs, emplacemens vides ou masures clôturés qui servent à recevoir les animaux des voyageurs, à déposer les matériaux ; 4° enfin, en droit *de patentes*, assis sur l'industrie, la profession, le commerce en gros ou en détail, et payé par les individus qui y sont soumis, à moins d'exceptions spéciales.

A ces impôts, le gouvernement ajouta, comme on l'a vu, une *contribution extraordinaire*, d'abord pour dix ans, en 1826, puis pour l'année 1827 seulement, laquelle devait prendre pour base, dans le classement des individus, « les » revenus provenant soit de leurs fonctions, de leur in- » dustrie, de leurs propriétés ou de leur commerce. » Ensuite, elle ne fut pas établie pour 1828 ; mais elle reparut pour 1829 et 1830, sous le nom *d'imposition personnelle et mobilière*, et dut être prélevée en 5 pour cent du *mini-* ». *mum* présumé des revenus ou produits de l'industrie de

» chaque citoyen. » Cependant « les personnes dont
» les revenus ou les produits de l'industrie n'atteindraient
» pas la somme de 60 gourdes ne pourraient être
» taxées moins d'une gourde et demie. » — A l'égard de
ces contributions spéciales, nous avons déjà dit qu'elles
n'atteignirent point le but que le fisc se proposait : il faut
donc s'en tenir aux autres *contributions directes* qui restèrent permanentes.

Parmi elles, les mieux assises, sans contredit, étaient
celles que le fisc percevait dans les douanes, au moment de l'exportation des denrées à l'étranger, sans
que les contribuables s'en doutassent même; car on
ne leur demandait rien, à eux personnellement, tandis
que leurs produits avaient été payés dans le commerce, par les spéculateurs en denrées ou les négocians, à
raison des sommes que les expéditeurs seraient tenus de
verser au trésor public, pour « l'impôt territorial et le
droit d'exportation. » — Cependant bien des gens ont
souvent blâmé le gouvernement d'asseoir ainsi cette vraie
« contribution foncière, » en prétendant que c'était « nuire
» à la production agricole, l'entraver, empêcher son dé-
» veloppement, etc. » Ce sont surtout des commerçans
qui tenaient ce langage, parce qu'ils y trouvaient une augmentation de frais dans leurs expéditions, dont ils n'auraient pas voulu charger leurs comptes. — A cela, on n'a
eu qu'à leur répondre : qu'il faut prendre le pays tel qu'il
est, avec les embarras du gouvernement pour trouver des
agents assez généralement éclairés, actifs et zélés, pour
percevoir intégralement la contribution foncière qui eût
été établie sous une autre forme, et des contribuables disposés à la bien payer.

Ce qui s'est toujours passé à l'égard de *l'impôt foncier*,

porté au numéro 3° ci-dessus, en est une preuve. Assis sur le sucre, le sirop, le charbon de bois, etc., produits dans les établissemens ruraux; sur les loyers des maisons, etc., dans les villes ou bourgs, cet impôt a-t-il pu être jamais perçu intégralement, soit par la négligence ou l'incapacité des agents du fisc, soit par le mauvais vouloir des contribuables? L'impôt des *patentes* même ne fut-il pas aussi dans le même cas? L'imposition *personnelle et mobilière* eut le même sort, par les habitudes invétérées du pays; et tel est l'inconvénient attaché à toutes les contributions directes.

— Quant aux *contributions indirectes*, elles présentaient une plus grande diversité dans leur nature. C'étaient : .

1° Le droit *d'importation*, prélevé dans les douanes à l'entrée des marchandises venant de l'étranger, d'après le tarif établi, soit d'une manière fixe, soit sur la valeur estimative de ces marchandises; — 2° le droit de *consignation*, ou côte proportionnelle au montant des marchandises reçues en consignation par les nationaux ou les étrangers; 3° les droits de *pesage* et de *warfage*, sur les quantités des marchandises importées ou les denrées exportées; — 4° les droits de *tonnage* et de *fontaine*, sur la capacité des navires étrangers; — 5° l'impôt sur les *boucheries*, ou produit du fermage de la faculté d'abattre les bestiaux; — 6° le produit des *biens domaniaux*, par leur fermage ou leur vente; — 7° le produit des *cimetières*, par le fermage de ceux qui sont clôturés; — 8° le produit des *bacs*, par le fermage de ceux qui sont établis sur certaines rivières; — 9° le produit des *salines*, par le fermage de celles appartenant au domaine; — 10° le produit du *timbre*, par la vente du papier timbré ou le timbre apposé sur les registres ou livres de commerce; — 11° le produit de *l'enregistrement* et des *hypothèques,* sur les actes de propriété ou tous autres actes civils et judiciaires; —12° le produit de la *vente des objets mobiliers,* appartenant au domaine; — 13° les droits sur les *marchés* passés avec l'administration, en cas de fournitures, de bâtisses d'édifices publics, etc. ; — 14° le produit des *monnaies,* par la fabrication des monnaies métalliques ou de billets de caisse; — 15° le produit des *greffes,* pour frais de justice ou amendes prononcées en faveur de l'Etat, en cas de contravention de police municipale ou correctionnelle, ou en matière criminelle, de douanes, etc. ; — 16° le produit de *recettes accidentelles,* par les successions vacantes, la vente des animaux épaves, les encans publics, etc.

A partir de l'administration éclairée du général Bonnet, secrétaire d'Etat, qui mit de l'ordre dans les finances de la République en jetant les bases d'une comptabilité régulière [1], la recette générale des divers impôts établis en faveur du fisc subit des modifications successives dans la classification des chapitres où on les groupait; à la fin, ces chapitres, au nombre de dix, renfermaient le produit de toutes les contributions directes et indirectes pendant chaque année.

Il en fut de même pour la dépense générale. Dans ces chapitres figuraient les sommes dépensées pour : les appointemens des fonctionnaires civils et militaires; la solde des troupes, leur habillement et équipement, leurs rations; les approvisionnemens; le remboursement de logemens; les arsenaux et les hôpitaux ; la marine; les travaux publics; la dette nationale; et enfin, diverses dépenses accidentelles.

1. Voyez au tome 7 de cet ouvrage, pages 294 et 295,

Nous regrettons de ne pouvoir donner ici, en détail, le chiffre de chacune des branches de la recette générale, pour l'année 1826 et celles qui la précédèrent et la suivirent immédiatement, mais seulement en totalité. Comme cette recette dépendait surtout des principaux produits du pays, voyons d'abord à combien ils s'élevèrent de 1818 à 1824 inclusivement; les voici :

Années	Café.	Coton.	Cacao.	Sucre.	Tabac.	Campêche	Gayac.	Acajou.
1818. .	20,280,589	384,001	326,266	1,896,449	»	6,717,408	101,892	129,962
1819. .	22,526,745	214,962	283,313	875,243	»	3,003.781	90.628	141,577
1820. .	25,192,912	345,841	435,282	418,463	»	1,870,837	28,511	129,509
1821. .	29,925,951	820,563	264,792	600,934	»	3,648,524	16,337	55,005
1822. .	24,235,372	592,368	464,154	200,454	588,957	7,470,925	268,834	2,622,277
1823. .	33,593,116	323,806	332,711	14,920	365,765	6,331,533	31,575	222,850
1824. .	44,269,084	1,028,045	461,694	5,106	718,679	3,767,293	223,308	2,161,747

La quantité de ces produits est en livres pesant, excepté pour l'acajou qui se mesure par pieds réduits. Ces chiffres exposent leur augmentation ou diminution, et il faut se rappeler que le café, le coton, le cacao, le sucre et le tabac, dépendent de la récolte. Mais il ne faut pas conclure qu'il n'y eut que 5,106 livres de sucre produit en 1824 dans tout le pays ; ce chiffre n'accuse que la quantité qui en fut exportée; et tout le reste, inconnu, soumis à l'impôt foncier, à cause de sa consommation à l'intérieur, n'acquitta point cet impôt, de même que la grande quantité de café qui sert annuellement à l'usage des habitans.

Nous avons déjà dit que le chiffre de la recette et de la dépense, en 1818, échappa à toutes nos recherches; mais voici celui des autres années correspondantes :

ANNÉES.	RECETTES en gourdes.	DÉPENSES en gourdes.
1818.	. . . . .	. . . . .
1819.	1,832,940.	1,660,101
1820.	2,213,440.	1,809,328
1821.	3,570,694.	3,461,993
1822.	2,620,012.	2,728,149
1823.	2,684,548.	2,251,157
1824.	3,101,716.	3,105,116

Par la comparaison entre le chiffre des produits et celui de la recette, on voit bien que celle-ci dépend beaucoup des bonnes ou mauvaises récoltes; et si l'année 1821 présente un accroissement de recette aussi extraordinaire, par rapport à 1820 et 1822, c'est que ce fut en cette année que le trésor général fit figurer les sommes provenant de celui de H. Christophe.

Examinons maintenant quels furent les produits exportés du pays, de 1825 à 1831 inclusivement. Cet examen nous fera devancer l'ordre chronologique que nous suivons toujours, mais il mettra à même de connaître les ressources financières dont on disposait au moment où fut contractée la dette nationale.

Années.	Café.	Coton.	Cacao.	Sucre.	Tabac.	Campêche.	Gayac.	Acajou.
1825....	36,850,484	1,026,495	362,746	56,083	692,517	3,582,540	479,721	2,922,549
1826....	83,223,317	528,614	505.345	91,084	600,308	4,974,773	500,099	2,951,616
1827....	49,672,102	910,768	702,360	293,970	853,026	5,420,982	68,030	4,202,982
1828....	44,469,480	1,334,535	484,497	97,932	527,956	8,316,238	431,515	5,122,497
1829....	39,963,200	1,019,656	812,895	46,676	521,236	7,630,257	123,268	4,297,905
1830....	42,479,802	1,363,809	457,451	168,226	522,736	18,087,871	» »	4,587,930
1831....	40,591,817	1,214,238	310,412	5,114	770,946	21,100,161	314,069	3,832,860

Mettons encore en regard le chiffre de la recette et de la dépense, dans les mêmes années.

ANNÉES.	RECETTES en gourdes.	DÉPENSES en gourdes.
1825.	2,820,196.	3,115,295
1826.	2,303,448.	3,648,988
1827.	2,210,585.	2,943,131
1828.	2,598,117.	2,423,269
1829.	2,656,291.	3,115,294
1830.	2,631,680.	2,998,355
1831.	2,336,549.	2,542,039

Si cet exposé des produits d'Haïti, exportés à l'étranger, dans une période de quatorze années consécutives, prouve d'une part, qu'il y eut accroissement dans la production, progrès dans l'agriculture, principalement pour le café; de l'autre, le chiffre de la recette générale, comparé à celui

de la dépense générale, dans les sept années qui précédèrent l'acceptation de l'ordonnance de Charles X, prouve
aussi que les revenus de la République suffisaient à tout
son service intérieur. Mais à partir de l'obligation contractée de payer une indemnité à la France et de faire jouir
son commerce d'un privilége, tant à l'importation qu'à
l'exportation, on voit décroître, non la *quantité* des produits indigènes, mais la *somme* du revenu public, au point
qu'il fallut de toute nécessité créer le papier-monnaie. Il
résultait donc de cette situation l'impérieuse nécessité aussi
d'adopter de nouvelles mesures financières pour obvier au
déficit constaté.

Au commencement de 1826, on fondait le plus grand
espoir d'accroître les ressources financières du pays, par
l'exploitation de mines d'or et d'argent situées dans la partie de l'Est, d'après un contrat passé avec une compagnie
formée à Londres : le 8 février le Président en informa le
Sénat par un message. Cette compagnie avait envoyé un
ingénieur et d'autres agents qui étaient placés sous la direction de M. Albaret. Ils visitèrent les lieux où existaient
les mines exploitées dans les premiers temps de la colonie
espagnole, suivant les indications des historiens de cette
époque et celle des habitans actuels; mais la faible population de l'Est parut à M. Albaret être une difficulté pour
les travaux; il aurait fallu ensuite ouvrir des routes pour le
transport du minerai jusqu'aux lieux d'embarquement,
construire des usines, habiter ces endroits éloignés des
villes ou bourgs afin de diriger les travaux au meilleur profit de la compagnie. Le gouvernement exigeait 33 pour
cent, un tiers pour sa part, à cause de la concession qu'il
fit à cette compagnie. Tout cela, réuni à la crainte de gagner la fièvre jaune ou d'autres maladies, dans une direc-

tion active, porta M. Albaret à y renoncer et à dégoûter la compagnie de donner suite à son entreprise. Il avait vu nos villes commerçantes de la partie occidentale, et il pensa qu'il y ferait bien mieux ses affaires ; il devint en effet un des premiers négocians du Port-au-Prince où il fut généralement estimé pour la loyauté de son caractère.

Le code civil ayant été voté définitivement en 1825, pendant qu'on préparait les autres codes qui le furent dans la session de cette présente année, Boyer se laissa persuader de la nécessité de réviser la constitution, par bien des fonctionnaires publics, sénateurs, etc., qui, ainsi que lui, croyaient voir une nouvelle ère ouverte pour Haïti par la reconnaissance de son indépendance, toute défectueuse qu'elle fût. A cet effet, il leur demanda des projets qui lui furent remis. La divergence de vues que ces projets présentèrent, jointe aux mécomptes survenus après le retour de MM. Rouanez et Frémont, de France, porta le Président à réfléchir et à maintenir son opinion exprimée au Sénat dans son message du 14 mars 1825, tendante à ajourner toute révision, et il n'en fut plus question.

Eut-il tort de persévérer dans cette opinion ? Si les auteurs de réformes dans les institutions étaient si peu d'accord entre eux, que n'aurait-on pas vu dans une assemblée de révision qui eût été formée à cette époque où l'esprit public, en général, était si mécontent de la manière dont les arrangemens avec la France avaient eu lieu ? Certes, la constitution de 1816 offrait bien des imperfections, et nous les avons signalées nous-même d'après nos appréciations ; mais elle ne s'opposait pas à une bonne administration du pays, si l'on organisait des ministères ou des secrétaireries d'Etat comme le réclamaient les divers services publics ; et c'est avec raison que le proverbe dit : « Le mieux est l'ennemi du bien [1]. »

[1] Dans ses Mémoires, page 76, Inginac parle de cette intention de reviser la constitution et d'un projet qu'il soumit à Boyer. Mais quand il dit à ce propos : « Il était facile d'obtenir sans commotion cette révision, parce que l'état du pays était tranquille, » il n'a pas été dans le vrai, car lui-même a pris soin de parler des difficultés de la situation.

J'ai eu occasion de lire un des projets soumis à Boyer : j'ignore quel en fut l'auteur, mais ce ne fut pas celui d'Inginac. On y proposait de substituer au titre de *Président d'Haïti*, celui de *Grandeur*, et de qualifier ce premier magistrat de *Monseigneur*, etc. C'est à cette époque que l'Opposition imputa à Boyer le désir de se faire *Roi d'Haïti* pour être l'égal de Charles X. De bonne foi, Boyer valait mieux que certains de ses détracteurs.

CHAPITRE II.

D'après la proclamation du Président, les nouveaux re
présentans avaient été élus dans les communes. Le 12 février, il ouvrit la session par un discours où il assurait que
que le nouveau système adopté pour la police rurale produisait déjà de bons résultats, qu'il ne négligerait rien

pour favoriser également le commerce, et qu'il était nécessaire de diminuer la contribution extraordinaire.

« Lorsque l'année dernière, continua-t-il, à l'ouverture
de la session, j'exprimai mes sentimens sur la reconnaissance de l'indépendance d'Haïti, il était naturel de penser
que les doutes entretenus à l'étranger, sur la légalité de
notre existence nationale, devaient cesser et que la déclaration du roi de France était, en quelque sorte, dans l'opinion
des autres puissances, une consécration de la légitimité de
nos droits... Cependant, il était essentiel d'obtenir des
éclaircissemens sur des points importans, et nous avons successivement demandé au gouvernement français des explications devenues indispensables. Le résultat de nos réclamations n'est pas tel que nous avions droit de l'espérer ; mais
l'empire de la raison finira sans doute par écarter des difficultés qui ne peuvent se soutenir devant ce principe qui régit
tout État véritablement indépendant. De notre côté, quelles
que soient les circonstances, nous ferons notre devoir, et
serons toujours fidèles à ce que prescrivent l'honneur et la
loyauté... »

On voit que si Boyer correspondait secrètement avec le
Sénat et prenait ses avis, pour mener les choses à bonne fin,
il savait aussi parler hautement pour rendre compte de ses
opérations aux mandataires directs de la nation ; et ce langage mesuré, mais ferme, il le tenait en présence du chargé
d'affaires de France qui assistait à cette cérémonie. Mais il
ne suffisait pas d'avoir publié la déclaration du 5 mars 1826
et de prononcer des discours, pour prouver au gouvernement français qu'Haïti entendait exercer pleinement sa souveraineté, rester indépendante comme elle l'était avant
l'acceptation de l'ordonnance ; il fallait des actes. En conséquence, le Président proposa une loi que la Chambre des

communes vota le 19 février, huit jours après son installation ; la voici :

« Considérant que les plus grands encouragemens de
» vant être donnés à l'agriculture et au commerce, il con
» vient de les dégrever d'une partie des charges qu'ils
» supportent ;—après avoir délibéré et reconnu l'urgence,
» ... Art. 1er. A partir du jour de la promulgation de la
» présente loi, les produits de l'industrie et du sol d'Haïti
» ne seront plus assujettis aux droits *d'exportation*, à leur
» sortie du territoire de la République. — 2. Toutes dispo
» sitions de lois antérieures qui seraient contraires au pré
» cédent article sont rapportées. »

Le gouvernement français ne pouvait rien arguer contre cette loi, car en tous pays il est d'une bonne administration d'alléger les charges imposées à l'agriculture et au commerce ; et au contraire, en favorisant ces deux branches de la fortune publique, c'était lui donner des garanties pour l'exécution des engagemens contractés envers la France. Mais de cette manière, Haïti annulait la partie de l'art. 1er de l'ordonnance du 17 avril concernant les droits « à la sortie, » que cet article réduisait « à la moitié » pour le pavillon français. Alors qu'il n'y avait plus de droits à payer pour l'exportation de ses produits, ce pavillon n'était pas plus favorisé que ceux des autres nations commerçantes, et celles-ci ne trouvaient plus aucun avantage à opérer leur retour par navires français, comme elles l'avaient fait depuis juillet 1825.

Cependant, l'administration haïtienne eût encore peu fait si elle s'était bornée à cette loi. Afin de remédier à la diminution de ses ressources, qui résultait de l'abrogation des droits à l'exportation des produits du pays et du demi-droit que payaient ceux de France « à l'importation, » il fallait encore atteindre l'art. 1ᵉʳ de l'ordonnance du 17 avril sous ce rapport, et pour cela remanier le tarif accompagnant la dernière loi sur les douanes rendue en 1825 [1]. Ce tarif établissait un droit de 12 pour cent sur l'évaluation du prix moyen des marchandises importées de l'étranger, et un droit fixe sur certaines d'entre elles : il s'agissait d'augmenter ces deux droits. Sur la proposition du Président d'Haïti, une loi sur les douanes fut votée par le corps législatif :

« Art. 1ᵉʳ. Les droits à l'entrée sur le territoire de la République seront perçus à l'avenir, sur les marchandises ou productions des autres pays, venus par bâtimens nationaux ou étrangers, conformément au tarif des droits d'importation annexé à la présente loi.

« Art. 2. Les droits d'importation sont fixés à 16 pour cent sur le montant de l'évaluation portée au tarif mentionné en l'article précédent, sur les marchandises ou productions de tous les pays sans distinction, introduites par bâtimens étrangers, sauf néanmoins la nation ou les nations avec lesquelles, par des traités ou conventions, il serait autrement stipulé.

« Art. 3. Toutes les marchandises ou productions étrangères importées par des bâtimens nationaux et pour compte d'Haïtiens, ne paieront que 8 pour cent de droit d'entrée, pris sur le montant de l'évaluation au tarif.

---

[1] Dans un discours que prononça le baron de Las Cases à la chambre des députés, en 1840, après être convenu que le privilége du demi-droit diminuait les revenus d'Haïti, obligée cependant à payer « une indemnité énorme, » il dit : « La conséquence fut que, » tout en protestant de sa bonne foi,... Haïti ne paya plus rien. Elle alla plus loin : elle » trouva moyen d'*escamoter*, pour ainsi dire, le bénéfice du demi-droit que la France » s'était réservé par l'ordonnance de 1825. »
Il fallait bien qu'Haïti usât des armes mêmes qu'on lui avait fournies dans cette singulière ordonnance méditée si longtemps, et en cela, elle suivait les bons conseils de M. le baron Mâler.

« Art. 4. Les marchandises ou productions importées par bâtimens étrangers, de n'importe quel pays, et dont les droits fixes sont relatés dans le tarif des importations, seront assujetties au payement de ces droits fixes. — Les mêmes marchandises ou productions importées par bâtimens nationaux, pour compte d'Haïtiens, payeront la moitié moins des droits fixes portés audit tarif, etc. »

Ainsi, les produits étrangers, autres que ceux de la France, devaient payer désormais 16 pour cent, et ces derniers 8 pour cent au lieu de 6 qu'ils payaient sous l'empire de la loi de 1825. Mais ce fut surtout par l'évaluation du prix moyen porté au tarif, que l'administration se récupéra d'une partie de son déficit annuel, puisqu'il lui fallut toujours de nouvelles émissions de papier-monnaie pour alimenter le service public à l'intérieur [1]. Les produits français ne furent pas plus ménagés que d'autres dans cette évaluation; et bien qu'en définitive, c'étaient les consommateurs haïtiens qui supportaient cette augmentation d'une manière indirecte, le commerce d'importation n'en souffrit pas moins par la réduction de la consommation. Celui de France, qui fournissait exclusivement le pays d'une foule de choses, vit insensiblement diminuer son importance, lorsqu'on avait espéré, au contraire, un plus grand débouché en sa faveur [2]. Par l'art. 2 ci-dessus, il en aurait pu être autrement si le gouvernement français eût voulu franchement faire avec la République, un traité pour dissiper

---

[1] En 1827, il y eut une émission de 777,400 gourdes de billets de caisse de toutes valeurs.

[2] A qui la faute? Aux ministres français qui ne surent ou ne voulurent pas être équitables envers Haïti, qui espérèrent l'enchaîner par la rédaction ambiguë de leur ordonnance. M. de Villèle était natif du Languedoc; mais il paraît qu'à Haïti il se trouvait des descendans des anciens Normands qui fondèrent Saint-Domingue.

le vague des dispositions de l'ordonnance et qui eût favorisé en même temps les produits du sol d'Haïti introduits en France. Mais ce gouvernement était bien éloigné de vouloir l'une et l'autre chose, ni de réduire le chiffre de l'indemnité. On le verra consentir seulement à la cessation du demi droit, tant à l'entrée qu'à la sortie, mais après l'effet produit par les deux lois ci-dessus mentionnées.

Outre ces deux lois financières relatives aux douanes, sur la proposition du pouvoir exécutif, le corps législatif en vota d'autres dans le même but : 1° sur le timbre, taxant les actes civils et judiciaires de six centimes un quart à trois gourdes, selon les distinctions établies dans la loi ; 2° sur la contribution extraordinaire pour 1827, dont il a été parlé au chapitre précédent ; 3° sur les billets de caisse ou papier-monnaie, confirmant l'arrêté du Président d'Haïti du 25 septembre 1826 à cet égard, maintenant en circulation les billets d'une, de deux et de cinq gourdes, et autorisant l'émission d'autres billets de dix gourdes ; 4° sur la fabrication de pièces d'argent de la monnaie nationale, de la valeur d'une demi-gourde et d'une gourde ; 5° sur la fabrication d'une monnaie de billon ou de cuivre, en pièces d'un et de deux centimes [1] ; 6° sur les patentes, votée annuellement. — Une loi fixa les appointemens des secrétaires des bureaux d'arrondissemens, de places et de postes militaires ; une autre affranchit totalement les propriétés urbaines des départemens du Sud-Est et du Nord-Est, des redevances dues à l'État sur ces biens. Enfin, une nouvelle loi réorganisa la garde nationale sur un pied à peu près militaire.

[1] L'hôtel des monnaies, qui avait chômé depuis 1819, fut remis en activité de 1827 à 1834. Il est entendu que les pièces d'un et de deux centimes sont des fractions de la piastre forte d'Espagne, divisée en 100 centimes. Une petite monnaie semblable circulait déjà à Santo-Domingo où le peuple l'appelait *cobre* (cuivre) : ce nom populaire passe à celle frappée à l'hôtel.

D'après cette loi, tout Haïtien, depuis l'âge de 15 ans jusqu'à celui de 60 ans, non employé dans le service civil ou dans les troupes soldées, était tenu de s'inscrire dans la garde nationale de sa commune. Ceux venant de l'étranger pour résider dans le pays et en devenir citoyens, n'y étaient tenus qu'au bout d'une année. Les anciens officiers militaires retirés du service formaient des compagnies d'élite dans cette garde nationale. Étaient exempts du service actif, hors le cas où la patrie serait en danger : 1º les pères de sept enfans légitimes; 2º les cultivateurs travaillant sur la propriété d'autrui et engagés par contrat synallagmatique, au terme du code rural. Un uniforme fut décrété pour les compagnies d'infanterie, de cavalerie et d'artillerie, dans chaque commune: les gardes nationaux le portaient à leurs frais, de même que leurs armes, mais le gouvernement fournissait les canons et tout l'attirail de l'artillerie. Le chef de l'État nommait tous les officiers supérieurs; les autres et les sous-officiers étaient à la nomination de leurs compagnies respectives. Des peines de discipline furent établies pour être appliquées par un conseil dans chaque compagnie : les arrêts pour les officiers, l'emprisonnement pour les sous-officiers et les gardes nationaux; ces peines étaient de 48 heures au plus. La garde nationale ne faisait aucun service en temps ordinaire, sinon de prendre les armes tous les trois mois pour être passée en revue par les autorités militaires; mais en cas d'alarme, elle devait se réunir sur le champ et se trouvait à la disposition de ces autorités.

Telle fut l'organisation définitive de cette force armée non soldée qui, de même que les troupes soumises au régime militaire, est préposée au maintien de l'ordre public et des institutions nationales.

Le grand juge Fresnel étant arrivé à un âge avancé qui ne lui permettait plus de continuer ses hautes fonctions, fut proposé comme candidat au sénatoriat : le 19 février il fut élu, et le lendemain un arrêté du Président nomma le général de brigade Voltaire, grand juge provisoire [1].

Deux années étaient déjà écoulées, depuis que le gouvernement avait accepté l'ordonnance de Charles X qui occasionna une si grande répugnance dans la République. Mais si la tranquillité matérielle n'avait été troublée nulle part, tous les esprits étaient loin d'être dans le calme désirable pour le maintien de l'ordre et la prospérité du pays. L'Opposition qui n'avait cessé de subsister contre Boyer personnellement, qui subsista toujours jusqu'au jour de son renversement du pouvoir, cette Opposition continuait son travail de désaffection, en désapprouvant tous ses actes. En vain faisait-il tous ses efforts pour réparer ce qu'il y eut de malencontreux dans les arrangemens pris avec la France, pour la meilleure administration de l'État ; elle ne lui en tenait aucun compte. Et il faut le dire, la station navale que le gouvernement français faisait entretenir dans quelques ports de la République, au Port-au-Prince principalement, — sans doute sur la demande de son chargé d'affaires et pour la protection de ses agents et de ses nationaux, par la certitude acquise du sourd mécontentement du pays ; — cette présence continue de ces navires de guerre dont les officiers étaient constamment à terre, contribuait beaucoup à l'exaltation des esprits opposans : il leur semblait que la France considérait toujours Haïti comme

[1] Durant seize ans, le grand juge exerça ses fonctions à titre *provisoire*. Révocable à la volonté du Président d'Haïti, il ne devait pas être désigné ainsi dans l'acte de sa nomination ; mais que d'autres fonctionnaires étaient dans le même cas ! C'était une sorte de manie de la part de Boyer.

une de ses colonies et qu'elle la faisait garder comme les autres. Des navires de guerre de la Grande-Bretagne paraissaient souvent aussi dans les ports où des consuls de cette puissance étaient établis; mais ils ne suscitaient point d'observations, parce que les opposans ne voyaient aucune autre intention en cela, qu'une surveillance exercée à l'égard des Français : tant l'esprit d'opposition à tout gouvernement est ingénieux à trouver des motifs ou des prétextes à toute chose! Dans une telle situation, il était presque impossible qu'une tentative n'eût pas lieu contre l'autorité et la personne de Boyer; et nous allons dire, avec notre franchise ordinaire et notre entier dévouement à la vérité historique, toutes les fois que nous pouvons la saisir, ce qui, selon nous, aura le plus contribué à l'affaire du mois de juin de cette année.

Déjà, dans le précédent chapitre, nous avons dit que le général Borgella avait manifesté publiquement sa désapprobation de l'acceptation de l'ordonnance française, à cause de ses termes, sans calculer ce que l'autorité de son opinion pouvait avoir d'influence sur l'opinion publique, sur celle des militaires surtout dont il était généralement fort estimé. L'Opposition, sachant cela, avait colporté ses paroles pour mieux accuser le Président : elle crut même pouvoir compter sur lui en cas d'un événement politique qui était dans le goût et les aspirations des réformateurs; mais elle était complètement dans l'erreur! Jamais il ne se fût prêté, ni à seconder de pareils desseins, ni à profiter de leur résultat. Il l'a prouvé en 1843! Mais ce que l'on ignore, ce que nous allons consigner ici, c'est qu'en décembre 1826, il s'y refusa d'une manière absolue.

Le général Quayer Larivière se trouvait à l'assemblée des généraux dont nous avons parlé au chapitre précédent. A la mort de Pétion, il avait été d'opinion, on le sait, que Borgella dût être préféré à Boyer pour le remplacer, et depuis, il avait toujours conservé à ce général la plus profonde estime. Bien qu'il n'eût peut-être aucun motif particulier de se plaindre du Président qui l'avait élevé en grade et l'avait placé à l'arrondissement de la Grande-Rivière, Quayer Larivière ne l'agréait pas. Vieux révolutionnaire du Nord, subissant l'influence du milieu où il se trouvait, mécontent du déplacement du général Nord Alexis avec lequel il était étroitement lié d'amitié, il était un de ceux qui blâmaient aussi Boyer par rapport à l'acceptation de l'ordonnance; et comme il avait appris l'opinion manifestée par Borgella à ce sujet, il saisit l'occasion de la réunion des généraux à la capitale, pour lui proposer « de contraindre » Boyer à se démettre de la présidence, de le déposer de » cette magistrature pour avoir subi, disait-il, les exigen- » ces du gouvernement français qui continuait à se jouer de » lui, puisque le Président n'en pouvait encore obtenir un » traité destiné à effacer ce qui était humiliant dans l'or- » donnance, pour l'honneur national. » Et en faisant une telle proposition à Borgella, il lui dit que la plupart de leurs collègues partageaient sa résolution, que le moment était opportun, qu'il fallait en profiter; il cita particulièrement le général Benjamin Noël comme le plus d'accord avec lui dans cet audacieux projet. Il est vrai que ce dernier avouait depuis longtemps beaucoup d'estime pour Borgella et lui en avait donné des témoignages. Mais Borgella fut loin d'agréer cette proposition aussi étrange que coupable; car il n'appartenait pas aux généraux de l'armée de substituer leur volonté à ce que les institutions du pays avaient prévu, et la constitution ne donnait qu'au Sénat seul le droit d'apprécier la conduite du Président d'Haïti, pour le mettre en état d'accusation, s'il y avait lieu, et le faire juger par la haute cour de justice : or, le Sénat lui-même avait contribué et contribuait encore à tout ce que les opposans reprochaient au Président.

Le général Borgella put donc facilement démontrer au général Quayer Larivière ce qu'il y avait d'insolite dans son projet. Mais il s'attacha bien plus encore à lui prouver ce qu'il présentait de dangereux pour le pays, pour ses institutions politiques dont l'influence sur les esprits avait facilité la réunion de tout le territoire d'Haïti sous le même drapeau. Il lui dit : que si on violait la constitution par une entreprise aussi téméraire, ce serait autoriser sa violation par tous ceux qui, à l'avenir, seraient mécontens du gouvernement, et qu'ainsi la patrie n'aurait aucune stabilité. A l'égard de Boyer personnellement, Borgella lui dit : qu'aucun de ses compagnons d'armes ne pouvait révoquer en doute son patriotisme, qu'il en avait fait preuve dans tous les temps et surtout depuis qu'il était au pouvoir ; qu'il pouvait y avoir eu erreur de sa part quand il accepta l'ordonnance française, au lieu de la repousser vigoureusement, mais que ce n'était pas par manque de dévouement à son pays ; que d'après les communications qu'il venait de faire aux généraux, ceux-ci devaient reconnaître qu'il faisait tous ses efforts pour réparer ce que cette ordonnance offrait de défectueux et pour donner des garanties à la nation ; qu'il fallait patienter, et que si le gouvernement français ne voulait pas donner ces garanties en prenant de nouveaux arrangemens, eh bien ! on suspendrait tout payement de la dette nationale ; qu'on ne devait pas oublier que l'indemnité avait été offerte par Pétion lui-même, qu'elle était exorbitante, sans doute, mais qu'il fallait espérer que la France finirait par consentir à la réduire,

quand elle serait convaincue de l'insuffisance de nos ressources. Et Borgella ajouta : qu'il avait lui-même désap-
prouvé l'acceptation de l'ordonnance, qu'il eût préféré que
la guerre survînt entre la France et Haïti par un refus formel ; mais qu'aujourd'hui, c'était une affaire conclue depuis dix-huit mois, et par le Président et par le Sénat auxquels la constitution avait donné le pouvoir de la terminer ;
que si Boyer était renversé de la présidence pour ce motif,
la conséquence nécessaire d'un tel attentat serait la rupture
d'une convention librement contractée, ce qui donnerait à
la France le droit de faire une guerre acharnée à Haïti ; que
dans ce cas, Haïti n'aurait plus les sympathies des autres
puissances étrangères qui avaient déjà reconnu son indépendance par l'envoi de leurs consuls. En résumé, Borgella
dit à Quayer Larivière qu'il n'y avait réellement aucun motif pour vouloir arracher l'autorité à Boyer, qui, s'il avait
des défauts dans le caractère, possédait aussi de belles
qualités comme homme et comme chef de l'État ; que
depuis longtemps il était son ami et qu'il ne se prêterait
jamais à aucune tentative contre sa personne ou son pouvoir, étant persuadé, convaincu, que ce serait travailler
à la ruine de la patrie commune. « Renoncez, mon cher
» général, renoncez aux idées que vous avez conçues ; car
» vous seriez le premier à vous repentir du succès que vous
» obtiendriez, par les passions que vous verriez naître et se
» développer autour de vous. C'est à grand'peine que nous
» nous sommes donné une patrie : sachons la conserver. »
Telles furent ses dernières paroles.

A des raisonnemens aussi puissans, à des sentimens
exprimés avec tant de franchise, Quayer Larivière, qui
n'était que passionné et qu'un brave et énergique militaire,
ne put rien opposer de judicieux. Il témoigna seulement à

Borgella le regret qu'il éprouvait de le trouver si éloigné d'un projet qui, selon lui, serait facile à exécuter, et qui le mettrait en possession de la première magistrature de l'État, à la grande satisfaction de l'armée et des citoyens dont il était vénéré. Il n'en fut plus question entre eux, et peu de jours après tous les généraux partirent du Port-au-Prince et retournèrent à leurs commandemens respectifs.

Bien que Borgella pût reconnaître qu'il n'avait pas convaincu Quayer Larivière, il ne crut pas qu'il était de son devoir strict d'en informer le Président. Une telle dénonciation était incompatible avec son loyal caractère ; elle eût occasionné un grand embarras à Boyer, détruit sa sécurité, provoqué peut-être l'événement qu'il avait écarté par le refus qu'il fit ; car, à cette époque, arrêter un général comme Quayer Larivière, qui était fort estimé dans la propre garde du Président et par les autres troupes, c'eût été courir de grands risques : il y avait trop de fermentation dans les esprits [1]. Borgella devait espérer, enfin, que ce général réfléchirait et reviendrait aux seuls sentimens qu'il devait professer.

Mais il paraîtrait qu'ayant été d'accord surtout avec le général Benjamin Noël, Quayer Larivière lui aura laissé entendre que, dans son entretien avec Borgella, il avait seulement reconnu en lui les scrupules d'un honnête homme, qui le portaient à ne pas vouloir donner son assentiment au projet qu'ils avaient conçu contre Boyer ; mais que si ce projet réussissait d'une manière quelconque, étant pro-

---

1 Conçoit-on, en effet, le mouvement qui se serait produit dans la capitale, pendant que les généraux étaient assemblés et que probablement plusieurs d'entre eux étaient dans le secret de Quayer Larivière ? J'en ai vu plus d'un venir chez moi, où Borgella était logé, pour le visiter ; et leur attitude envers lui, les égards qu'ils avaient pour lui, m'ont donné à penser qu'ils n'ignoraient pas ce projet.

clamé « chef de l'État, » Borgella accepterait sa nomination ; qu'il s'y déciderait par dévouement à son pays. On doit *présumer* ainsi d'après ce que nous allons relater, à moins de *supposer* que Benjamin Noël se résolût à poursuivre lui-même cette coupable entreprise. Et pour la mener à maturité par une autre combinaison et par des agents subalternes, ce ne fut pas trop de six mois pour y gagner un certain nombre.

Le fait est, enfin, que dans les derniers jours du mois de juin, un sergent des grenadiers de la garde à pied du Président, nommé Pierre Juste, s'adressa à son chef de bataillon Constant Domingue, dont il était un ancien camarade, pour le gagner au complot formé contre l'autorité et la personne de Boyer. Constant, officier d'honneur et plein de mérites dans sa noble profession, parut se prêter à ce complot et fit causer le sergent en le questionnant pour savoir quels étaient les individus qui en faisaient partie. Lorsqu'il en eut su les principales ramifications, il déclara à Juste qu'il n'entrerait point dans un tel projet, et qu'il fallait se rendre immédiatement avec lui auprès de leur colonel Denis Tréméré, afin de déclarer à ce dernier tout ce qu'il en savait, parce que Juste lui avait nommé plusieurs officiers, sous-officiers et soldats du régiment des grenadiers et d'autres corps comme participant au complot. Juste se montra effrayé de cette injonction et dit alors que c'était une dénonciation qu'il entendait faire à son chef de bataillon, et non pas un embauchage qu'il tentait. Constant lui dit que c'était une raison de plus pour en parler à leur colonel. Ils allèrent donc chez ce dernier qui reçut la déclaration du sergent et de Constant, et qui les amena tous deux auprès de Boyer.

C'était à une heure avancée de la soirée. Le Président se

fit raconter par Juste tout ce que ce sergent savait de la trame, et quoiqu'il ne restât pas dupe de la démarche que ce sous-officier avait faite auprès de son brave chef de bataillon, il l'en félicita et le promut de suite au grade de sous-lieutenant. A l'instant même, il manda le général Thomas Jean, commandant titulaire de la place et provisoirement de l'arrondissement, ainsi que le colonel Victor Poil, adjudant de place, et il leur donna l'ordre d'arrêter sans délai ceux que Juste avait désignés comme les principaux auteurs ou complices du complot. C'étaient : le capitaine Jean-François Mathurin, du 8e régiment d'infanterie; le lieutenant Jean Michel, du même corps ; le sous-lieutenant Léon Cauchois, des grenadiers à pied de la garde ; le sergent Léon Pierre-Louis, du même corps ; et le lieutenant Jean-Louis Bellegarde, des chasseurs à cheval de la garde. Ce dernier s'évada et ne put être arrêté ; Jean Michel se tint caché quelques jours avant d'être saisi.

Par ordre du Président, une instruction d'enquête s'ouvrit au bureau de la place dès le lendemain matin, afin d'interroger les inculpés en présence de Juste, dénonciateur du complot. Le général Inginac s'y trouva pour mieux la diriger. La dénonciation était si formelle, que les inculpés ne pouvaient pas nier les faits à eux imputés ; mais ce fut surtout le lieutenant Jean Michel qui, lorsqu'il fut arrêté, avoua avec fermeté, comme ses complices, l'objet et le but de ce regrettable complot. Ils déclarèrent qu'à leur avis, le Président ayant compromis l'honneur, la dignité et les intérêts de la nation, par l'acceptation de l'ordonnance de Charles X et les arrangemens pris avec la France, il était urgent de le *déposer* du pouvoir qu'il exerçait; qu'alors les troupes proclameraient le général Borgella, « Président d'Haïti ; » qu'elles feraient un appel à son patriotisme afin

de réparer tout le mal que Boyer avait produit. Les inculpés ajoutèrent, qu'ils espéraient que le général Borgella ne serait pas sourd à la voix de la patrie en danger. On a dit alors que le général Inginac, pressant Jean Michel de questions adroites afin de découvrir si Borgella avait connaissance du complot, s'il en était l'âme secrète, cet officier lui répondit : « Général, vous voulez surprendre ma
» bonne foi ; ce n'est pas loyal de votre part. Je vous le ré-
» pète : le général Borgella n'a aucune connaissance de
» notre projet, mais en le proclamant chef de l'État, nous
» aurions espéré qu'il se rendrait au vœu des militaires et
» des citoyens qui se rallieraient à eux [1]. »

Après cette enquête, les inculpés furent livrés au jugement d'un conseil spécial qui les condamna tous à la peine de mort, J.-L. Bellegarde aussi, mais par coutumace. Le 3 juillet ils furent exécutés [2].

Dans cette affaire, à jamais déplorable par le but que poursuivaient ces militaires, qui n'étaient pas sans mérite par les services qu'ils avaient rendus à leur pays, le nom du brave général Benjamin Noël, qui lui-même avait tant de droits à la gratitude publique par ses antécédens, ce nom fut assez cité pour laisser planer de graves soupçons sur sa conduite. Une circonstance y ajouta : propriétaire de l'habitation jadis connue sous le nom de Turbé, dans la plaine du Cul-de-Sac, il s'y trouvait dans le moment ; sa présence en ce lieu voisin de la capitale parut être calculée pour être

1 Certainement, il était du devoir d'Inginac, secrétaire général, ministre du gouvernement, de s'efforcer de découvrir toute la vérité dans cette affaire. Mais ces particularités le firent accuser de chercher à perdre Borgella, afin d'écarter un concurrent éventuel dans le cas où la présidence viendrait à vaquer. Le colonel Lerebours fut aussi accusé de s'entendre avec lui à ce sujet. Il est certain qu'ils tinrent bien des propos alors contre Borgella, et nous ferons connaître des faits subséquens qui légitimèrent les imputations du public.

2 Tous ces braves militaires montrèrent le courage le plus calme au moment de recevoir la mort. Il fut vraiment regrettable qu'ils entrèrent dans un tel complot.

à proximité de diriger le mouvement qui serait résulté de la mort de Boyer, car il aurait été impossible de le déposer simplement. Le Président, qui parut avoir saisi toutes les ramifications de ce complot, où bien d'autres officiers de sa propre garde et des autres corps de troupes de la garnison furent plus ou moins impliqués, le Président se borna, quant au général Benjamin Noël, à lui ôter le commandement de l'arrondissement du Mirebalais et à l'y faire remplacer par le colonel Per qui commandait la commune de la Croix-des-Bouquets : il fit partie désormais de l'état-major général de l'armée, à la résidence du Port-au-Prince [1]. Des mutations eurent lieu ensuite pour plusieurs officiers de la garde qui passèrent dans d'autres corps de la ligne.

Cette modération du pouvoir fut aussi intelligente qu'humaine, car Boyer comprit parfaitement qu'il y avait surtout erreur et entraînement regrettable dans les reproches qu'on lui faisait. S'il avait fallu frapper tous ceux qui partageaient ces opinions à son égard, la plupart de ses concitoyens auraient été des victimes. Il était donc de son devoir d'être patient et de tout attendre du temps pour calmer les esprits et le justifier. Le dimanche 1er juillet, après l'arrestation des prévenus, il vint dans la grande salle du palais de la présidence, où se trouvaient les fonctionnaires publics, tous les officiers des corps de troupes ; et là, au milieu de tous il parla du complot ourdi contre lui et de sa conduite dans tous les temps, et dans les circonstances où il prit les arrangemens avec la France, pour faire admettre Haïti au rang des nations indépendantes : il s'exprima avec un chaleureux sentiment de patriotisme et une éloquence qui entraîna l'ap

____

1 Le général Benjamin Noël décéda au Port-au-Prince, en 1831.

probation de tous ses compagnons d'armes et des citoyens auxquels il s'adressait [1]. Le cri de : vive le Président d'Haïti ! se fit entendre de tous les assistans.

Le 4 juillet une proclamation énergique fut publiée à la capitale. Elle parla du complot comme l'œuvre de « quel-
» ques pervers, ennemis de la paix et de la tranquillité pu-
» blique, dominés par l'ambition et la cupidité, qui se sont
» imaginés qu'il n'y avait d'autres moyens de parvenir à
» leur but, qu'en conspirant contre le chef de l'État.....
» Militaires, si de vos rangs sont sortis les traîtres qui vou-
» laient déchirer le sein de la patrie, c'est aussi dans vos
» rangs que se trouvent les braves qui ont dévoilé leurs per-
» fides machinations... » Aucune allusion n'eut lieu dans cet acte, aux accusations portées contre le Président par ceux qui furent victimes du complot, et ce fut sans doute d'une sage politique.

Le 7 septembre suivant, le grand juge Voltaire publia un avis sur le *Télégraphe*, par lequel il déclara que « celui qui
» serait convaincu d'avoir entretenu des intelligences avec
» J.-L. Bellegarde, de lui avoir donné asile, d'avoir favorisé
» sa retraite, ou même qui ne l'aurait pas fait connaître par
» une prompte déclaration aux autorités locales, après en
» avoir eu connaissance, serait considéré comme complice
» de ce traître et poursuivi comme tel. » Mais personne ne donna aucune information au gouvernement à ce sujet; et au commencement de 1828, Bellegarde vint lui-même se

---

1 Je n'ai jamais vu Boyer aussi éloquent que ce jour-là. Il dit au colonel Adam, du 11e régiment : « Vous, mon cher colonel, vous qui avez été l'ami de ma mère, cette né-
» gresse africaine dont je m'honore d'être le fils, ne savez-vous pas quel amour et quel
» respect je lui portais ? Ignorez-vous, colonel, que les Français ont failli me noyer dans
» la rade du Cap, en même temps que Maurepas? Comment donc peut-on m'accu-
» ser d'avoir voulu sacrifier mon pays à la France, mes concitoyens, mes frères, aux
» Français? »
Cette apostrophe produisit une sensation indicible dans cet immense auditoire.

rendre au palais du Président, vers minuit : arrêté par un officier de garde, il lui dit qu'il venait se soumettre pour implorer sa grâce de Boyer. Averti par l'officier, le Président ordonna qu'il fût conduit en prison et mis au secret. Le lendemain, le général Lerebours, devenu commandant de l'arrondissement par la mort du général Thomas Jean, y alla l'interroger sur les motifs et le but du complot auquel il avait pris part. Bellegarde lui fit les mêmes réponses qui avaient été faites au général Inginac par Jean Michel ; car il lui avait posé des questions semblables, par rapport au général Borgella. Le Président commua la condamnation à mort en une détention au Môle, que Bellegarde subit quelque temps ; puis il fut remis en liberté.

Nous savons positivement que Boyer resta convaincu que le général Borgella n'avait eu aucune connaissance du complot découvert au mois de juin 1827 ; mais il lui reprochait d'avoir exprimé trop ouvertement son opinion à l'occasion de l'acceptation de l'ordonnance française : ce qui avait été cause que les opposans croyaient pouvoir compter sur lui, en cas qu'il eût été victime du complot [1].

Ce ne fut pas le seul danger auquel Boyer échappa dans cette année 1827. Le 2 février, vers 7 heures du matin, il se rendit à l'arsenal où l'on préparait l'envoi de vingt milliers de poudre et d'autres objets de guerre pour Santo-Domingo,

---

[1] Mon assertion à ce sujet repose sur la confidence que voulut bien me faire un aide de camp du Président, qui servit de secrétaire au général Lerebours lorsqu'il alla interroger Bellegarde en prison. Cet aide de camp avait remarqué l'intérêt que le général semblait prendre à ce que le condamné accusât le général Borgella, d'avoir été le chef du complot de 1827, tandis qu'il niait toujours ; et comme ce jeune officier estimait et aimait Borgella, qui avait été l'ami de son père, il crut devoir faire part de son observation au Président qui lui répondit ce que je viens d'avancer. — Peu après, au mois de mai, le général Lerebours fut envoyé en mission à Santo-Domingo, avec ordre de s'enquérir de la situation de toutes les parties du service public dans cette ville et dans les bourgs par lesquels il passa pour s'y rendre. A son retour, il présenta au Président un rapport écrit dont j'ai la copie sous les yeux, en se réservant, dirait-il, de communiquer d'autres informations

que les garde-côtes de l'État allaient prendre. Les ouvriers
de cet établissement, dirigé par le chef de bataillon Louis
Charles, garde-magasin, avaient mis cette poudre dans des
barils, et cet officier fut assez imprévoyant pour laisser employer des marteaux de fer à foncer ces barils. Le Président
s'en aperçut et fit des observations à ce sujet au garde-magasin, en lui disant de se servir de marteaux de bois, dont
on se sert ordinairement dans une opération aussi dangereuse ; et remontant presque aussitôt à cheval, il sortit de
l'arsenal avec son escorte. Il y avait à peine cinq minutes
qu'il en était sorti, quand une effroyable explosion se fit
entendre : un marteau de fer, on doit le présumer, avait fait
jaillir une étincelle qui mit le feu à l'un des barils, et les vingt
milliers de poudre s'enflammèrent, de même que la quantité
qui se trouvait encore dans ia salle d'artifice voisine dont la
charpente vola en éclat. L'incendie se propagea en un instant dans les autres bâtimens de l'arsenal qui étaient remplis
d'objets d'armement et d'équipement: fusils, sabres de cavalerie et d'infanterie, gibernes, etc. Les bâtimens du magasin
général de l'État, attenant à ceux de l'arsenal, prirent feu
également, et une immense quantité d'objets pour les approvisionnemens de la marine, pour l'habillement des troupes
et autres parties du service public : tout fut la proie des flam-
mes qu'on ne put maîtriser, à cause du vent qui soufflait en

verbalement. Il avait réuni an palais de justice tous les fonctiounaires publics en présence
du général Borgella, pour les interpeler sur leurs services respectifs. Il dit que leurs réponses ne furent pas catégoriques, « ce qu'il faut attribuer à la crainte produite par la
« présence du chef d'arrondissement dont l'autorité et l'influence paraissent tenir tout le
« monde *courbé* sous sa volonté, même sous celle des personnes qui l'entourent (ses aides
« de camp). » Il ajouta « que la justice n'était administrée que sous le *bon plaisir* de ce gé-
« néral, que les juges consultaient préalablement *sa volonté*, etc. » Bien d'autres accusations furent articulées dans ce rapport contre le général Borgella. Le Président se borna à
lui demander quelques explications sur certains points du service militaire, auxquelles il
répondit d'une manière satisfaisante ; et le général Lerebours dut s'en tenir à ses injustes
reproches.

ce moment, malgré les quelques pompes de la ville et celles qui furent envoyées par le commandant de la frégate française, mouillée dans la rade extérieure, avec un grand nombre des matelots de son équipage, dirigés par des officiers. Outre la perte matérielle que ce malheureux événement occasionna à l'État, et qu'on a évaluée à environ 5 millions de piastres, édifices et objets compris, il y périt plus de 30 hommes qui étaient réunis sur le lieu où l'on préparait la poudre : le chef de bataillon Louis Charles et les ouvriers de l'arsenal, le commandant Beaugé, le commissaire de marine Poursaint et plusieurs matelots, ces derniers étant venus pour enlever les barils de poudre. Les membres, les tronçons des corps de ces infortunés furent recueillis à des distances assez éloignées du lieu de ce sinistre accident.

Ainsi, la vie du Président a couru le plus grand risque en cette déplorable circonstance [1]. Et au mois d'août suivant, il essuya une grave maladie, une fluxion de poitrine qui l'atteignit encore à l'arsenal, en visitant les travaux qu'on exécutait dans les forges de cet établissement, la seule partie qui échappa à l'incendie du 2 février [2]. Presque au même jour, le 21 août, un terrible ouragan frappait Santo-Domingo et toute la partie méridionale du département du Sud-Est : une douzaine de navires de toutes dimensions périrent dans cette tourmente, ainsi que 80 hommes environ de leurs équipages.

L'année 1828 commença, pour ainsi dire, par la constatation de la dépréciation du papier-monnaie émis par le

---

[1] L'absence du colonel Vian, directeur de l'arsenal, fut peut-être ce qui sauva Boyer en cette circonstance. Ordinairement, il y passait plus de temps quand le directeur y était.

[2] Le *Télégraphe* du 9 septembre 1827 parla de cette grave maladie de Boyer ; et celui du 30 annonça la mort du général Thomas Jean, arrivée le 26, par une apoplexie. Le colonel Lerebours le remplaça dans le commandement provisoire de l'arrondissement du Port-au-Prince, et fut promu général de brigade peu après.

gouvernement : le 18 février, une ordonnance de police
fut publiée au Port-au-Prince, pour défendre de faire aucune différence entre ces billets de caisse et les espèces
monnayées, nationales ou étrangères, dans les transactions
entre les particuliers, attendu que le trésor public n'en
faisait pas lui-même. Mais c'était une chose impossible à obtenir, puisque déjà la monnaie nationale en espèces n'avait
qu'une valeur nominale à côté de la valeur intrinsèque de
celles des autres nations qui circulaient aussi dans la République, et qu'elle était sujette à un agiotage dans le commerce. Peu après, le 21 avril, un avis du secrétaire d'État
Imbert annonça au public le retrait des billets de 5 gourdes
de la circulation, lesquels devaient être échangés aux tré-
sors de diverses administrations dans le délai d'un mois, du
1er au 30 juin suivant. Et le 24 novembre, un nouvel avis
du même grand fonctionnaire fut publié, prescrivant le retrait de la monnaie nationale *à serpent*. Cette opération se
fit comme la précédente, les détenteurs furent remboursés
en papier-monnaie, excepté pour les petites sommes que
présentaient les classes populaires, qui furent échangées en
nouvelle monnaie frappée à l'effigie du Président d'Haïti :
ce qui fut cause de plus de lenteur. Il arriva que le trésor
public reçut de cette monnaie *à serpent* une somme de
1,800,000 gourdes, lorsqu'il n'en avait été frappé que
pour celle de 1,100,000 gourdes : le surplus était de la
contrefaçon de l'étranger, principalement des États-Unis,
où l'on ne se gêna pas pour contrefaire également la monnaie à effigie. Toutes ces 1,800,000 gourdes passèrent
aux creusets de l'hôtel des monnaies.

Diverses lois furent rendues dans la session de cette année, qu'une proclamation du Président avait prorogée au
10 juin. La première retira aux bâtimens nationaux

voyageant à l'étranger, les avantages qui leur avaient été accordés précédemment, à l'importation : la loi fut exécutoire à partir du 1er janvier 1829. Ces bâtimens durent payer les mêmes droits, pour les marchandises de n'importe quelles nations, et les mêmes frais imposés aux navires étrangers : ils étaient exempts seulement du droit de patentes. L'art. 6 de cette loi disait : « Les nations qui,
» n'ayant point de traités avec la République, imposeront,
» dans les ports de leur domination, sur les bâtimens
» haïtiens ou sur les produits (d'Haïti) par eux importés,
» d'autres droits ou de plus forts droits que ceux auxquels
» seront assujettis leurs bâtimens ou les bâtimens d'autres
» nations dans leurs mêmes ports, seront traitées, en Haïti,
» sur le pied de la réciprocité. » Or, comme les bâtimens nationaux étaient assimilés à ceux de tous les étrangers, et qu'il n'y eut jamais de traité de commerce entre Haïti et aucune puissance, il s'ensuivait simplement que les navires étrangers étaient soumis aux lois du pays. Une autre loi, dans les matières de douanes, consacra ce qui était déjà prescrit par la loi sur les patentes : « que nul étranger ne
» pourrait devenir consignataire, s'il n'obtenait du Prési-
» dent d'Haïti la licence nécessaire. » Elle prescrivit encore l'enregistrement de sa patente au greffe du tribunal de commerce de son domicile ou établissement. Tous négocians consignataires ou réclamateurs de marchandises, nationaux ou étrangers, furent assujettis à payer un droit de consignation, proportionnel à la valeur des marchandises consignées : demi pour cent pour les Haïtiens, un et demi pour les étrangers. La perception de ce droit se réglait sur les mêmes bases que la perception du droit d'importation, et ne devait commencer qu'à partir du 1er janvier 1829.

Là loi de 1826 sur l'enregistrement, reconnue très-imparfaite, fut remplacée par une autre qui a toujours régi la matière depuis cette époque. Celle-ci régla convenablement cette administration et la perception des droits fixes ou proportionnels établis sur les actes civils et judiciaires. D'autres lois sur l'imposition personnelle et mobilière, pour 1829, dont il a été fait mention déjà; sur l'augmentation de l'impôt territorial établi sur les bois d'acajou et d'espinille, sur les animaux épaves, et enfin, sur les patentes, devaient accroître les revenus publics, tandis qu'une dernière décréta des dispositions de police par rapport aux personnes arrivant de l'étranger dans le pays, ou en partant pour l'étranger. Les juges de paix, dans les ports ouverts, devaient tenir trois registres spéciaux à ce sujet : le premier, destiné à inscrire les noms des Haïtiens; le second, ceux des personnes habiles à le devenir au terme de la constitution et en remplissant les formalités prescrites par l'art. 14 du code civil; le troisième, pour les étrangers, autres que les agents consulaires ou diplomatiques et les personnes de leur suite, et les équipages des navires de commerce ou de guerre : même les étrangers qui habitaient déjà le pays, sauf les exceptions ci-dessus, devaient se faire inscrire sur le registre qui les concernait. Diverses formalités étaient prescrites par cette loi, qui fixait des amendes pour non-exécution de la part de tous ceux qui y étaient assujettis; mais elle tomba bientôt en désuétude. On était trop habitué au régime du laissez-faire, du laissez-passer, pour s'y soumettre; les autorités elles-mêmes négligèrent l'accomplissement de leurs devoirs [1].

---

[1] En 1828, en mai ou juin, la République perdit le même jour, presque à la même heure, deux de ses vaillans défenseurs : les généraux Magny et Gédéon. Ces deux hommes honorables avaient fourni une carrière brillante par leur courage, calme en Magny,

On a vu qu'en envoyant au Havre, un agent chargé de vendre les denrées qui y furent expédiées, le gouvernement n'avait pu faire payer aux porteurs de ses obligations que peu d'intérêts de l'emprunt, et qu'il avait aussitôt rappelé son agent à cause du mauvais résultat de cette combinaison commerciale [1]. L'année 1827 allait s'écouler sans qu'il pût pourvoir au service de cet emprunt, malgré les nouvelles lois sur les douanes, puisqu'il avait dû recourir au papier-monnaie pour payer les services publics à l'intérieur. Dans cet état de choses, la maison Laffitte, qui avait été substituée à celle de MM. Ch. Ternaux, Gandolphe et compagnie pour l'emprunt, imagina d'envoyer à Haïti, sur la fin de 1827, M. Larréguy, son agent, chargé de s'entendre avec le gouvernement pour trouver une solution aux embarras de la République. Elle consistait à ce que celle-ci consacrât, chaque année, une somme de 6,500,000 fr. pour payer le service de l'emprunt et *les intérêts* des 120 millions restans de l'indemnité, à 3 pour cent, jusqu'à entière libération de l'emprunt, puis à reporter le tout au service de l'indemnité. Dans cette combinaison, le gouvernement français aurait contracté une convention avec celui d'Haïti à ce sujet, et il se serait substitué ainsi aux droits des prêteurs pour contraindre Haïti à remplir ce nouvel arrangement. Déjà, M. de Villèle, qui avait patroné l'emprunt, avait autorisé ou engagé M. Laffitte à payer les intérêts échus et à échoir, et les tirages du 1ᵉʳ juillet 1827 et du 1ᵉʳ janvier 1828 : ce

andacieux en Gédéon. Ils ne furent pas moins estimables sous le rapport du patriotisme. Nous avons parlé d'eux assez souvent dans le cours de cet ouvrage, pour nous dispenser ici de nous étendre sur leur vie, abrégée trop tôt pour leur pays qu'ils servaient avec zèle dans les arrondissemens du Cap-Haïtien et de Léogane.

1. Pour opérer ces envois de denrées au Hàvre, le gouvernement en faisait acheter sur les places d'Haïti : ce qui entravait les opérations des commerçans.

qui éleva ses avances à 4,848,905 fr. jusqu'au 1er juillet 1828, desquelles avances M. Laffitte fut ensuite remboursé par le trésor royal, considéré comme *garant* de cette somme par l'intervention du ministre des finances, sauf à répéter contre Haïti.

Boyer adhéra à la combinaison de M. Laffitte, qui resta chargé de la proposer au gouvernement français, et M. Larréguy retourna en France où il arriva en janvier 1828. Déjà, le ministère présidé par M. de Villèle était renversé, et le comte Roy remplaça ce dernier pour les finances. Sur la proposition faite par M. Laffitte, ce ministre composa une commission qu'il présida et dont faisaient partie M. Laîné, le baron Portal, le duc de Lévis, etc., pour examiner la combinaison. Elle fut acceptée, après quelques délais; mais alors, on apprit en France que le Président y envoyait un agent avec de nouvelles propositions. Ce fut M. Saint-Macary qui avait été membre de la Chambre des communes et qui était en ce moment chef des bureaux du secrétariat des finances; il arriva à Paris au mois d'octobre 1828. Le ministère désigna MM. Esmangart et Pichon pour l'entendre et arriver à une convention.

Elle ne put aboutir. M. Saint-Macary était chargé de proposer diverses choses : 1° que la République affecterait 6 millions de francs par an, pour l'indemnité et l'emprunt, payables en denrées au cours, en Haïti; 2° les 6 millions payables en denrées remises en France, mais affranchies de tous droits; 3° 5,800,000 fr. par an, durant vingt années consécutives, après quoi elle serait entièrement libérée des deux dettes; 4° enfin, 5 millions payables en France, à la charge par le gouvernement français de les appliquer au service de l'indemnité et de l'emprunt jusqu'à leur extinction. Ces diverses propositions, successivement faites, furent toutes repoussées par MM. Esmangart et Pichon, au nom de leur gouvernement. Celui-ci, sachant que Boyer avait adhéré à la combinaison de M. Laffitte, espérait l'y ramener. En conséquence, une ordonnance fut rendue par Charles X, le 23 décembre 1828, portant comme *ultimatum* : qu'il serait demandé à Haïti de payer annuellement 6,500,000 fr. , à savoir : 3,600,000 fr. pour les intérêts, à 3 pour cent, des 120 millions restant dus sur l'indemnité; 600,000 fr. pour servir à leur amortissement, à raison d'un demi pour cent; et 2,300,000 fr. pour le service de l'emprunt. Si Boyer consentait à cet *ultimatum*, le gouvernement français consentirait aussi à faire un traité de commerce et d'amitié avec la République.

M. Molien était alors en France; il fut chargé de remplacer M. Maler comme consul général par intérim [1]. Il partit de Brest en janvier 1829, avec M. Saint-Macary, sur la frégate *la Cérès*, et ils arrivèrent au Port-au-Prince dans les premiers jours de mars. Le nouveau consul général était chargé de signifier l'ordonnance royale au Président. Boyer nomma les trois grands fonctionnaires Imbert, Voltaire et Inginac pour négocier avec lui à ce sujet. Le 3 avril, une convention fut arrêtée, d'après laquelle le gouvernement haïtien écarta l'affaire de l'emprunt pour la régler directement avec les porteurs de ses obligations; et quant à l'indemnité, il consentit à payer annuellement 3,600,000 fr. pour les *intérêts* des 120 millions, à 3 pour cent, en délégations ou rescriptions sur les douanes de la République, « au pair de la gourde haïtienne, » se réser-

---

1. M. Maler quitta Haïti en juin 1827, au moment de l'arrivée de M. F. Cerffber qui fut envoyé comme vice-consul, pour remplacer M. Ragueneau de la Chenaie, aux Cayes. Ce dernier vint alors au Port-au-Prince où il occupa le consulat général *par interim*. En 1828, il se rendit en France d'où il ne revint plus. M. Molien y avait été dans la même année.

vant d'aviser plus tard au payement du capital. Mais le gouvernement demanda, et M. Molien consentit, que le *demi-droit* stipulé en faveur des navires et du commerce français cessât définitivement à la fin de 1830. Le consul général s'empressa d'obtenir du Président qu'il approuvât cette convention et la signât, comme les grands fonctionnaires l'avaient déjà fait. Ensuite, un projet de traité de commerce fut arrêté et signé aussi, le 16 avril, par les négociateurs respectifs.

Pour avoir dérogé ainsi aux clauses de l'ordonnance royale contenant l'*ultimatum* de son gouvernement, il a fallu que M. Molien eût toute latitude à cet égard. Du reste, il avait déjà résidé en Haïti, en qualité de consul au Cap-Haïtien; il connaissait parfaitement l'exiguïté des ressources de la République, et de plus comment l'esprit public était opposé aux arrangemens pris avec la France : donner des facilités au gouvernement haïtien était d'une sage politique. Il expédia en France les actes qu'il avait souscrits. Le Président fit écrire en même temps au gouvernement français pour les appuyer, en exposant toujours la malheureuse situation du pays.

Nous dirons bientôt ce qui eut lieu entre les deux gouvernemens, par suite de l'accord entre celui d'Haïti et le consul général.

Dans les premiers mois de 1828, le bruit avait couru à l'étranger, que l'Espagne faisait préparer à la Havane une expédition militaire pour venir s'emparer de la partie de l'Est d'Haïti. On disait qu'un amiral Laborde aurait le commandement de la flotte qui transporterait les troupes. Ce bruit, répandu dans l'Est, y avait occasionné une certaine émotion; et bien que Boyer ne le crût pas fondé, il avait jugé prudent d'y faire passer plusieurs régimens de l'Ouest et du Nord. La garnison de Santo-Domingo fut renforcée; un de ces régimens fut placé à Azua, et d'autres à Saint-Jean, à Saint-Yague et à Puerto-Plate. Cette mesure de précaution ramena le calme dans les esprits, et ces corps de troupes furent rappelés au commencement de 1829.

Le 7 mars, une proclamation du Président prorogea la session législative au 10 août suivant. La seule cause de cette mesure fut la préoccupation occasionnée au gouvernement par l'arrivée du consul général de France, chargé de négocier la convention mentionnée ci-dessus. Au reste, la législation du pays ne réclamait pas grand'chose dans cette année. La session fut ouverte le 17 août; et dans son discours d'usage, le Président fit allusion à l'accord existant entre les gouvernemens de France et d'Haïti pour la cessation du demi-droit accordé au commerce français.

Il annonça positivement à la Chambre des communes, « que cette faveur ne subsisterait plus au 1er janvier 1831, » attendu qu'elle n'avait été concédée, dans sa pensée, que » pour le laps de cinq années entières à partir du versement opéré du premier cinquième de l'indemnité, le » 31 décembre 1825 [1]. » Il n'y eut que deux lois votées dans cette session : celle qui prorogea, pour 1830, une autre rendue en 1828 sur l'imposition personnelle et mobilière, qui n'allait plus être renouvelée, et celle annuellement rendue sur les patentes.

Parmi les quelques autres actes d'administration qui s'offrent dans cette année, on peut citer une nouvelle circulaire de Boyer aux commandans d'arrondissement, pour leur dire de veiller à la culture des terres; à la plantation

---

1 Lorsque Boyer annonça la cessation du demi-droit, avant la ratification de la convention souscrite par M. Molien, on trouva que c'était prématuré de sa part, le gouvernement français pouvant encore refuser sa ratification.

des vivres en grande quantité afin d'assurer la subsistance des populations; à la bonne préparation des denrées d'exportation pour leur garantir une vente avantageuse sur les marchés étrangers; à la répression du vagabondage dans les campagnes afin de procurer une entière sécurité aux propriétaires et aux cultivateurs laborieux, etc. Le Président leur rappela les diverses autres circulaires qu'il leur avait adressées à différentes époques, et notamment ses instructions du 17 avril 1820 sur les mêmes objets, et il fit imprimer deux de ces circulaires, du 11 décembre 1824 et du 29 août 1828, avec celle du 12 novembre de la présente année. Tous ces actes prouvent certainement la sollicitude de Boyer en faveur de l'agriculture de son pays, comme une infinité d'autres relatifs à la protection due au commerce. Mais il faut reconnaître que la *contrainte* n'étant pas possible, ne devant pas même être exercée à l'égard des cultivateurs producteurs de vivres et autres denrées, la tâche des commandans militaires devenait difficile : aussi combien d'entre eux ne disaient pas souvent, que le Président semblait les blâmer, les accuser de négligence, lorsque les mêmes choses se passaient sous ses yeux dans l'arrondissement du Port-au-Prince, sans qu'il pût obtenir de meilleurs résultats.

Nous voici à 1830. Le 16 janvier une frégate espagnole arriva au Port-au-Prince, ayant à son bord Don Felipe Fernandez de Castro, intendant de l'île de Cuba, venant directement de la Havane. Il était revêtu de la qualité de plénipotentiaire de Sa Majesté Ferdinand VII, roi d'Espagne, et il s'empressa d'en informer le Président d'Haïti, en lui disant qu'il était chargé d'une mission auprès du gouvernement de la République. Le 17, le Président réunit ses pleins-pouvoirs au général Inginac, secrétaire-général, au sénateur J.-F. Lespinasse, et au colonel Frémont, son aide de camp, afin de recevoir les communications de cet envoyé et d'entrer en conférences avec lui sur tous les points qu'il proposerait de mettre en discussion, promettant de ratifier ce qu'ils auraient fait et arrêté dans l'intérêt d'Haïti. Dès le même jour, ils reçurent l'envoyé de S. M. C. qui leur exhiba ses pleins-pouvoirs, en même temps qu'ils lui exhibèrent les leurs; et ils convinrent ensemble d'une deuxième réunion pour le 18, où l'échange en aurait lieu. A cette séance, Don F. de Castro, après cette formalité remplie, exposa l'objet de sa mission, indiqué d'ailleurs par ses pleins-pouvoirs, et qui était : « d'obtenir la » remise au roi d'Espagne, du territoire de l'Est d'Haïti » formant anciennement une des colonies de ce royaume. » Mais, sur les objections faites par les plénipotentiaires haïtiens et la discussion qui s'en suivit, Don F. de Castro, ne s'exprimant pas très-facilement en français, ni eux en espagnol, il leur demanda à traiter de la question par notes diplomatiques basées sur ses instructions : ce à quoi ils consentirent, et la séance fut levée.

Le 19, Don F. de Castro leur adressa une première note écrite en espagnol, où il déclara que les vues de son souverain étaient : « d'employer les moyens concilians et conve- » nables aux sentimens qui l'ont toujours animé envers le » gouvernement de l'État d'Haïti, pour faire rentrer sous » sa domination paternelle, ceux de ses sujets qui résident » dans la partie espagnole de cette île; et il fit l'historique des événemens qui s'y passèrent depuis la cession faite à la France par le traité de Bâle, en 1795, jusqu'en 1821 où « le soulèvement de quelques *factieux* avait ex- » pulsé les autorités locales, en substituant au pavillon

» royal de leur souverain légitime, celui qui n'était pas
» dans le rang de ceux des nations [1]. » Argumentant
contre les dispositions de la constitution d'Haïti qui comprenaient toute l'île dans le territoire de la République, il
dit qu'elles ne pouvaient détruire les droits de l'Espagne
qui, en dernier lieu et par l'ordonnance de Charles X, du
17 avril 1825, se trouvaient confirmés conformément à la
rétrocession de 1814, puisque cette ordonnance qui a constitué légalement la République, n'a disposé qu'en faveur
de l'ancienne partie française. Il admit cependant qu'en
1821, la République a pu, pour sa propre sécurité, occuper
momentanément le territoire de la colonie espagnole, pour
se préserver de la contagion de l'anarchie ou pour éviter
qu'il ne devînt celui d'un ennemi, par suite de l'insurrection;
mais qu'aujourd'hui, n'ayant jamais eu ni guerre ni hosti-
lités avec la nation espagnole, son occupation étant temporaire, elle devait restituer ce territoire au roi d'Espagne.

Les plénipotentiaires haïtiens répondirent le 21 à cette
note, en disant à leur adversaire : que l'ancienne colonie de
l'Espagne, ayant été cédée à la France qui en prit possession
en 1801 (par Toussaint Louverture) et qui l'occupait encore
le 1er janvier 1804, jour où les Haïtiens se déclarèrent nation libre et indépendante de cette puissance et de toutes
autres, ce territoire s'est trouvé « indispensablement com-
» pris, » par eux et pour leur sûreté et leur conservation,
dans le nouvel État qu'ils fondèrent; qu'ainsi l'ont toujours
entendu les diverses constitutions politiques du pays, notamment celle du 27 décembre 1806 qui l'érigea en République; qu'en vain on objectait que ces actes n'avaient point
été signifiés à l'Espagne, que « les constitutions se procla-

[1] Le pavillon colombien arboré à Santo-Domingo seulement, par Nunez de Cacérès.

» ment et ne se signifient point; » que si, à cause de la guerre civile, le gouvernement ne s'était pas opposé à ce qu'en 1809 le pavillon espagnol fût arboré dans la partie de l'Est d'Haïti, après que Pétion eut fourni aux indigènes des armes et des munitions pour combattre les Français, les droits des Haïtiens sur ce territoire n'avaient pu, par cette circonstance, recevoir aucun affaiblissement; que les objections faites par le plénipotentiaire du roi d'Espagne n'étaient puisées que dans « des droits perdus; » que les habitans de l'Est eux-mêmes l'avaient si bien compris ainsi, qu'aussitôt la cessation de la guerre civile par la mort de H. Christophe, ils déclarèrent leur incorporation à la République à laquelle ils jurèrent fidélité; qu'il est vrai que quelques individus de Santo-Domingo avaient voulu ériger un État distinct pour s'allier à la République de Colombie; mais que les citoyens de l'Est, en général, s'en indignèrent et appelèrent immédiatement le Président d'Haïti pour les faire jouir définitivement des bienfaits de la constitution de la République, et que le 9 février 1822 il effectua la prise de possession, en entrant à Santo-Domingo où le pavillon haïtien flottait depuis quelques jours, tandis qu'il avait été arboré sur les autres points il y avait un mois, ce qui prouvait la volonté unanime des citoyens; que l'ordonnance du roi de France, du 17 avril 1825, n'avait pu atténuer les droits de la République, ni fortifier ceux que le roi d'Espagne pensait avoir conservés sur l'ancienne partie espagnole de l'île, parce que la prise de possession était antérieure à cet acte [1] ; enfin, que le gouvernement d'Haïti n'ayant rien envahi de ce qui

---

[1] En reconnaissant l'indépendance des Haïtiens de l'ancienne partie française, même sous la forme d'une concession royale, le Roi de France admettait *in petto* qu'ils avaient eu le droit de briser le joug de la domination de cette puissance. Donc, le même droit compétait aux Haïtiens de l'Est à l'égard de l'Espagne.

appartenait à l'Espagne, n'avait non plus rien à lui restituer et ne lui restituerait rien de son territoire; qu'il n'abandonnerait jamais les hommes qui se sont réunis à lui dans la ferme espérance d'être protégés. Du reste, la note haïtienne se termina par l'assurance donnée au plénipotentiaire de S. M. C., que le gouvernement de la République continuerait à désirer ardemment de voir s'établir entre les peuples d'Haïti et de l'Espagne, les rapports qui doivent exister entre les nations civilisées, et qu'il serait toujours prêt à entrer dans toutes négociations qui auraient ce but.

Don F. de Castro aurait bien pu s'en tenir à sa note et à celle des plénipotentiaires haïtiens, car cette dernière terminait toute discussion entre eux; mais il s'y trouvait deux mots, — *droits perdus*, — qui semblaient être une humiliation pour le beau royaume d'Espagne, pour son monarque qui espérait encore, à cette époque, rétablir son autorité absolue dans toutes ses colonies d'Amérique devenues des États indépendans. Il y répliqua le 24 par une très-longue note diffuse, dans laquelle il releva trois fois cette expression, en disant même à ses adversaires que c'était une *injure* faite aux droits parfaits de Ferdinand VII sur la partie de l'Est; que de même que la République avait obtenu, à force de « sacrifices louables, » la sanction par le Roi Très-Chrétien de son état actuel, avec bien plus de raison elle pouvait obtenir « la même sanction » de S. M. Catholique, pour la possession de sa colonie. « Aussi, dit-il, le soussigné demande une satisfaction *en forme* à l'injure ci-dessus mentionnée, — à moins que le gouvernement d'Haïti, convaincu de la justice et de la modération qui guident S. M.
» C., en ce cas et en tous les autres, ne convienne à restituer
» le territoire de la partie espagnole qui lui appartient si
» imprescriptiblement, en faisant pour cela une *transaction*

» dont la base sera cette *restitution*, et dans laquelle les
» désirs du gouvernement de S. M. C. pourront très-bien
» *s'accorder* avec celui de la République pour établir des
» relations en faveur des intérêts des deux États. » Et dans
le cas contraire, don F. de Castro demandait que le Président
de la République s'expliquât définitivement sur sa juste réclamation de la partie espagnole de l'île, et sur l'injure qui a
été faite à son souverain, en le dépouillant d'un de ses domaines et en donnant accueil « à ses vassaux soulevés. »
Il termina sa note en faisant entrevoir que Ferdinand VII
pourrait recourir à la force pour exercer son droit, et disant
qu'il ne ferait plus d'autre communication.

Les plénipotentiaires haïtiens n'y répondirent que le 29.
Ils s'exprimèrent avec autant de modération que leur adversaire avait mis de vivacité dans son langage; et justifiant
de nouveau la prise de possession de l'ancienne colonie par
le vœu de la très-grande majorité du peuple qui l'habitait,
ils lui dirent qu'ils considéraient leur tâche comme terminée,
que la République ne peut remettre ce territoire à l'Espagne, et que ce refus ne peut être considéré comme une injure.

Le lendemain, Don F. de Castro accusa réception de cette
dernière note, en déclarant que sa mission était également
terminée par le refus qu'il y trouvait encore de restituer à
son souverain cette partie de ses États, et qu'il allait partir
le 31 janvier : ce qu'il fit effectivement.

Ainsi finit la seule démarche que fit le gouvernement
espagnol, par rapport aux départemens de l'Est d'Haïti.
Dans la diplomatie entortillée de son plénipotentiaire, on
croit voir qu'il n'aurait pas été éloigné d'accepter de la République une proposition « d'indemnité » à accorder à son
pays. Mais il n'y aurait eu aucune raison d'en faire à l'Espa-

gne, comme à la France, par le respect qui fut porté aux propriétés particulières dans l'Est d'Haïti, par l'admission, en 1822, comme *Haïtiens*, de tous les *blancs* qui s'y trouvaient propriétaires et qui jurèrent fidélité à la République. Quant au domaine public, il lui échut par cela seul que le peuple de cette partie voulut irrévocablement se soustraire à la domination de l'Espagne pour s'incorporer à elle.

Le 6 février, le Président d'Haïti adressa une proclamation à ses concitoyens; elle leur rendit compte de l'issue de la mission envoyée par le roi d'Espagne. Cet acte récapitula les événemens antérieurs à la réunion de l'Est à la République, cita le texte de la constitution et les motifs qui déterminèrent les fondateurs de l'indépendance nationale à comprendre toute l'île dans le territoire haïtien. Il rappela aux citoyens de l'Est comment ils s'étaient adressés au chef de l'État, pour opérer cette réunion que les malheurs des temps de désordre avaient seuls ajournée jusqu'en 1822, et les engagea à toujours rester unis au giron du gouvernement qui faisait tout pour leur procurer bonheur et prospérité [1]. Il dit en terminant : « Nous avons déclaré à l'univers que
» notre désir est de vivre en paix avec toutes les nations;
» nous nous en sommes imposé la loi par notre constitu-
» tion; nous sommes toujours dans la détermination de
» respecter la sécurité des États qui ne troubleront pas la
» nôtre. Mais si jamais notre territoire était violé, nous se-
» rions dégagés envers nos agresseurs, et nous remettrions
» les destinées d'Haïti entre les mains du souverain arbitre
» des peuples et des rois. »

[1] Au mois de février suivant, le gouvernement fit publier, en brochure, toutes les pièces qui lui avaient été adressées par le peuple de la partie de l'Est, pour le conjurer de venir en prendre possession, précédées de l'historique des événemens antérieurs; et en juin, il fit publier aussi le texte des notes échangées entre Don F. de Castro et les plénipotentiaires haïtiens, les pleins-pouvoirs respectifs, etc.

Et le 28 du même mois, le secrétaire général Inginac pu-blia un avis au commerce haïtien, par ordre du Président, qui prouvait au monde que la Grande-Bretagne avait foi en nos promesses, de ne pas troubler le régime des colonies européennes qui entourent Haïti : elle ouvrait les ports des îles Bahama au pavillon de la République.

Dès le 22, une autre proclamation du chef de l'État pro-rogea la session législative au 10 septembre suivant. Il faut en dire le motif.

Le gouvernement français avait gardé le silence sur la convention et le traité signés au mois d'avril 1829, entre M. Molien, son consul général, et les grands fonctionnaires de la République; mais on venait d'apprendre qu'un nouvel agent arriverait incessamment de France : ce fut la cause de la prorogation de la session du corps législatif.

En effet, M. le baron Pichon, parti de Brest à la fin de janvier, arriva bientôt au Port-au-Prince[1]. Il était porteur des deux actes de 1829 que Charles X n'avait pas voulu ra-tifier, à moins de nouvelles explications sur le sens attaché à l'expression « au pair de la gourde haïtienne, » à propos des rescriptions que le gouvernement d'Haïti donnerait pour payer les intérêts des 120 millions restans de l'indem-nité, soit 3,600,000 fr. par an, sur les droits perçus dans les douanes de la République, ces droits étant payés en mon-naie nationale. Au fait, la mission de M. Pichon consistait à refaire cette convention spéciale, à porter le gouvernement à consentir au payement de cette somme en France même et en monnaie française, parce que la convention dérogeait à la clause y relative de l'ordonnance de 1825 qui exigeait les

1. Dans une note de la page 281 du 4e tome, j'ai commis une erreur en disant que M. le baron Pichon fut envoyé auprès de Boyer par le gouvernement de Louis-Philippe : ce fut par celui de Charles X.

payemens à la caisse des dépôts et consignations. Au moyen de ce consentement, le traité de commerce et de navigation pourrait être ratifié. — Disons une fois que ce refus de ratification, de la part du gouvernement français, fut une chose heureuse pour Haïti qui se serait engagée ainsi à payer indéfiniment des sommes exorbitantes, en sus du capital de l'indemnité. La Providence lui réservait mieux que cela, par suite d'événemens dont elle avait seule le secret.

MM. Imbert, Voltaire et Inginac furent encore chargés d'entrer en négociation avec M. Pichon, qui avait ordre de s'adjoindre M. Molien. Les grands fonctionnaires expliquè·rent la convention, en lui déclarant que l'expression *au pair* s'entendait nécessairement ainsi : « que la gourde haïtienne » serait acceptée pour la valeur de cinq francs. » Or, la monnaie nationale, soit métallique ou billets de caisse, perdait 75 pour cent, au change de la monnaie d'Espagne, le *café*, sur le prix duquel se règle toujours ce change en Haïti, ne valant en Europe, en 1830, que huit piastres et un huitième [1].

A cette déclaration, M. Pichon se récria et opposa ce fait notoire qui ne permettait pas, selon lui, au gouvernement français de souscrire une telle convention, qui serait onéreuse aux intérêts des ayants-droit à l'indemnité. Mais les grands fonctionnaires lui objectèrent qu'en acceptant l'ordonnance de 1825, sur la foi de la note explicative de M. de Mackau, sur sa promesse verbale d'appuyer les réclamations du Président d'Haïti pour une réduction de la quotité de l'indemnité, la République, n'ayant pas obtenu cette ré-

1 Je tiens de la complaisance de M. F. Mirambeau, ci-devant négociant au Port-au-Prince, une note où sont portés le prix du café et du coton, en Haïti et en Europe, de 1825 à 1839, et le cours du change, dans la même période, entre la piastre d'Espagne et la gourde d'Haïti.

duction, ne pouvant évidemment payer l'indemnité aux termes assignés, et consentant à payer des intérêts pour la somme restante, le gouvernement français devait consentir aussi à lui donner des facilités à cet égard, en acceptant les rescriptions sur ses douanes, telles que son gouvernement l'entendait. La négociation ne put aboutir *sur ce point*, chaque partie tenant à sa manière de voir. C'est alors que M. Pichon eut recours à Boyer pour le porter à lever la difficulté, en l'attribuant surtout à Inginac qui lui paraissait personnellement opposé aux prétentions du gouvernement français, parce qu'il faut le dire, des trois grands fonctionnaires, Inginac était le plus capable de soutenir la discussion, et il l'avait soutenue avec chaleur; et parce que, de plus, tous les agents français s'obstinaient à voir en lui un homme plus disposé en faveur de la Grande-Bretagne que de la France [1].

Sur ce recours de M. Pichon, Boyer invita les grands fonctionnaires à chercher une autre combinaison. M. Pichon, reconnaissant lui-même les embarras d'Haïti, *conseilla* en ce moment au Président de publier une loi qui ordonnerait de payer désormais les droits de douanes, sur marchandises *importées* de l'étranger, « en monnaie d'Espagne, » ce qui donnerait à la République les moyens de s'acquitter facilement envers la France [2]. Il lui dit que le commerce étranger, même celui de son pays, ne pourrait se plaindre de cette mesure administrative, attendu qu'un fait analogue se passait depuis longtemps à l'égard des Haïtiens eux-mêmes qui, en achetant des propriétés du domaine national, versaient au trésor la moitié du prix de vente « en

---

1 Voyez ce qu'Inginac dit à ce sujet, dans ses Mémoires, page 79.
2 On verra à quelle occasion cette mesure fut prise en 1835.

monnaie d'Espagne, » et l'autre moitié en monnaie d'Haïti [1].

Il résulta donc de la reprise des conférences, que deux projets furent arrêtés conjointement : une convention financière en sept articles, et un traité de commerce et de navigation en vingt autres articles. Mais les plénipotentiaires haïtiens proposèrent un article additionnel à chacun de ces actes, que les négociateurs français ne voulurent point admettre, en vertu de leurs instructions. Il n'y eut par conséquent rien de définitif, et M. le baron Pichon partit pour la France à la mi-avril.

Boyer, désirant éviter une rupture qui eût pu être la suite du rapport qu'il ferait à son gouvernement, se résolut à y envoyer de nouveau M. Saint-Macary, avec des instructions nouvelles et des pleins-pouvoirs pour essayer de traiter définitivement en France même. Mais auparavant, le 18 avril, il adressa un message au Sénat en lui annonçant que les trois grands fonctionnaires se présenteraient dans son sein, pour lui soumettre, à huis-clos, les deux projets dont s'agit avec les articles additionnels. Le Président demanda au Sénat son opinion sur ces actes. Le 20, ce corps les approuva par un message en réponse au sien, ce qui fortifia Boyer dans sa résolution defaire poursuivre la négociation àParis.

En conséquence, le 24 il signa ses pouvoirs et ses instructions qui furent remis à M. Saint-Macary, et cet envoyé partit sur un navire marchand qui arriva au Havre, en même temps que M. Pichon arrivait à Brest sur la frégate la *Junon*. Ils négociaient à Paris, lorsque les journées de juillet décidèrent la grande révolution de cette année. Ce serait ici le lieu de faire connaître les instructions de Boyer; mais

---

1 Cette mesure avait été prise pour avoir les matières servant à la fabrication de la monnaie nationale.

comme son envoyé fut amené à signer des traités, le 2 avril 1851, auxquels il ne donna point sa ratification, nous renvoyons à en parler dans cet ordre chronologique.

Cependant, nous pouvons placer ici le message que le Président adressa au Sénat, le 4 octobre 1830, lorsqu'il apprit les événemens survenus en France.

« Citoyens sénateurs,

» L'article 121 de la constitution fait un devoir au Sénat de correspondre directement avec le Président d'Haïti pour tout ce qui intéresse l'administration des affaires publiques en général, et de mon côté, je n'ai jamais manqué d'appeler les membres qui le composent à délibérer avec moi sur les grands intérêts de l'État, chaque fois que les circonstances l'ont nécessité. C'est ce motif puissant qui me porte à vous inviter à méditer sur les événemens qui ont eu lieu en France vers la fin du mois de juillet dernier, et qui ont amené le changement de la dynastie régnante. Plus ces événemens sont graves, plus vous devez mettre de sagesse et de maturité dans la résolution que vous allez prendre. Il s'agit principalement de considérer le changement de gouvernement sous le point de vue des *avantages* qui peuvent en résulter en faveur de la conclusion de nos rapports politiques et commerciaux avec la France, et de me faire connaître votre opinion sur la marche qu'il conviendra le mieux d'adopter et de suivre pour parvenir à cet heureux résultat. Je me repose, citoyens sénateurs, sur vos lumières autant que sur votre patriotisme, et je ne doute pas que votre résolution aura pour base la dignité, la gloire et la prospérité de la République.

« J'ai la faveur de vous saluer, etc.

» Signé : BOYER. »

Le lecteur pressent déjà la réponse que le Sénat fit à ce

message : elle fut en harmonie avec les espérances qu'il exprimait, par le changement de gouvernement en France. Néanmoins, le Sénat conseilla au Président une attitude expectante, afin de savoir quel parti on pourrait mieux tirer de cet événement. Nécessairement, on devait attendre des communications de la part de M. Saint-Macary : il en fit au Président qui partagea l'espoir qu'il avait, d'obtenir des concessions plus favorables que celles qu'il devait deman- der. Toujours est-il constant, qu'accrédité auprès du gou- vernement de Charles X, *en droit international* ses pouvoirs devenaient caducs, et qu'*en fait* ils ne furent pas renouvelés par le Président d'Haïti. Cet agent ne fut pas non plus rap- pelé ; on le laissa poursuivre de lui-même une négociation dont on espérait des résultats avantageux pour la Répu- blique.

Le Président avait cet espoir, et cependant il ne fit pas ce qui pouvait le réaliser. Il eût été convenable, ou qu'il en- voyât en France un nouvel agent dans l'unique but de com- plimenter Louis-Philippe sur son avènement au trône, ou pour s'adjoindre dans ce but à M. Saint-Macary, ou qu'il eût écrit ou fait écrire pour transmettre ses félicitations au nouveau Roi ; mais Boyer s'abstint de ces actes de haute convenance dans la situation où se trouvait Haïti à l'égard de la France. Il a été même dit, à cette époque, qu'à la pre- mière nouvelle des événemens de Paris, Charles X étant en- core en France, Boyer avait manifesté publiquement un vif regret pour ce succès de l'opposition dans cette capitale, et que le général Inginac surtout avait prononcé des paroles acerbes. Comme homme d'État, Inginac aurait eu tort de parler ainsi ; et quant à Boyer, ce n'aura été qu'une pru- dence gouvernementale, car on était incertain sur le résul- tat final de la résistance du peuple. Mais quand on eut reçu d'autres informations annonçant l'expulsion de la branche aînée des Bourbons, il ne devait plus y avoir d'hésitation.

M. Molien, en sa qualité de consul général, était dans la même situation d'esprit, et cela se conçoit [1]. Les Français présens au Port-au-Prince ne s'abstinrent pas comme lui; ils applaudirent avec tout l'enthousiasme ordinaire de leur caractère distinctif; ils organisèrent un banquet auquel il assista cependant avec de nombreux Haïtiens; ils arborèrent un immense drapeau *tricolore* à la maison où ce banquet eut lieu; et après cette fête, ils allèrent offrir ce nouvel emblème de la nationalité française au consul général, pour qu'il le fît hisser en place du drapeau *blanc* de la légitimité qui flottait au mât de pavillon du consulat. M. Molien le garda et ne déféra à ce désir que lorsque de nouvelles informations ne laissèrent plus de doute sur le succès complet de la révolution.

Quant aux Haïtiens, en général ils furent satisfaits du renversement de Charles X, et par rapport à son ordonnance de 1825 qui avait déplu à la nation, et parce que ses ordonnances de la fin de juillet, qui soulevèrent la population de Paris, leur parurent aussi une flagrante violation de la charte française qui avait été octroyée par son frère, son prédécesseur. Le sentiment populaire, en Haïti, était que, puisque ce monarque avait pu violer la charte *octroyée*, il aurait pu tout aussi bien violer l'ordonnance *concédée*, et d'autant mieux qu'elle avait été rédigée en termes ambigus qui décelaient une *arrière-pensée*, et que jusqu'alors son gouvernement ne voulait pas donner des explications, par un traité qui aurait

---

1 M. Molien présidait à la fête du mariage d'un Français, le jour où arriva du Havre le navire l'*Heureuse Union*, qui apporta des journaux de Paris annonçant l'événement et qui avait le pavillon *tricolore*. Pendant que ses compatriotes s'exaltaient à la lecture des journaux, le consul général observait le décorum auquel il était naturellement tenu par sa charge. Je dis ici ce que j'ai vu.

satisfait l'honneur et la dignité de la nation, ni réduire la quotité de l'indemnité. D'ailleurs, il existe entre tous les peuples une solidarité d'intérêts moraux qui excite toujours une vive sympathie en faveur de celui dont on méconnaît les droits, et ce sentiment ne pouvait manquer d'éclater en Haïti pour le peuple français, auquel elle se rattache par ses idées et par une foule de considération: toutes morales, bien que les Haïtiens entendent rester complètement indépendans de la France sous le rapport politique.

Mais si, généralement, ils éprouvèrent de la satisfaction, ceux d'entre eux qui formaient l'Opposition dans le pays, se réjouirent bien davantage de la chute de la Restauration, que l'opposition française avait constamment harcelée. Cette chute leur parut un avertissement utile à Boyer, ou un avant-coureur de la sienne. Et quand on eut dit que le Président avait témoigné hautement un vif regret de cet événement, loin de voir en cela un acte de prudence de sa part comme chef du gouvernement, ils n'y trouvèrent que l'instinct de sa propre conservation au pouvoir qui le portait à s'abstenir de toute approbation anticipée. Ce fut pis par rapport au secrétaire général Inginac, à qui l'on avait imputé des paroles qui furent colportées et envenimées. Quelques mois après, on vit éclater ces sentimens hostiles; mais n'anticipons pas sur le temps où il faudra en parler.

La session législative, ajournée par le Président d'Haïti, s'ouvrit le 20 septembre. Dans son discours à cette occasion, Boyer parla de la parfaite tranquillité du pays, de l'étrange réclamation faite au commencement de l'année par le gouvernement d'Espagne, de la partie de l'Est de la République, qui n'avait servi qu'à prouver l'attachement de

ses habitans aux in.. 'ations nationales et leur ferme volonté
de rester unis à leurs concitoyens de la partie occidentale.
Puis il dit :

« Je regrette de ne pouvoir encore annoncer la conclu-
» sion du traité entre Haïti et la France. A cet égard, on a
» fait ici, personne ne l'ignore, tout ce que la raison et
» l'honneur prescriva ent. Ainsi, invariable dans mes prin-
» cipes et dans les déclarations que j'ai déjà proclamées, il
» est de toute évidence que cet acte important ne sera con-
» clu que sur des bases réciproquement avantageuses aux
» deux pays, etc. »

Le président de la Chambre des communes répondit à ce
discours : « que les représentans étaient heureux de témoi-
» gner au chef de l'État, au nom de la nation entière, leur
» reconnaissance pour les nobles efforts qu'il ne cessait de
» faire, pour assurer le bonheur du peuple et garantir la
» stabilité de ses institutions, pour l'encouragement de
» l'agriculture et du commerce, pour les progrès de l'ins-
» truction publique.

« La nation, pleine de confiance dans le chef qui la di-
» rige, attend sans anxiété le moment où ses négociations
» avec la France seront terminées. La marche lente des
» choses n'est point d'une prévention défavorable pour
» elle. Le temps déroule tout avec lenteur ; mais, quelle que
» soit l'époque à laquelle les traités seront conclus, la nation
» reste convaincue qu'ils seront basés sur des principes
» réciproquement avantageux ; qu'il en découlera de nou-
» velles garanties pour la conservation de ses institutions,
» de son indépendance et de sa prospérité. Tel est le vœu
» du peuple ; en le manifestant, il sent aussi la nécessité de
» répondre avec loyauté, et autant qu'il dépendra de lui,
» aux engagemens contractés pour asseoir sa prospérité et

» assurer sa tranquillité : aucun sacrifice ne sera trop grand
» pour remplir des promesses devenues inviolables pour
» une nation jalouse de son honneur, etc. »

Ces paroles furent aussi remarquables que le bon accord
existant entre les deux pouvoirs et que les louanges données à Boyer pour son administration. Trois lois seulement
furent votées dans cette session : une qui amenda le code
de commerce, en créant un tribunal de cette juridiction
dans les villes de Jacmel, de Jérémie, des Gonaïves et de
Saint-Yague où le tribunal civil de ces lieux faisait jusque-
là ces fonctions; la deuxième, sur quelque allégement
porté à l'impôt foncier établi sur les maisons des villes et
bourgs; la troisième, sur les patentes.

Il y eut de la part de la haute administration plusieurs
actes également remarquables. Le 1ᵉʳ juillet, le secrétaire
d'État Imbert avait publié un règlement sur l'emploi du
matériel dans les hôpitaux militaires et sur le service de
ces établissemens. Le 25 septembre, il publia un avis sur
la résolution prise par le gouvernement, de faire construire
des magasins en maçonnerie sur un terrain de l'État situé
à la Coupe, à une forte lieue du Port-au-Prince, au pied
des montagnes, afin de servir au dépôt d'objets de guerre,
d'approvisionnement, etc.; là même où l'année suivante
commença l'établissement de la ville *Pétion*. Le 8 octobre,
un autre avis eut pour objet d'affermer au public des embarcations que le gouvernement avait fait construire sur les
lacs d'*Azuéi* et de *Xaragua*, vulgairement appelés étangs
Saumâtre et Salé, afin de faciliter les communications entre
la capitale et le département du Sud-Est, les deux routes
qui conduisent à Neyba étant tracées, l'une sur la montagne
de Hinfany, l'autre parmi d'énormes rochers, du côté opposé. Mais cette conception échoua, soit par la mauvaise

construction de ces embarcations, soit par la diffic lté de la navigation sur ces lacs.

Enfin, le 27 décembre, le secrétaire d'État adressa une circulaire aux administrateurs des finances de tous les ports ouverts au commerce étranger, pour les prévenir qu'à partir du 1er janvier 1831, la faveur accordée aux navires français et aux marchandises importées par eux, de ne payer que le *demi-droit*, aux termes de l'ordonnance de Charles X, *cesserait* à leur arrivée à Haïti. Déjà, ils n'en jouissaient plus à l'exportation des denrées du pays, puisque ces denrées ne payaient plus de droits de cette nature. Cette circulaire n'était que le résultat de l'accord existant entre les deux gouvernemens de France et d'Haïti, suivant les projets faits au Port-au-Prince et qui n'étaient pas encore ratifiés. C'était trancher la question souverainement.

Vers le mois de juin de cette année, l'archevêque Pedro Valera, obsédé de scrupules religieux et politiques après la réclamation faite par Ferdinand VII du territoire de l'Est, prit la résolution de quitter Santo-Domingo pour se réfugier à la Havane, d'abandonner son siége, son diocèse, pour aller s'enfermer dans un couvent de cette ville. Le gouvernement ne pouvait faire violence à ce respectable vieillard ; par ses ordres et de lui-même, le général Borgella lui avait vainement fait des représentations à cet égard. Depuis quelque temps, le grand vicaire Aybar était mort, et l'archevêque avait nommé à sa place le chanoine Portez. Décidé à le suivre à la Havane, le chanoine Correa y Cidron s'était démis de son vicariat général de l'Artibonite. En partant, l'archevêque revêtit le vicaire général Portez de ses pouvoirs spirituels, en cas de mort, et jusqu'à décision nouvelle de la Cour de Rome : il confirma ceux que possédaient le vicaire général Pichardo pour le département du Nord, et le vicaire général J. Salgado pour les départemens du Sud et de l'Ouest, en les étendant sur l'Artibonite. L'administration religieuse continua donc d'être dans un état assez régulier.

CHAPITRE III.

Une nouvelle année s'ouvrit pour Haïti, année d'agitation fiévreuse dans les esprits qui avaient besoin d'une issue pour la surabondance des idées qui les travaillaient en tous sens, depuis que les événemens de juillet 1830, en France, avaient ému tous les cœurs généreux. C'est le privilége qu'exerce la France dans le monde entier, qu'aucune révolution ne peut surgir dans son sein, sans que tous les peuples frémissent d'indignation contre le gouvernement qui a provoqué ce grand mouvement national, sans que les esprits ardens se croient en quelque sorte conviés à une résistance semblable contre les propres gouvernemens de leur pays, par une imitation puérile, par le désir de se distinguer aussi dans une telle lutte, à l'instar des acteurs de ces terribles drames. Et si l'on réfléchit aux relations naturelles qui existent entre la France et Haïti, malgré le divorce solennellement proclamé entre elles, — à l'influence des idées de la France sur sa fille émancipée, on ne sera pas étonné de ce que nous avons déjà dit à cet égard et de ce que nous allons faire connaître encore au lecteur.

Avant l'avénement de Boyer à la présidence, il y avait des personnes qui lui étaient opposées. Les succès de son administration jusqu'à juillet 1825, n'avaient produit que de l'irritation dans leurs sentimens, et nous avons cité assez de faits pour le prouver. De son côté, n'ignorant pas ces dispositions malveillantes, il les avait en quelque sorte entretenues par son caractère ardent, par les traits spirituels qu'il lançait souvent contre ses adversaires, bien que son cœur le détournât des moyens que dans sa position il eût pu employer pour les frapper. Ces opposans avaient vu leur nombre grossi, depuis l'expulsion de quelques membres de la Chambre des communes, en 1822; l'acceptation de l'ordonnance de Charles X fut encore un fait qui accrut l'Opposition, et quoi que fît le Président pour le réparer par ses actes postérieurs, elle le lui reprochait toujours.

Il faut dire aussi, que si Haïti avait dû ouvrir ses bras à ceux de ses enfans que les événemens antérieurs en avaient éloignés, et aux hommes de notre race habiles à le devenir, la plupart d'entre eux arrivaient dans le pays avec des prétentions non justifiées d'occuper des positions éminentes, ou avec des idées souvent irréalisables dans son administration, dans sa situation particulière, par cela seul qu'ils avaient vu autre chose dans les pays étrangers. Ceux qui y avaient souffert plus ou moins des préjugés nés du système colonial, étaient les plus ardens à prêcher une sorte de croisade contre les étrangers, à entretenir les préventions nationales contre eux ; et comme le gouvernement ne voulait ni ne devait écouter ceux-là, c'était encore pour eux un motif d'opposition.

Enfin, on était arrivé à une époque où l'instruction publique avait produit ses fruits, au Port-au-Prince surtout où le lycée national était établi. Les enfans qui y avaient été placés en 1816 étaient aujourd'hui de jeunes hommes de 25 ans ; dans les années suivantes, cette pépinière avait été entretenue et elle présentait encore des jeunes gens de 16 à 21 ans. Plus *instruits*, mais non pas plus *éclairés* que beaucoup de leurs devanciers, ils entraient dans la société avec toutes les illusions naturelles à la jeunesse, avec le désir de se caser aussi dans l'ordre administratif ou politique, de se distinguer en servant leur pays avec patriotisme [1]. Leur esprit, nourri des beaux faits de l'histoire de Grèce et de Rome, avait besoin d'atteindre à un résultat ; ils entendaient le langage acrimonieux de l'Opposition qui accusait le chef du gouvernement d'une foule de choses, de ne pas faire avancer le pays, et ils ne pouvaient guère se défendre de partager ses opinions. On conçoit sans doute qu'en nous exprimant ainsi, nous entendons noter des exceptions parmi eux : il n'y a pas de règle générale qui n'en admette.

Si l'Opposition se manifestait surtout dans la société, dans

1 Plusieurs élèves du lycée, pensionnaires de l'État dans les premiers temps, avaient été admis par Boyer, à leur sortie, comme élèves dans le corps du génie militaire, au grade de sergent-major pour devenir ensuite officiers. D'autres devinrent d'abord répétiteurs, puis professeurs au lycée même.

la conversation, elle trouvait aussi à la capitale une sorte d'organe en un journal hebdomadaire fondé depuis 1825, par M. J. Courtois, imprimeur, sous le titre de *Feuille du Commerce*; et cet éditeur était lui-même l'un des opposans, à en juger par la tournure de son esprit et par les articles qu'il y publiait de son crû[1]. Cependant, il faut lui rendre cette justice, de dire que, moyennant finance, il y accueillait aussi bien tout article en faveur du gouvernement ou simplement écrit dans un but d'utilité générale.

Dès le mois d'août 1830, une nouvelle feuille hebdomadaire avait paru au Port-au-Prince, sous ce titre: *le Phare*. Comme il n'y avait que deux établissemens d'imprimerie, — celui de M. Courtois et celui de l'État, — force avait été à ses éditeurs de s'adresser à ce dernier pour sa publication. C'étaient MM. Duton Inginac, fils du général, et C. Nathan, avocat, liés par une étroite amitié. M. D. Inginac était l'un de ces jeunes hommes qui avaient reçu leur instruction au lycée national, et qui sentaient le besoin de se produire, de justifier de leurs lumières. M. Nathan avait reçu la sienne en France et était un esprit distingué autant qu'avocat très-capable et habile dans sa profession. L'imprimerie de l'État étant sous la surveillance du secrétaire général Inginac, son fils étant le principal rédacteur du *Phare*, et de plus, employé au secrétariat général et allié du Président par son mariage avec l'une de ses nièces, ce journal avait été mal accueilli par l'Opposition qui le considérait comme un organe du gouvernement, ou du moins du secrétaire général auquel on était aussi opposé qu'à Boyer lui-même. Cependant, ses rédacteurs y publiaient des articles d'intérêt géné-

---

[1] Ce n'est pas le gouvernement seul qui était l'objet des articles de cet éditeur, des fonctionnaires publics, des particuliers ont eu plus d'une fois raison de s'en plaindre, et des procès ont eu lieu entre eux et lui par-devant les tribunaux.

ral qui avaient par fois la teinte de ceux de l'Opposition; mais on les attribuait à l'inspiration du général Inginac qui aurait trouvé ainsi le moyen de décrier l'administration du Président. Le fait réel est que D. Inginac partageait les idées de ses anciens condisciples, de tous les jeunes hommes de son âge, qui désiraient l'avancement, le progrès du pays en toutes choses, selon leur manière de voir[1]. Or, pour mieux exposer ces idées, il fallait raisonner sur l'économie politique, s'appuyer sur les principes de cette science : Adam Smith, J.-B. Say, Ricardo, Sismondi, etc., étaient cités souvent.

Il était impossible que, dans de telles discussions et par rapport à l'application des principes de l'économie politique en Haïti, les rédacteurs du *Phare* ne fournissent pas occasion de combattre, de réfuter leurs opinions. Ce fut principalement M. Fruneau qui se chargea de ce soin. Depuis peu de temps, ce jeune homme, habile à devenir citoyen d'Haïti, était arrivé de France où il avait reçu sa brillante instruction : connaissant parfaitement les mathématiques, il avait été employé aussitôt au lycée national en qualité de professeur de ces sciences, par M. Granville, directeur de cet établissement après le docteur Pescay. M. Granville était aussi un allié de la famille du Président, par son mariage avec la cousine de la femme de Boyer. Mais nous avons dit dans une note[2], que mécontent de la désapprobation qu'il avait reçue après sa mission aux États-Unis, il l'avait attribuée au général Inginac qui aurait excité le Président contre lui. Le *Phare* étant considéré comme l'organe de ce général, il était assez naturel que le jeune Fruneau,

---

[1] D. Inginac était très-souvent en opposition avec son père, dans les matières de gouvernement : plus d'une fois je les ai entendus discuter à ce sujet.

[2] Tome 9, page 303.

accueilli comme un fils et employé au lycée par M. Granville qui le logeait dans cet établissement, épousât sa querelle avec son éminent adversaire ; et indépendamment de l'instruction de Fruneau qui le mettait en mesure de contester les opinions de ce journal, — ce qu'il faisait par des articles sur la *Feuille du Commerce*, — ses publications devaient se ressentir de cet état de choses, fort regrettable, tandis que les articles de D. Inginac sur le *Phare* reflétaient aussi la disposition de son esprit, par rapport à lui-même et à son père. D'ailleurs, toute polémique en Haïti aboutit toujours à des personnalités plus ou moins offensantes : il y en eut entre les deux jeunes écrivains, et cela pouvait conduire à une catastrophe.

Pendant que ces discussions avaient lieu, une ordonnance de police fut publiée à la capitale par l'autorité compétente, et pour prescrire aux commerçans étrangers de se renfermer dans les limites de leurs patentes ; c'est-à-dire, pour ne pas empiéter sur le privilége accordé par la loi aux nationaux dans la vente en gros et en détail. Les agents du gouvernement veillaient donc à la protection due aux Haïtiens dans leur industrie. Et une proclamation du Président, du 5 mars, prorogea la session législative au 10 août suivant, parce qu'il se proposait de faire une tournée dans le département du Sud. Voici à quelle occasion :

Dès le mois de janvier, l'avocat Giraudié, du barreau des Cayes, était arrivé au Port-au-Prince. Il venait de subir un emprisonnement par ordre du général Marion, commandant de l'arrondissement, pour l'avoir outragé dans l'exercice de ses fonctions. Mais sous prétexte de former plainte au Président, contre ce qu'il appelait un acte arbitraire, il sollicita de lui une audience privée « afin, disait-» il, de lui révéler des choses très-importantes pour la

» sûreté de l'État, qui se passaient aux Cayes, » en donnant à entendre que le général Marion *conspirait* : sa demande était formulée par écrit. Le Président qui connaissait les antécédens de cet avocat, avisé d'ailleurs par ce général des causes de l'emprisonnement, ne voulut pas lui accorder l'audience qu'il sollicitait : il chargea le grand juge Voltaire, le général Inginac et un autre fonctionnaire public dont le nom nous échappe, de l'entendre sur ce qu'il avait à dire et d'en dresser « procès-verbal. »

Mais, invité à se trouver à l'hôtel du grand juge, Giraudié se refusa à toute déclaration, en disant que ce qu'il avait à faire savoir ne pouvait être confié qu'au Président lui-même ; et il lui adressa une nouvelle lettre où il disait : qu'il ne pouvait rien dire du général Marion, au grand juge qui était son beau-frère, ni au secrétaire général, son intime ami. Alors le Président chargea les commissaires du gouvernement au tribunal de cassation et au tribunal civil de l'appeler et de l'entendre, toujours en dressant « procès-verbal » de ce qu'il déclarerait ; mais Giraudié refusa de nouveau de rien dire, en avouant à ces fonctionnaires qu'étant *avocat*, il savait qu'il ne fallait pas avoir affaire au ministère public [1]. Désormais, il se croyait dans l'impossibilité de retourner aux Cayes; car, s'il ne fit aucune déclaration aux autorités, il ne se retint pas pour insinuer dans le public les choses les plus malveillantes contre le général Marion. C'était aux opposans surtout qu'il tenait ces propos, parce qu'il se jeta de leur côté, du moment que le Président ne voulut point l'entendre. L'Opposition exploita sa malveillance, en répandant le bruit que le département du Sud allait opérer une nouvelle *scission* avec le gouver-

---

1 Les deux commissaires du gouvernement étaient MM. Pierre André et B. Ardouin. Ils offrirent vainement à Giraudié de n'écrire que sous sa dictée.

nement de la République, et ce fut par ce motif que le Président voulut s'y rendre pour prouver le contraire, assuré qu'il était d'y être bien accueilli par les citoyens, comme antérieurement.

Peu après, c'était un autre bruit qui circulait au Port-au-Prince et qui venait à l'appui de celui-là. Le Président avait expédié l'ordre au général Marion d'envoyer le 13e régiment d'infanterie (alors le 12e), pour y tenir garnison, à l'instar des autres corps de troupes du Sud, de l'Ouest et des autres départemens, et pendant laquelle il congédiait ordinairement les vieux soldats : il trouvait d'ailleurs l'occasion de parler aux officiers et d'entretenir leur attachement au gouvernement. Mais comme ce régiment des Cayes n'était pas arrivé immédiatement, — le colonel réunissant tous ses inférieurs pour l'amener au complet, — on disait qu'il se refusait à l'exécution de l'ordre du Président. Ce régiment parvint enfin à Léogane où ce bruit s'était propagé, et le général Ulysse, commandant de l'arrondissement, en parla au corps d'officiers en citant nommément le citoyen Lully, qu'il disait être celui qui avait le plus imputé cette mauvaise disposition au 13e. Les officiers, indignés, prièrent ce général de le faire comparaître sur le-champ par-devant eux; mais averti, M. Lully monta à cheval et se rendit au Port-au-Prince, afin de se mettre sous la protection d Président, en lui déclarant qu'il avait innocemment répété le bruit qui circulait. Il se présenta au palais le dimanche 17 avril, peu après une séance orageuse dont nous allons dire la cause [1].

A la suite de la polémique entre D. Inginac et Fruneau,

---

[1] Boyer se borna à lui reprocher vivement sa légèreté et son inconséquence. Il occupait une fonction publique à Léogane, et il ne la perdit pas.

ce dernier ayant publié un article qui outrageait son adversaire et attaquait l'honneur de sa famille, un cartel lui fut envoyé par D. Inginac et accepté par lui [1]. Le mercredi 13 avril, ce duel se vida entre eux, au sabre, en présence de nombreux témoins. D. Inginac reçut un coup sur la tête qui lui fit une profonde blessure ; mais se servant de la pointe de son arme, il perça la poitrine de Fruneau qui tomba mort. Il fallut soutenir le vainqueur de ce funeste duel, dont la vie était en danger et qui resta assez longtemps au lit. Le corps de Fruneau fut transporté au lycée.

C'était un douloureux événement, et il n'y eut pas une seule âme sensible qui ne s'en affligeât. Les hommes réfléchis voyaient avec peine un si triste résultat des discussions soutenues entre deux jeunes intelligences remarquables ; mais les passions des opposans se donnèrent libre carrière : ils eussent préféré, naturellement, que le sort eût été plus contraire à D. Inginac qu'à Fruneau. Dans la soirée, le lycée se remplit d'eux. A côté du cadavre, se réunirent d'anciens élèves et les plus âgés de ceux qui suivaient encore les classes de cet établissement ; tous étaient les amis du jeune professeur et le regrettèrent sincèrement. Le lendemain, jour fixé pour les obsèques, la réunion fut plus nombreuse ; les pères et mères de famille dont les enfans étaient élèves du lycée se rendirent là pour y assister. Aux regrets manifestés sur la mort prématurée de Fruneau, aux paroles élogieuses prononcées en faveur de son caractère, de ses talens, se mêlèrent bien des vociférations, ou sincères, ou calculées de la part de certains opposans, pour exciter la sensibilité de la jeunesse, et le général Inginac et sa famille en

[1] Voyez le Phare du jeudi 14 avril, n° 2, le dernier de ce journal qui cessa de paraître.

furent l'objet. Cela avait eu lieu dans la soirée même du 13, et l'autorité publique en avait été avertie. Mais comme il avait été dit que le défunt étant *protestant*, le convoi se rendrait directement au cimetière, situé à proximité du lycée, elle n'avait pas cru devoir prendre aucune mesure extraordinaire; et d'ailleurs, Fruneau eût-il été *catholique*, il n'y aurait pas eu lieu à en prendre davantage. L'autorité ne pouvait supposer un seul instant ce qui se passa en cette circonstance.

Vers onze heures du matin du 14 avril, le cercueil fut enlevé; et au sortir du lycée, le convoi allait prendre la direction du cimetière, lorsque des voix passionnées crièrent: « Non, non! à l'église! » et l'on se dirigea de ce côté. Il était évident que c'était un plan conçu par les meneurs. En suivant en droite ligne la rue du lycée à la terrasse, dite de l'*Intendance*, pour arriver à l'église paroissiale, il fallait passer devant la grande barrière du palais de la présidence, puis au coin de la rue où était située la demeure du général Inginac. Il est plus que probable que si Boyer était à la capitale, on ne se fût pas permis ce changement dans la marche du convoi; mais il était alors sur l'une de ses habitations de l'Arcahaie.

Lorsqu'on arriva devant le tombeau de Pétion et en face de la barrière du palais qui en est tout près, les cris suivans furent poussés: « *Vive l'indépendance! Vive la liberté de la presse! Vive la constitution! À bas le despotisme, la tyrannie et les tyrans!* » Pourquoi de tels cris et à qui s'adressaient-ils, à propos de la mort déplorable, sans doute, d'un jeune homme tué en duel, ayant failli pourfendre son adversaire? D'un jeune homme qui avait certainement du mérite, mais qui n'en avait pas plus que l'autre. L'intention coupable des opposans, meneurs de cette scène séditieuse, se décelait suffisamment [1]. Près des anciennes casernes, dans le voisinage du logement de D. Inginac, ce fut encore la même fureur dans de semblables cris. Au coin de la rue du logement de son père, ces extravagances se renouvelèrent avec ces autres cris : « *A bas le ministre despote ! A bas Inginac, le coupable Inginac !* » Cette fois l'application de la pensée des opposans était tout à fait directe.

Enfin, le convoi parvint à l'église : il était midi, et les portes en étaient fermées selon l'usage. Le vicaire général J. Salgado, curé de la paroisse, n'avait reçu aucune invitation du marguillier pour procéder aux cérémonies du culte catholique, ainsi que le voulait la loi ; mais on voulut exiger de lui qu'il vînt les faire. Il excipa d'un autre empêchement, c'est qu'il savait que l'infortuné Fruneau était *protestant* et que son enterrement avait dû se faire selon le rite de cette religion : ce qui était vrai. Il ne pouvait donc déférer au vœu des requérans [2]. Ceux-ci, alors, dirigèrent le convoi par la rue des Fronts-Forts et par la longue rue Républicaine d'où ils aboutirent au cimetière. Durant tout ce trajet, les cris ne cessèrent point d'être proférés. Une grande partie des pères et mères de famille se retirèrent successivement du convoi qui fut cependant encore nombreux jusqu'au cimetière.

Lorsque le général Lerebours fut informé des premiers cris poussés devant le palais, il envoya l'ordre de faire venir de tous côtés au bureau de l'arrondissement, un certain nombre de militaires pris dans chaque poste ; en même temps,

[1] On lit dans le n° 19 de la *Feuille du commerce* du 8 mai 1831, un article écrit par l'éditeur J. Courtois où il convient que, durant la marche du convoi funèbre, il y eut des cris de : *Vive la liberté de la presse ! Vivent les articles* 217, 218, 38 et 39 *de la constitution !* cris irréprochables. Cet aveu même implique ce qui fut imputé à cette cabale séditieuse ; car il n'y avait nulle nécessité de crier ainsi à ces obsèques de Fruneau, si les opposans n'avaient pas des intentions coupables contre le gouvernement.

[2] Dans son journal, M. Courtois affirma qu'on avait payé pour les cérémonies du culte, mais c'était contraire à la vérité.

il fit inviter le commissaire du gouvernement de se rendre auprès de lui. A l'arrivée de ce fonctionnaire, le convoi était encore devant la porte principale de l'église. Le général voulait avoir son avis sur la résolution qu'il prenait d'envoyer ces troupes, pour contraindre le convoi funèbre à se porter immédiatement au cimetière. Mais le commissaire l'engagea à s'en abstenir, en lui représentant que cette scène séditieuse ne pouvait produire aucun effet sur la population de la capitale, qui la jugeait déjà aussi absurde que ridicule; et qu'il fallait aussi prévoir le cas de résistance de la part des meneurs qui entraînaient beaucoup de jeunes gens à les imiter; qu'en ce cas, il faudrait faire agir les troupes pour être obéi; qu'il pouvait en résulter de grands malheurs, et qu'il ne fallait pas y exposer les pères et mères de famille et leurs enfans qui étaient en grand nombre dans le convoi, sans participer aux manœuvres coupables des meneurs. Le commissaire lui exprima l'opinion qu'à son retour, le Président approuverait cette abstention de sa part, par ces motifs [1]. Le général Lerebours déféra à cet avis et reçut effectivement l'approbation du Président. Dans l'après-midi, la tranquillité étant parfaite à la capitale, il adressa une lettre à Boyer pour l'en informer; et le samedi 16 avril, il alla au-devant de lui à Drouillard, afin de lui faire connaître les moindres circonstances de ces faits démagogiques des opposans.

---

[1] Il y a un grand inconvénient pour celui qui écrit une *histoire* et qui a été acteur dans les événemens : c'est d'être obligé de dire ce qu'il a fait. Le *moi* humain peut être supposé intéressé à ne pas dire la vérité exactement, ou être suspect de vanité. Mais, à moins de consigner les faits dans des *Mémoires*, ce que l'auteur écrit sur l'histoire devient incomplet; et si je m'arrêtais à cette considération, je ne poursuivrais pas mon œuvre, car on sait en Haïti que j'ai pris part à bien des événemens sous le gouvernement du président Boyer, et jusqu'à son renversement du pouvoir. Je réclame donc l'indulgence du lecteur pour la fausse position où je me trouve; il restera toujours libre d'apprécier et de juger ma conduite personnelle.

Cette manifestation de sentimens hostiles à son pouvoir, ou seulement au général Inginac et à son fils, ne pouvait qu'exciter en lui un profond mécontentement. Il était évident que les opposans de la capitale avaient saisi cette occasion, pour essayer de leurs moyens d'action sur l'esprit public et le pousser dans la voie d'une *révolution*, par une ridicule imitation des événemens passés en France l'année précédente. Rentré en ville dans l'après-midi du samedi, Boyer ne dit et ne fit rien qui pût déceler ses intentions; il les réserva pour éclater le lendemain, jour d'audience générale où les fonctionnaires publics, les magistrats, les sénateurs, etc., se rendaient habituellement au palais. Il alla passer l'inspection des troupes de la garnison sur le champ-de-Mars : à son apparition avec son état-major, elles firent retentir les cris de : *Vive le Président d'Haïti !* probablement stimulées par les soins du général Lerébours qui l'aura recommandé aux chefs de corps.

Quoi qu'il en soit, c'était le début de l'une de ces scènes ou de ces séances orageuses qui se passèrent si souvent, *trop souvent* même au palais de la présidence, sous le gouvernement de Boyer; car, en toutes choses, l'abus doit être toujours évité. Mieux vaut qu'un chef d'Etat fasse sentir le poids de son autorité, avec ce calme de la raison qui porte aux résolutions telles que Pétion savait en prendre irrévocablement, plutôt que d'éclater avec colère, de parler beaucoup, de tenir les discours les plus sensés sans qu'il en résulte des mesures d'une efficacité frappante. Dans la colère, on s'expose à dire des choses qui offensent les amours-propres, qui irritent les passions, qui désaffectionnent : au contraire, punissez avec sang-froid, mais avec justice, et vous convaincrez le coupable lui-même, s'il est doué de quelque raison, sinon il saura ce qu'il peut attendre de vous dans une autre circonstance. Mais le caractère de Boyer ne lui permettait pas de suivre cette dernière méthode : l'ardeur surabondait en lui, alors que son cœur était plus porté à l'indulgence qu'à la punition.

Tous les officiers des corps de troupes avaient reçu l'ordre de se rendre au palais. Au retour du Président, chacun était curieux de savoir ce qu'il allait dire et faire : la réunion des fonctionnaires était nombreuse. Il éclata contre la commission d'instruction publique, dont M. Viallet était le directeur, en lui reprochant sa *faiblesse* pour ne l'avoir pas averti de tout ce qui se passait au lycée, à sa connaissance ; il destitua tous les membres de cette commission [1], ainsi que M. Granville, directeur du lycée, et les professeurs qui seraient reconnus avoir pris part à la démonstration du jeudi. Il déclara que M. Granville était indigne de la confiance qu'il avait placée en lui, en contribuant plus que personne à égarer la jeunesse, à pervertir son esprit et ses sentimens, et que c'était surtout à lui de s'opposer au scandale démagogique dont on avait donné le spectacle dégoûtant à la capitale [2]. A ce sujet, Boyer dit, comme toujours, les choses les plus sensées sur les conséquences qui pourraient résulter de fâcheux pour le pays, par l'esprit d'anarchie que certains hommes essayaient d'y répandre, sans prévoir qu'ils en serai nt *des victimes*, de même que

---

1 Une nouvelle commission fut formée sous la direction du sénateur Leipinasse : son collègue Audigé, le juge de paix Théodore et les membres du conseil des notables en faisaient partie, ainsi que le commissaire du gouvernement, B. Ardouin.

2 Boyer avait raison de s'en prendre surtout à Granville qui aurait dû empêcher ce scandale ; mais après lui avoir reproché toutes ces choses et l'avoir destitué avec cet éclat, six mois ensuite il le rétablit dans ses fonctions de directeur du lycée dont il fut encore révoqué avec éclat, s'il m'en souvient. — Après sa dernière destitution il a vainement tenté d'établir un pensionnat au Port-au-Prince (*Feuille du Commerce* du 2 mai 1831). On doit regretter qu'une aussi belle intelligence, un cœur aussi généreux, se soit égaré dans une si fâcheuse situation. Nul homme ne possédait mieux que lui le talent de l'enseignement et l'art de se faire aimer de ses élèves.

ceux auxquels ils étaient opposés. Passant ensuite dans la grande salle où se tenaient les corps d'officiers, il les harangua en termes chaleureux et leur recommanda de maintenir les troupes en bon ordre et toujours prêtes à frapper les coupables qui oseraient attenter à l'existence du gouvernement national. Ces paroles furent accueillies par les militaires avec leur enthousiasme patriotique ordinaire; ils crièrent : *Vive le Président d'Haïti!* en promettant de le seconder, de lui obéir en tout ce qu'il leur ordonnerait de faire.

Mais qu'y avait-il à ordonner et à faire ? C'était la question difficile à résoudre, même pour le Président. Après avoir réuni autour de lui les sénateurs présens et quelques magistrats, il les invita à le suivre dans le pavillon situé au jardin du palais où d'autres conseils secrets avaient été tenus précédemment, et il y fit appeler aussi les colonels de la garnison. La curiosité des assistans au palais fut vivement excitée en ce moment, pour savoir quelle résolution allait sortir de cette assemblée civile et militaire. Là, Boyer demanda l'opinion de ceux qui l'entouraient, à commencer par le grand juge Voltaire. Celui-ci opina pour « la *déportation* à l'étranger » des hommes considérés comme les meneurs de l'affaire du 14. M. Dieudonné, doyen du tribunal de cassation, opina comme son chef hiérarchique. Mais le sénateur J.-F. Lespinasse, le premier, son collègue Audigé, ensuite, firent observer que les faits qui avaient eu lieu aux obsèques du jeune Fruneau étaient indubitablement prévus au code pénal, qu'il y avait des tribunaux établis pour en juger les auteurs, et que les lois voulaient qu'ils y fussent traduits par le ministère public. Cette opinion était trop judicieuse, trop préférable à la première émise, pour ne pas être accueillie par Boyer; et, sans demander celle des autres personnes, il dit au commissaire du gouvernement près le tribunal civil : « C'est à vous d'agir; » il n'y a pas autre chose à faire. » Mais remarquant aussitôt une sorte d'étonnement de la part des colonels, qui s'attendaient probablement à d'autres mesures, il leur ordonna de tenir en cantonnement actif tous les militaires de leurs corps respectifs. Immédiatement après, on sut généralement la décision qui venait d'être prise. Mais, si les opposans eurent encore quelque espoir, du moment que l'autorité publique suivait les formes légales, d'un autre côté, ils n'étaient guère rassurés par la mesure militaire qui retenait sous les armes une garnison de 5 à 6,000 hommes.

Le ministère public ne pouvait refuser de poursuivre les individus qui avaient été dénoncés, ou à lui-même ou au général Lerebours, comme ayant été les meneurs de l'affaire du 14, ou ayant le plus poussé les cris qui décelaient une intention coupable ; il venait d'en recevoir l'ordre direct du chef de l'État, en présence de hauts fonctionnaires. Mais, personnellement, il était persuadé que cette poursuite aboutirait à un acquittement des prévenus, parce qu'il connaissait intimement l'esprit de certains juges du tribunal civil, et qu'il ne trouvait pas dans les dénonciateurs les garanties désirables pour être crus, ou dans ceux qui seraient appelés comme témoins à charge, la fermeté d'âme qui consiste à dire toute la vérité devant un tribunal ; il savait d'ailleurs comment l'Opposition agissait sur les esprits pusillanimes. Cependant, obligé d'agir, il prit sur lui d'écarter de sa poursuite tous les jeunes gens qui avaient été dénoncés, et il revit ensuite le Président à qui il déclara cette résolution, en lui représentant que ces jeunes gens ayant tous été liés d'amitié avec Fruneau qui était de leur âge, ils avaient pu être entraînés par leurs sympathies ou par l'excitation des hommes âgés, meneurs de cette manifestation aussi ridicule qu'hostile au gouvernement [1]. Il trouva Boyer parfaitement disposé à accueillir cette exception, et il ne lui cacha point son opinion personnelle sur l'issue *probable* de la poursuite, tout en convenant que dans la situation des choses il fallait montrer que l'autorité publique était résolue à ne pas souffrir que des actes semblables se renouvelassent. En conséquence, le ministère public se borna à poursuivre huit individus prévenus qu'il assigna directement au tribunal correctionnel, dans une audience fixée extraordinairement le samedi 23 avril [1].

Ce jour-là, ainsi qu'il l'avait prévu, les dénonciateurs et les témoins à charge balbutièrent complètement; et en dépit de ses efforts pour prouver que les cris imputés aux prévenus étaient *séditieux* et méritaient une punition légale, quoique n'ayant point produit sur la population de la capitale l'effet qu'ils désiraient évidemment, le tribunal les acquitta tous. C'étaient le droit et le devoir des magistrats de prononcer ainsi, du moment que la prévention ne leur paraissait pas suffisamment établie contre les inculpés; mais le tribunal alla plus loin, en déclarant « qu'il n'y avait pas eu de *cris séditieux.* »

Or, le 20 avril, trois jours avant le prononcé du tribunal, une proclamation du Président d'Haïti avait constaté ce fait. Elle disait des opposans : « Dévorés par l'ambition » et la soif du pouvoir, ils ont organisé une ténébreuse

---

1 A ce sujet, je pourrais citer des personnes qui vivent encore et qui ont reçu ma confidence à cette époque. Je chargeai l'une d'elles de donner un conseil utile, à un jeune homme qui m'avait été dénoncé spécialement.

2 Ces huit personnes étaient : MM. Saint-Laurent, L. Courtois, Franklin, Lisgandre, Richet, Philips D'Goaws, Coppel et Giraudié. — Saint-Laurent, directeur de l'enregistrement, se cacha et partit ensuite pour les États-Unis d'où il retourna en France. A l'exception de Giraudié et de Coppel, tous les autres étaient venus de France à Haïti.

» conjuration dont les fils semblent avoir été dirigés sur
» divers points de la République, mais dont le foyer paraît
» être dans cette capitale..... Abusant du nom de cette
» liberté qui nous est si chère, ils ont tenté de profiter ici
» d'un événement particulier et déplorable pour égarer une
» jeunesse intéressante et remplie de généreux sentimens,
» mais trop facile, par son inexpérience, à se laisser entraî-
» ner à l'exaltation. Dissimulant leurs perfides intentions,
» ils ont voulu tirer parti d'une circonstance de deuil : au
» lieu du silence observé ordinairement dans un convoi
» funèbre, ils ont, en exaspérant les esprits, fait un appel
» à la *sédition*. Leurs vociférations et *leurs cris séditieux*
» n'ont laissé aucun doute sur le but où tendait cette ma-
» nœuvre abominable..... »

Ainsi, par son jugement, le tribunal correctionnel avait
fait « de l'opposition » au chef de l'État qui rendait compte
de l'événement à la nation; mais son prononcé fut respecté,
et le lendemain dimanche 24 avril, les troupes tenues en
cantonnement purent reprendre leur train ordinaire [1].

Cependant, le Président ne pouvait être satisfait du résultat regrettable des publications qui avaient eu lieu par les
journaux; il ordonna que le *Phare* cessât d'être imprimé par
les ouvriers de l'État, et ce journal ne put plus paraître.
En même temps, une circulaire du grand juge, adressée
aux magistrats, fut publiée sur le *Télégraphe* du 24 ; elle
contenait de judicieuses réflexions sur la liberté de la

[1] Au mois de mars, le même tribunal, sur mes poursuites, avait condamné le citoyen Ramsey à un an d'emprisonnement, pour avoir outragé le Président d'Haïti à l'occasion de ses hautes fonctions, dans deux écrits publiés sur la *Feuille du Commerce*. Et le 25 avril, le citoyen Fouchard, professeur destitué du lycée, ayant publié aussi sur ce journal un article injurieux et outrageant pour les officiers de l'armée, je le poursuivis : le tribunal correctionnel le condamna à trois mois d'emprisonnement. Ces deux jugemens, mis à côté de l'autre, prouvent qu'il faut respecter l'indépendance de la magistrature : la garantie sociale exige ce respect.

presse et sur l'abus qui peut en être fait, en recommandant à la magistrature de veiller à rendre justice aux particuliers, lorsque leur réputation ou leur honneur sont attaqués par cette voie, afin de leur ôter la faculté de recourir à celle des armes, par le duel, pour avoir une satisfaction que la raison condamne dans tout pays civilisé.

Après la destitution de M. Granville, la direction du lycée fut confiée provisoirement à M. V. Plésance, jeune professeur de cet établissement, qui avait été d'abord répétiteur après avoir achevé ses classes. On n'eut que des éloges à lui décerner durant les six mois qu'il remplit ces fonctions : il sut maintenir l'ordre et la subordination parmi les élèves qui avaient pris plus ou moins part aux émotions du récent événement, et les études reprirent leur cours jusqu'au retour de l'ancien directeur Granville, que professeurs et élèves regrettaient. Cette décision du Président, relative au jeune V. Plésance, fut appropriée aux circonstances et et d'accord avec ce qu'il dit de la jeunesse dans sa proclamation. Que n'a-t-il pensé alors qu'il était convenable, opportun, de l'associer aux fonctions diverses de ses devanciers, pour la préparer à leur succéder avec une expérience acquise qui eût profité à la chose publique !...

L'agitation de la capitale était à peine terminée, quand Boyer apprit par M. Saint-Macary qu'il était sur le point de conclure, à Paris, deux traités avec le gouvernement français. Aussitôt, on vit paraître dans le *Télégraphe* du 30 avril, un article *officiel* qui prouvait la caducité des pouvoirs qu'il avait reçus du Président d'Haïti pour traiter avec le gouvernement de Charles X, et qui le blâmait aussi d'avoir prolongé son séjour en France au delà du terme qui lui avait été assigné. Cet article n'était ainsi rédigé, sans doute, que parce que le Président savait que, d'après les exigences du nouveau gouvernement, il lui serait impossible de ratifier les traités auxquels M. Saint-Macary souscrirait probablement, et par là il se préparait le terrain qui lui convenait. Mais, en même temps, cette déclaration officielle pouvait amener un refroidissement dans les relations entre les deux gouvernemens, puisque cet agent n'avait pas été rappelé par le Président.

Quoi qu'il en soit, c'est ici le lieu de faire connaître les *instructions* qu'il avait reçues en 1830.

On a vu plus avant que les trois grands fonctionnaires, d'une part, et MM. Pichon et Molien, de l'autre, avaient arrêté entre eux une convention financière en sept articles, et un traité de commerce et de navigation en vingt autres articles, sans les signer néanmoins, à cause de deux articles additionnels proposés par les fonctionnaires haïtiens et refusés par les agents français. Il s'agissait d'ajouter à la convention : « que les denrées envoyées en France par le » gouvernement haïtien, pour payer l'indemnité, y seraient » admises à des droits *moins élevés* que ceux payés par le » commerce français pour les mêmes denrées; » — ou au traité de commerce : « que les denrées d'Haïti, à l'exception » tion du *sucre,* seraient admises en France à ce qu'on y » appelait vulgairement *les petits droits;* et en réciprocité, » les *vins* et les *huiles* du crû de la France ne payeraient en » Haïti que les *demi-droits.* »

La mission de M. Saint-Macary avait donc pour but principal de faire agréer « l'un ou l'autre de ces deux articles additionnels, » afin de donner à Haïti des facilités pour sa libération. Du reste, la République reconnaissait devoir encore à la France, 120,700,000 francs, et consentait même à en payer *les intérêts* à 3 pour cent l'an, ainsi

qu'il en avait été déjà convenu, sauf à amortir successivement cet énorme capital. Quant au traité de commerce et
de navigation, la rédaction devait en être telle, qu'elle
ferait disparaître les ambiguïtés renfermées dans les formes
et les clauses de l'ordonnance du 17 avril 1825. En tout
ceci, certainement, le gouvernement haïtien ne proposait,
ne demandait que des stipulations fort raisonnables; et il y
avait droit, par la déclaration spontanée de M. de Mackau,
par la confiance qu'on avait mise dans ses paroles et ses
promesses, même encore par les projets déjà préparés par
les autres agents français pour arriver à une solution.

Après avoir démontré au négociateur haïtien la convenance et la nécessité d'obtenir du gouvernement français
l'adoption de l'un ou de l'autre des articles additionnels,
qui ferait partie intégrante de la convention ou du traité,
et prévu le cas où l'un de ces actes ne pourrait être ratifié,
— « ce qui entraînerait la non-ratification de l'autre,
» parce qu'ils étaient liés l'un à l'autre; » le Président lui
disait : « que le succès de la négociation était tout entier
« dans l'admission de l'un des deux articles additionnels; »
et que s'il ne pouvait obtenir ce point décisif, il devrait
demander ses *passeports* pour revenir à Haïti.

Toutefois, Boyer ajouta dans ses instructions :

« Comme il pourrait se faire cependant que, par des
» combinaisons qu'il est bon de prévoir, le gouvernement
» français, tout en *rejetant* les deux articles additionnels,
» vous proposât des facilités équivalentes, par exemple :
» — que *les payemens se feront en Haïti et au pair de la*
» *gourde haïtienne,* ainsi qu'il avait été convenu en 1829
» avec M. Molien; ou bien encore : — que *la République*
» *ne payera que le capital de sa dette, ou du moins ne payera*
» *d'intérêt que sur les annuités ou les portions d'annuité*

» *laissées en souffrance;* dans ces deux cas, je vous donne
» la latitude d'adhérer à l'une ou l'autre de ces combi-
» naisons. »

Enfin, le Président avait dit à M. Saint-Macary : « Je
» limite à *un mois* la durée de votre séjour à Paris; mais
» vous sentez trop de quelle importance il est pour le
» gouvernement de la République d'être informé au plus
» tôt de l'issue de votre négociation, pour ne pas *accélé-*
» *rer* encore votre retour, si les circonstances vous le per-
» mettent, et pour ne pas profiter, en attendant, de toutes
» les occasions qui se présenteront de me teuir au courant
« de tout. »

M. Pichon, qui venait d'Haïti où il avait discuté la convention financière et le traité de commerce et de navigation, avait paru propre à entrer en négociation à ce sujet,
avec M. Saint-Macary. Mais ils étaient à peine entrés en
conférence, quand la révolution de 1830 survint et rompit
cette négociation.

Si, d'un côté, l'agent haïtien se voyait sans pouvoirs
pour traiter avec le nouveau gouvernement de la France,
de l'autre, il voyait arriver au ministère les hommes honorables qui, dans tous les temps, avaient toujours émis des
opinions favorables à la cause d'Haïti. M. Laffitte, qui avait
pris l'affaire de l'emprunt dans sa maison de banque, était
ministre des finances; le général Lafayette, qui avait cor-
respondu avec Boyer, et d'autres encore, étaient assez
influens auprès de la monarchie de juillet, pour que cet
agent espérât mieux obtenir d'elle que de celle des Bourbons de la branche aînée, les facilités qu'il était chargé de
demander pour Haïti, et même plus de faveur encore. Il
n'est donc pas étonnant qu'il ait bercé le gouvernement de
cet espoir, et pris sous sa responsabilité de prolonger son

séjour à Paris, malgré la caducité de ses pouvoirs et le délai qui lui avait été assigné. En ne se voyant pas rappelé en Haïti, il dut se croire encore autorisé à agir ainsi.

Quant au Président, qui ne lui envoya pas de nouveaux pouvoirs ni d'autres instructions, qui ne le rappela point, sans nul doute, il agit irrégulièrement à l'égard de son agent. Mais, sans qu'il partageât l'espoir deM. St-Macary, il pouvait s'attendre néanmoins à ce que le ministère français refusât de traiter avec lui, à moins de pouvoirs nouveaux qui l'accréditeraient auprès du gouvernement issu de la révolution. Du moment que, de prime-abord, on n'opposait pas cette formalité diplomatique à M. Saint-Macary, c'était pour Boyer une présomption favorable que la République recevrait plus d'avantages dans la négociation. Mais on vient de voir, qu'informé du contraire, le 30 avril il fit désavouer d'avance la prolongation du séjour de l'agent à Paris, pour se donner la faculté de refuser la ratification des actes qu'il aurait signés, s'il y avait lieu.

Les nombreux événemens qui se passèrent en France, après la révolution, n'avaient pas permis qu'on s'occupât de suite des arrangemens à prendre avec Haïti. Cependant, vers la fin de 1830, le gouvernement français nomma une commission présidée par M. le comte Lainé, pour examiner la question. Son travail aboutit à une proposition ainsi conçue : « de réduire le solde de l'indemnité, de 120 mil-
» lions à 60 millions et les 700 mille francs restant dus sur
» le premier cinquième, mais avec la *garantie* du trésor
» français, qui servirait l'intérêt des 60 millions à 3 pour
» cent, aux colons ou à leurs ayants-droit. » Cette proposition était certainement très-avantageuse pour Haïti, et l'on ne doit pas s'en étonner ; car M. Lainé fut toujours modéré et juste envers notre pays. D'ailleurs, la commis-

sion concluait ainsi à ramener le chiffre de l'indemnité, à peu de chose près, au chiffre qui avait été convenu dans la négociation de 1824, entre M. Esmangart et MM. Larose et Rouanez [1]. Mais la proposition ne fut pas adoptée, à cause de la *garantie* du trésor français, que le ministère ne voulut pas admettre : question qui a été si souvent agitée en France en faveur des colons, et qui fut toujours repoussée.

On reconnaît ainsi que M. Saint-Macary avait de justes raisons d'espérer qu'il obtiendrait beaucoup mieux du gouvernement de Louis-Philippe que de celui de Charles X, et que Boyer, à qui il transmettait ces renseignemens, pouvait également espérer une conclusion favorable à la République. Ce ne fut que dans les premiers mois de 1831 que M. Pichon fut encore chargé de négocier avec l'agent haïtien. Celui-ci en informa le Président, qui attendait avec anxiété ses nouvelles communications sur les conditions mises aux traités, lorsqu'il apprit ce que, dans sa candeur, cet agent considérait déjà comme très-avantageux pour Haïti : de là l'empressement mis à publier l'article officiel dans le *Télégraphe* du 30 avril.

En effet, le 2 avril, M. Saint-Macary signa avec M. Pichon deux traités : l'un était relatif aux arrangemens financiers, l'autre au commerce et à la navigation entre la France et Haïti. Dans le premier, toute la dette d'Haïti fut comprise ; ainsi, l'agent haïtien reconnaissait, par l'art. 1er, que son pays devait :

1° 120 millions 700 mille francs pour solde de l'indemnité ;

2° 4,848,905 francs pour les avances faites par le trésor public de France pour le service de l'emprunt ;

[1] C'est-à-dire 100 millions de francs.

3° 27,600,000 francs montant des obligations non remboursées de l'emprunt, et les intérêts dus pour cette somme depuis le 31 décembre 1828, lesquels étant capitalisés jusqu'au 31 décembre 1831, formeraient à cette époque un total de 33,196,000 francs pour le capital dudit emprunt [1].

L'article 2 du traité stipula que : « le gouvernement » d'Haïti s'engageait à employer annuellement, et à partir » du 1er janvier 1832, à l'extinction des diverses parties de » la dette ci-dessus exprimée, la somme de 4 millions de » francs. »

Par l'art. 3 : « S. M. le Roi des Français consentait à » ce qu'il fût affecté par préférence, au service de l'emprunt, » la somme de 2 millions qui seraient versés chez les banquiers chargés des affaires de la République à Paris (J. » Laffitte et Cⁱᵉ), en deux payemens égaux, de six mois » en six mois, le premier devant se faire le 30 juin » 1832 [2]. L'autre somme de 2 millions serait versée en » deux payemens semblables à la caisse d'amortissement » à Paris, pour venir, jusqu'à due concurrence, en déduction du solde restant dû sur l'indemnité ; et après le » remboursement de l'emprunt, le gouvernement haïtien » s'engageait à continuer le payement de l'annuité stipulée » de 4 millions, et à les verser à la caisse d'amortissement » jusqu'à parfait payement de l'indemnité. »

« Art. 4. Le gouvernement haïtien s'engage à rembourser, d'ici au 31 décembre 1833, tant en principal qu'en » intérêts (lesdits intérêts fixés à trois pour cent), sa dette

---

1 Les intérêts capitalisés s'élèveraient à 5,596,000 francs.

2 En sa qualité de ministre des finances, M. Laffitte assurait ainsi à sa maison de banque le payement de l'emprunt dont elle s'était chargée. Du reste, cet honnête homme resta constamment un chaud défenseur de la cause d'Haïti.

» envers le trésor public de France pour les avances faites
» pour le service de l'emprunt. — Le premier des paye-
» mens à faire pour l'acquittement de l'indemnité aura lieu
» immédiatement après l'accomplissement de ces condi-
» tions. »

Et par un autre article, S. M. le Roi des Français consentait à faire acheter du gouvernement d'Haïti, des *tabacs*
en feuilles, selon les qualités et les quantités et aux prix qui
seraient convenus. Un dernier article disait que : « *sous la*
» *foi* des engagemens pris ci-dessus par le gouvernement
» d'Haïti, un traité de commerce et de navigation avait été
» signé le même jour, pour ne faire des deux traités qu'un
» seul acte. »

Mais à la suite du dernier que l'on vient de lire,
M. Saint-Macary consentit à un article additionnel *secret*
que voici :

« *Tous les droits* qui, avant la mise à exécution du traité
« de ce jour, auraient été perçus en Haïti sur le com-
» merce et la navigation de la France, *en sus* de ceux
» déterminés par l'ordonnance du 17 avril 1825, *seront*
» *restitués par les douanes haïtiennes*, soit aux parties
» intéressées, soit, en leur absence, au consul général de
» France, *avant l'échange des ratifications* dudit traité. »

Comme on voit, cet article *secret* n'était autre chose
qu'une clause *pénale* infligée au gouvernement d'Haïti
et basée encore sur la malencontreuse ordonnance de
Charles X, — pour avoir ordonné aux douanes de la République de *supprimer*, à partir du 1ᵉʳ janvier 1831, les *demi-
droits* que payaient jusque-là les navires et les marchandises
de la France, à leur *entrée* dans les ports ; car, depuis
1827 il n'existait plus de droits à prélever à la *sortie*.

Mais, voyons aussi l'autre traité souscrit par M. Saint-

Macary, et destiné à régler les rapports politiques, commerciaux et de navigation entre la France et Haïti. Nous n'en citerons que quelques articles avec le préambule qu'il est aussi intéressant de faire connaître :

« Sa Majesté le Roi des Français et le Président de la République d'Haïti, désirant détruire à jamais toutes fausses inductions qui pourraient être tirées de l'ordonnance du 17 avril 1825, au sujet de la reconnaissance pleine et entière qu'a faite la France de l'indépendance d'Haïti, et établir sur des bases durables entre les deux pays, des rapports d'amitié, de commerce et de navigation, réciproquement avantageux, ont résolu de conclure un traité pour régler ces différens points, et ils ont fait choix à cet effet, etc.

» Art. 1er. Il y aura paix constante et amitié perpétuelle entre la France et Haïti, ainsi qu'entre les citoyens des deux Etats, sans exception de personnes ni de lieux [1].

« Art. 2. Les citoyens des deux Etats pourront, sur les territoires respectifs, aller ou séjourner, *commercer tant en gros qu'en détail*, effectuer des transports de marchandises ou d'argent, louer ou occuper des maisons, magasins ou boutiques : ils seront entièrement libres de faire leurs affaires eux-mêmes, ou de se faire suppléer par qui bon leur semblera, facteurs, agents ou consignataires, sans avoir, comme étrangers, à payer aucun surcroît de salaire ou de rétribution. Ils seront également libres, dans tous leurs achats comme dans toutes leurs ventes, d'établir et de fixer le prix des effets, marchandises ou objets quelconques, tant importés que destinés à l'exportation, comme ils le jugeront convenable, sauf, pour tous les cas indiqués dans ce paragraphe, à se conformer aux lois et réglemens du

[1] Néanmoins, les Haïtiens devaient s'abstenir d'aller dans les colonies françaises.

pays. Ils ne seront d'ailleurs assujettis dans aucun cas, à d'autres charges, taxes ou impôts, que ceux payés par la nation la plus favorisée.

» Art. 4. Les *Français* en Haïti et les Haïtiens en France, *seront libres de disposer*, comme il leur conviendra, *par testament, donation ou autrement, de tous les biens qu'ils y posséderaient*. De même, les citoyens de l'un des deux États qui seraient *héritiers de biens* situés dans l'autre, *pourront succéder* sans empêchement à ceux desdits biens qui leur seraient dévolus *ab intestat*; et lesdits héritiers ou légataires ne seront pas tenus à acquitter des droits de succession ou autres plus élevés que ceux qui seraient supportés, dans les cas semblables, par les nationaux eux-mêmes. Bien entendu *qu'il n'est point dérogé*, par le présent article, *aux lois* actuellement en vigueur, ou qui viendraient à être promulguées dans l'un ou l'autre des deux Etats, *quant à la possession*, par des étrangers, *de certaines natures de biens*; seulement, il est convenu que *dans le cas où les lois limiteraient ou même interdiraient aux étrangers l'exercice du droit de propriété sur certaines natures de biens*, il sera accordé *aux héritiers ou légataires* un délai d'un an *pour disposer desdits biens*, sans que *la vente* soit soumise à aucun droit spécial, à titre de détraction.

» Art. 7. — *Les évaluations officielles* d'après lesquelles seraient perçus des droits de douanes, établis ou à établir dans l'un et l'autre pays sur la valeur des produits respectifs, *auront pour base les prix de la vente en gros* et non les prix *de la vente en détail*.

« Art. 15. *Les armemens des deux pays seront reçus dans les ports respectifs avec leurs prises*; ils y jouiront ainsi que leurs prises, des exemptions accordées par l'article 10 aux navires de commerce en relâche. Les prises ne pourront d'ailleurs être ni arrêtées ni saisies : les autorités locales ne pourront prendre connaissance de leur validité, ni s'opposer, sous aucun prétexte, à leur départ pour les lieux indiqués sur les commissions dont les capitaines seront porteurs, et dont ils seront seulement tenus de justifier, etc. »

Il faut que la révolution de juillet ait fait naître un singulier engouement en M. Saint-Macary, pour qu'il ait signé les traités dont on vient de lire quelques articles ; car nous cherchons vainement une excuse en sa faveur, en présence des instructions qu'il avait reçues, en considération de ses lumières et de la position qu'il occupait dans son pays, comme chef des bureaux du secrétariat des finances.

Quant au traité *financier*, il savait d'abord, que le gouvernement haïtien tenait à ne pas confondre ensemble la dette relative à l'emprunt et celle contractée pour l'indemnité, et que M. Molien, puis ce consul général et M. Pichon, en avaient déjà fait la séparation par deux projets ; et cependant, il consentit à les réunir dans l'article 1er. Il est vrai qu'il obtenait du gouvernement français, que la République ne payerait point *d'intérêts* pour l'énorme capital de l'indemnité, mais seulement pour la somme des avances faites par le trésor public de France. En cela, le nouveau gouvernement de ce pays n'était que *juste* envers Haïti, puisqu'il était prouvé qu'en 1824 on s'était contenté de de 100 millions, et qu'Haïti n'avait accepté l'ordonnance de 1825 portant la somme de 150 millions que dans la pensée de la voir réduire au premier chiffre. Il était encore *équitable* de ne pas exiger d'intérêt pour l'indemnité, lorsqu'on était *convaincu* de l'exiguïté des ressources d'Haïti, qui avait vidé son trésor en 1826, et créé forcément alors un papier-monnaie, afin de subvenir à ses dépenses intérieures.

Et qu'avait donc fait M. Molien, en 1829, lorsque par le projet de convention de cette année, il consentit à ce que l'indemnité fût payée *en Haïti*, « en rescriptions sur les » douanes et au *pair* de la gourde haïtienne, » et de plus, « à la *cessation* des demi-droits à *l'entrée*, à partir du 1ᵉʳ » janvier 1831 ? » Le consul-général n'avait agi ainsi que par un haut sentiment d'équité, et l'on peut dire encore, par une bienveillance marquée en faveur du pays où il exerçait ses importantes fonctions ; car il savait que le pays était pauvre, qu'il y avait des embarras de toute nature, et que cependant le gouvernement haïtien avait à cœur de remplir ses engagemens.

Et après ces précédens, après que le gouvernement eut fait mettre à exécution sa résolution hautement manifestée de faire cesser les demi-droits à l'entrée, son agent consentit à un article *secret* du traité financier, par lequel il serait tenu de faire *restituer* les droits qui avaient été perçus en sus ! Qu'il y serait contraint « avant l'échange des ratifications de ce traité !... » En cédant à une telle clause, qui aurait été une humiliation pour le gouvernement, M. Saint-Macary n'avait pas seulement de l'engouement ; il était sans doute en proie à la nostalgie après un séjour d'une année en France ; car il n'ignorait pas les sentimens personnels de Boyer et l'état de l'opinion publique en Haïti.

Ce n'est pas tout. Dans le traité de *commerce*, il consentit encore à accorder *aux Français* le droit « de commercer » en Haïti, tant en *gros* qu'en *détail*, » lorsqu'il savait que les lois du pays réservaient ce *privilége* pour les Haïtiens, et qu'elles n'accordaient aux étrangers de toutes les nations que le commerce de *consignation*. Qu'importait la clause de la *réciprocité* en faveur des Haïtiens, en France ? M. Saint-Macary ne pouvait-il pas concevoir que c'était là une stipulation *illusoire?* Cet avantage étant accordé aux Français, les autres puissances n'auraient pas manqué de le réclamer en faveur de leurs nationaux, et il aurait fallu y consentir; et alors, les Haïtiens auraient-ils pu soutenir la concurrence avec eux tous[1]?

Ensuite, par l'article 4 du traité qui, en cela, était *politique*, l'agent d'Haïti compromettait les dispositions de la constitution et celles du code civil par une convention dangereuse. Ces dispositions *existaient*, et cependant cet article, dans son second membre, admettait des suppositions conditionnelles pour le cas « où des lois haïtiennes » limiteraient, interdiraient, viendraient à être promul- » guées, etc., » par rapport au droit de *propriété* « sur certaines natures de bien. » Les blancs ou tous étrangers *quelconques* ne pouvant être *propriétaires* de biens fonciers, ni *usufruitiers* à vie de tels biens, ni *succéder* qu'aux biens meubles laissés en Haïti par leurs parens étrangers ou haïtiens; l'Haïtien ne pouvant disposer, par testament ou donation, que de ses biens meubles en faveur d'étrangers (art. 450, 479, 587 et 740 du code civil, corrélatifs aux art. 38 et 39 de la constitution de 1816), comment le cas aurait-il pu arriver que des Français eussent été « *héritiers* » ou *légataires* de biens qu'ils ne pouvaient posséder, — » d'*immeubles*, par exemple, — pour qu'il leur fût accordé » le délai d'un an pour en disposer? » Ce fut une aberration de la part de M. Saint-Macary, que d'avoir engagé Haïti dans une semblable convention avec la France[2].

[1] Il aurait fallu accorder la même faveur à tous les étrangers, sous peine de vouloir replacer Haïti, à leurs yeux, sous la condition de *colonie française*; et ils auraient eu raison de juger ainsi.

[2] L'interprétation diplomatique serait survenue ensuite; on nous aurait dit : « Vous » avez admis *la possibilité du fait* dans un traité obligatoire pour vous; or, voici un cas » qui se présente (un legs testamentaire, nul de droit) : donc le fait peut continuer à » exister. » Et qu'on n'oublie pas qu'Haïti était *débitrice* à peu près insolvable !

Par l'article 15, il en faisait presque « une colonie française, » en convenant que « les armemens français seraient
» reçus dans les ports d'Haïti avec leurs prises ; » et ce,
pour les cas de guerre maritime. La judicieuse politique
du pays avait toujours été et était encore de tenir une
exacte *neutralité* entre les puissances belligérantes, partant,
de ne pas donner accès dans ses ports à leurs corsaires ni
à leurs prises ; et une telle convention n'était autre chose
que la renonciation à cette politique, alors que les bâtimens haïtiens ne pouvaient, ne devaient même pas abor-
der une des colonies de la France où existait l'odieux esclavage des noirs et de leurs descendans. Prétendre à justifier cette convention par la *réciprocité* établie en faveur
« des armemens haïtiens et de leurs prises, » c'était le
comble de l'absurdité.

Enfin, sous le rapport du commerce d'importation, convenir avec la France que « les évaluations officielles pour
» les droits à percevoir dans les douanes, auraient pour
» base le prix de la vente *en gros* et non celui de la vente
» *en détail*, » c'était anéantir les lois existant en Haïti sur
les douanes, et dénier au gouvernement le droit d'en pro-
mulguer à l'avenir, de faire des tarifs, — à moins de se
soumettre aux caprices et aux prétentions de cette foule de
commerçans français « en gros et en détail, » que l'article 2 du traité allait attirer dans le pays[1]. En cela, comme
dans les autres stipulations, M. Saint-Macary se laissa égarer par le mirage de la *réciprocité*, véritable *duperie* pour
Haïti, si elle y avait consenti.

Il faut peu de réflexions, en effet, pour reconnaître que,

---

[1] On avait remarqué sans doute que le tarif de la loi de 1827 portait l'évaluation du
prix moyen à un taux élevé, et l'on voulait contraindre le gouvernement haïtien à le ré-
former. Mais alors et à toujours, plus d'indépendance pour Haïti !

sous tous les rapports, il est impossible aux Haïtiens de lutter avec les étrangers de toutes les nations dans les pays étrangers, lorsqu'il leur est si difficile de soutenir cette concurrence en Haïti même : de là la nécessité de ne faire des traités de commerce que sur le principe *de la nation la plus favorisée* [1].

Haïti peut et doit comprendre qu'il est de son intérêt de *favoriser* cette branche d'industrie en tout ce qui ne peut *nuire* à ses nationaux, par le respect porté aux étrangers, par une entière sécurité pour leurs établissemens dans son sein, par toutes les facilités données à leurs transactions, ainsi que cela se pratiquait avant l'existence des consulats; et alors, sa législation doit être en harmonie avec ces dispositions bienveillantes, et basée sur les principes du droit des gens.

M. Saint-Macary était si bien entré dans les vues du gouvernement français, que le roi Louis-Philippe n'hésita pas à *ratifier* les deux traités. On s'était fait d'ailleurs en France une idée exagérée du caractère de Boyer, en le croyant trop *difficile* et plus *mobile* qu'il ne l'était effectivement, d'après tous les projets de convention et de traité qui avaient été essayés depuis 1825, parce qu'on ne voulait pas reconnaître la nécessité où il se trouvait d'obtenir des *garanties* pour son pays, que l'ordonnance du 17 avril n'offrait pas. On ne prenait pas en considération non plus les *susceptibilités* qu'avait soulevées l'acceptation de cette ordonnance. En ratifiant les traités, le Roi des Français espérait donc lier le Président d'Haïti par le respect pour sa signature apposée à ces actes. Peu après, M. Pichon fils

---

1 La France ne pouvait raisonnablement nous blâmer de vouloir assurer une protection efficace à nos nationaux, en leur réservant les *privilèges* établis de tout temps en leur faveur; car la France est bien le pays de la protection pour toutes les industries nationales.

fut chargé de les apporter à M. Molien, consul général, qui reçut la mission de les faire accepter et ratifier : il partit de Brest sur la frégate *la Junon*, et M. Saint-Macary y prit passage. Ils arrivèrent au Port-au-Prince à la fin de mai.

Boyer ne pouvait hésiter à *refuser* sa ratification aux traités que lui remit son agent : trop de motifs s'opposaient à cette sanction. Il réunit cependant autour de lui les sénateurs présens à la capitale et les grands fonctionnaires de l'État, et tous furent unanimes à lui conseiller de persister dans son refus. Cette détermination fut communiquée à M. Molien, avec promesse d'adresser au ministère français une dépêche qui exposerait les motifs du gouvernement haïtien.

Le consul général avait déjà vu où tendait l'article officiel du 30 avril, dans le *Télégraphe*, et des explications verbales avaient eu lieu entre lui et le secrétaire général Inginac à ce sujet; il en était résulté de l'aigreur entre eux [1]. Il ne pouvait accueillir le refus de ratification de la part du Président, puisqu'il avait mission, au contraire, de l'obtenir.

Il demanda et obtint de Boyer une audience privée, afin de conférer avec lui et de le persuader à cet égard. Comme le Président, M. Molien avait toutes les formes et la politesse nécessaires en pareil cas; mais, dans la discussion qui s'ensuivit entre eux, ils finirent tous deux par s'animer, chacun à son point de vue. Boyer ne céda point à ses représentations, même fondées sur la *puissance* de la France et sur le peu d'égards qu'il semblait montrer pour le nou-

---

[1] Avant cela même et à propos de l'affaire Fruneau, des malveillans avaient imputé à M. Molien d'avoir exprimé des sentimens hostiles au général Inginac. C'était une perfidie des opposans qui voulaient les diviser.

veau souverain qu'elle avait placé sur le trône. La rupture fut complète entre eux dans cette audience [1].

Le lendemain, le consul général lui adressa la note suivante :

« Président,

« Le soussigné, Consul général de France, par intérim, a ordre de demander uniquement à Votre Excellence si elle consent à ratifier les deux traités signés à Paris le 2 avril dernier par MM. Pichon et Saint-Macary.

» Le soussigné ayant eu l'honneur d'entretenir longuement hier Votre Excellence de la mission toute *spéciale* que le gouvernement du Roi des Français lui a confiée, et lui ayant déclaré qu'il n'a pas pouvoir de rien changer au traité *définitif* du 2 avril, n'a plus qu'à vous annoncer, Président, que M. Pichon fils, chargé de rapporter votre réponse, partira très-incessamment sur la frégate *la Junon*.

» Président, le soussigné est avec respect, de Votre Excellence, le très-humble serviteur,   Signé : MOLIEN [2]. »

A cette note, le général Inginac eut ordre de répondre ce qui suit :

« Port-au-Prince le 4 juin 1831, au 28e de l'indépendance.

» Le soussigné, secrétaire général près Son Excellence le Président d'Haïti, est chargé d'accuser réception à Monsieur le Consul général de France, par intérim, de sa note du 2 courant, par laquelle il demande à S. E. si elle con-

____

1 Boyer a dit en ma présence que, dans cette audience, M. Molien semblait vouloir l'exposer à commettre sur sa personne la même injure que le dey d'Alger se permit sur le consul de France. Il tenait à la main un rouleau de papier, et gesticulant comme d'habitude, il trouva que le consul s'approchait trop de lui, sur le sopha où ils étaient assis. Mais M. Molien se respectait trop pour avoir eu une telle intention : évidemment, Boyer était dans l'erreur.

2 On ne peut disconvenir que cette note est pleine d'égards pour Boyer, même après leur discussion si vive de la veille.

sent à ratifier les deux traités signés à Paris, le 2 avril dernier, par MM. Pichon et Saint-Macary.

» Le soussigné à l'ordre de rappeler à M. le Consul général, que S. E. lui a déjà fait connaître, dans l'audience
qu'elle lui a accordée, que cette ratification n'aura pas lieu.
Les motifs de la détermination du gouvernement d'Haïti seront exposés dans une dépêche qui va être incessamment
remise à M. Pichon fils pour le gouvernement français.

» Le soussigné profite de cette occasion pour assurer
M. le Consul général de sa haute considération.

« Signé : B. INGINAC. »

Mais le même jour, M. Molien répliqua ainsi :

« Monsieur le Secrétaire général,

» Je m'empresse de répondre à votre lettre de ce jour.
Les motifs que le gouvernement haïtien se propose de *prêter*
à son refus de ratifier les deux traités *définitifs* du 2 avril,
ne pouvant, *quels qu'ils soient*, être accueillis par le gouvernement de Sa Majesté, ni changer sa résolution, M. Pichon *ne
se chargera pas* de les transmettre. Veuillez donc, Monsieur,
choisir une autre occasion pour faire passer vos dépêches.

» Tout en vous exprimant pour *la dernière fois*, Monsieur, le regret que les relations de bonne amitié qui sub-
sistaient depuis cinq ans entre la France et Haïti aient *cessé*
si tôt, je me félicite en même temps que le bon droit soit
resté de notre côté. Il ne me reste plus qu'à vous prier,
Monsieur, de réclamer auprès de M. le Président *sa protection efficace* pour ceux de mes compatriotes que leurs affaires pourraient retenir encore quelque temps à Haïti, *malgré mes avis pressans.*

» Agréez, Monsieur, l'assurance de ma considération
distinguée.

« Signé : MOLIEN. »

Le mot *définitifs* employé dans ces deux notes pour qualifier les traités du 2 avril, expliquait suffisamment la conduite du consul général en cette circonstance, car c'était dire quelles étaient les instructions qu'il avait reçues de son gouvernement; et en affirmant que « quels que fussent les motifs du gouvernement haïtien pour refuser sa ratification à ces traités, ils ne seraient pas accueillis, » M. Molien faisait lire en quelque sorte ces instructions.

Après les différens projets débattus et même signés avec le gouvernement de Charles X, celui de la nouvelle dynastie considérait les traités du 2 avril comme le *nec plus ultra* des *concessions* qu'il fallait faire aux demandes réitérées de la République, qui se montrait si difficile. Il ne prévoyait pas, peut-être, qu'il arriverait un moment où, mieux convaincu de la *justice* des réclamations d'Haïti, il serait parfaitement *équitable* envers elle, en agissant comme il convenait à la grandeur de la France de le faire.

Quant au consul général personnellement, nous avons déjà fait remarquer qu'en avril 1829, il avait été, non-seulement *équitable*, mais *bienveillant* envers notre pays, en souscrivant le projet de convention financière de cette époque. Son refus de laisser prendre par M. Pichon fils les dépêches du gouvernement, n'était que la conséquence de la déclaration qu'il fit, « que les relations de bonne amitié *cessaient* entre la France et Haïti; » et en cela encore il se conformait à ses instructions.

Mais ce qui paraît avoir été de sa part un moyen d'*intimidation*, pour porter Boyer à réfléchir sur l'issue que pouvait avoir la cessation des relations diplomatiques avec la France, ce fut la tentative qu'il fit auprès des Français établis au Port-au-Prince, et qui est prouvée par la fin de

sa seconde note adressée au général Inginac, où il le priait
« de réclamer la protection efficace du Président pour ceux
» de ses compatriotes que leurs affaires retiendraient quel-
» que temps encore à Haïti, malgré ses avis pressans. »
M. Molien les convoqua au consulat général et leur enjoi-
gnit de *quitter* le pays sans délai, à cause des éventualités
qui allaient surgir du refus fait par Boyer de ratifier les
traités. Contre son attente, ses compatriotes, en majorité,
refusèrent péremptoirement d'obéir à cette injonction, et
ils lui remirent même une *protestation* écrite dont ils adressèrent la copie au ministre des affaires étrangères de
France. Ils alléguaient pour motif de leur résolution,
qu'ayant leurs intérêts engagés en Haïti, ils ne pouvaient
les abandonner par rapport à de semblables difficultés
entre ce pays et le leur, difficultés qui finiraient probablement par être aplanies entre les deux gouvernemens; et
que, d'ailleurs, ils étaient assurés de la *protection* de
Boyer pour leurs personnes et leurs propriétés, car avant
l'établissement du consulat français, ils en jouissaient pleinement.

Ce fut un mécompte pour M. Molien : de là néanmoins
sa sollicitude pour ses compatriotes, et la résolution qu'il
prit lui-même de partir pour la France avec M. Pichon
fils. Il appela du Cap-Haïtien M. Cerffber, afin de lui laisser
la gérance du consulat général; et les « relations de bonne
amitié » ne continuèrent pas moins entre ce consul et le
gouvernement haïtien, après le départ de son chef [1].

M. Molien était encore à la capitale, quand le Président
publia, le 12 juin, une proclamation qui récapitula tous

1. Si M. Cerffber cessa de correspondre officiellement avec le gouvernement (ce que
j'ignore), il ne continua pas moins à jouir de tous les égards dus à sa personne et à son
rang.

les faits antérieurs, toutes les phases des négociations suivies entre les gouvernemens d'Haïti et de France, depuis l'acceptation de l'ordonnance de Charles X. En parlant de la dernière mission de M. Saint-Macary, qui avait pour but « de demander des avantages relatifs à l'introduction de nos » denrées expédiées pour notre libération, » Boyer disait :

« Cet agent avait ordre de ne séjourner qu'un mois à Paris. Il n'avait même pas été encore admis à discuter les propositions qu'il était chargé de faire, lors de la révolution qui renversa du trône la maison des Bourbons. Si, par cet événement, il fallait nécessairement *d'autres pouvoirs* à ce commissaire pour être en droit de continuer sa mission, on conçut ici néanmoins les plus grandes espérances sur les avantages du système libéral que devait naturellement adopter à notre égard la France régénérée. En effet, pouvait-on avoir une autre pensée, en voyant appeler à la tête du gouvernement de ce royaume les hommes remarquables qui, tant de fois à la tribune comme par leurs écrits, proclamaient des principes en faveur d'Haïti, et considéraient sous un point de vue plus élevé les relations entre Haïti et la France, condamnaient hautement les exigences du gouvernement déchu ?

» Contre cette attente, l'agent haïtien prit *sur lui* d'outrepasser sa mission. Il est revenu ici, après une absence de plus d'une année, apportant deux traités contenant des *conditions* auxquelles il n'était pas autorisé à souscrire, et que par conséquent je ne pouvais pas ratifier.

» Haïtiens ! le consul général de France, par intérim, a déclaré, à cause de ce refus de ratification, que les relations d'amitié entre la France et Haïti ont cessé. Que de réflexions cette étrange déclaration fait naître ! Le sort d'Haïti pouvait donc dépendre d'une convention signée

en France par un envoyé haïtien, quel que fût le vice
dont cet acte aurait pu être entaché! Les deux traités dont
il est question sont donc des traités imposés !... »

Et comme toujours en pareil cas, renouvelés si souvent,
des exhortations furent faites aux Haïtiens de se tenir parés
aux éventualités, aux fonctionnaires publics et aux militaires de remplir leurs devoirs envers la patrie, aux commandans d'arrondissement de se rappeler les instructions
du Président d'Haïti. « Que les étrangers, que la confiance
» a conduits sur notre territoire, y trouvent la sécurité que
» la loi et notre loyauté leur ont constamment garantie. »

Cette proclamation, publiée avec pompe, excita un enthousiasme extraordinaire dans la population du Port-au-
Prince. Adhérens ou opposans à Boyer se confondirent
dans une exaltation patriotique; car chacun croyait voir
dans la rupture des relations diplomatiques entre les deux
gouvernemens, la *libération* de la dette nationale contractée envers la France, qui persistait à refuser à Haïti les
garanties que réclamaient sa sécurité comme pays indépendant et souverain, et son honneur et sa dignité profondément blessés par les termes et les clauses de l'ordonnance
de 1825. Voilà dans quel sens il faut expliquer la joie qui
éclata en cette circonstance. L'éventualité d'une guerre
avec la France, loin d'attiédir le dévouement à la patrie, le
ranima au contraire. Le glorieux exemple que venait de
donner au monde la courageuse population de Paris servit
même à produire ce résultat, et la lutte héroïque que soute-
naient encore la Pologne et la Belgique contre leurs domi-
nateurs n'y contribua pas moins, en surexcitant les esprits [1].

Depuis quelques mois on avait commencé des construc-

---

[1] La capitale fut spontanément illuminée. Le sénateur J.-F. Lespinasse se distingua par
un transparent sur lequel on lisait : *Indépendance ! Souveraineté ! Assez longtemps nous
avons gémi sous le fouet des colons !*

tions à la Coupe; il n'y eut qu'une pensée générale : c'était d'y fonder une ville pour être la *capitale* de la République, pour y transporter les objets précieux, les archives de l'État, les armes et autres choses du dépôt de guerre, afin de les mettre à l'abri d'un coup de main; et c'est alors que le Président décida que cette ville porterait le nom de *Pétion*. Il ordonna à toutes les administrations de préparer les objets qu'elles auraient à y envoyer.

Le consul général de France fut témoin de tout cet enthousiasme. L'aménité de son caractère et sa bienveillance pour le pays lui avaient fait contracter des relations de société avec un certain nombre d'Haïtiens, dont la plupart se crurent obligés de les cesser immédiatement, pendant que ses compatriotes eux-mêmes résistaient à son injonction de quitter Haïti; et il se trouvait ainsi dans une sorte d'isolement regrettable, par l'accomplissement de son devoir envers son gouvernement, lorsqu'il partit sur la frégate *la Junon* avec M. Pichon fils : ils arrivèrent en France à la fin de juillet [1].

Après leur départ, on publia, dans le *Télégraphe* du 19 juin, un article semi-officiel dans lequel le gouvernement fit connaître tous ses vrais motifs pour avoir refusé de ratifier les deux traités. Cet article résuma de nouveau les faits antérieurs, à partir même des premiers temps de la révolution jusqu'à l'acceptation de l'ordonnance de Charles X, en prouvant la légitimité de l'indépendance d'Haïti par celle des États-Unis, de la Colombie, du Mexique, du Chili, que la France n'avait pas hésité à reconnaître formellement; il parla encore de la Grèce, de la Belgique et de la Pologne dont la résistance avait toutes les sympathies de cette puis-

---

[1] Quand Boyer vint à Paris où il mourut en 1850, M. Molien le visita et lui témoigna toute son estime : il en fut parfaitement accueilli.

sante nation; du langage qu'avaient toujours tenu, par rapport à Haïti, les hommes qui se trouvaient maintenant au pouvoir. Il dit du cabinet français sous Charles X :
« Si ce gouvernement ou celui qui l'a remplacé *pour le*
» *continuer*, n'avait jamais conservé l'*arrière-pensée* d'exer-
» cer une suprématie quelconque sur Haïti; s'il avait sin-
» cèrement entendu qu'elle jouît d'*une indépendance réelle*
» *et absolue*, comme elle en a pour toujours manifesté la
» volonté, pourquoi n'a-t-il pas, dans un acte solennel,
« *proclamé* à la face du monde entier *sa renonciation for-*
» *melle* à toute espèce de prétentions sur notre territoire et
» à toute espèce d'influence sur nos affaires intérieures?...
» M. Saint-Macary reparaît enfin, et au grand étonne-
» ment de la nation, quoique *sans pouvoirs*, il rapporte
» deux traités frappés d'un vice radical qui entraîne *la*
» *nullité*, et qui ne pouvaient être acceptés, et parce qu'ils
» n'avaient pas été discutés par un agent compétent, et
» parce qu'ils renferment *des dispositions* que la nation
» *rejettera* éternellement : traités pourtant qu'on paraît
» nous imposer comme un *ultimatum*... Que le consul de
» France se rassure : Haïti saura toujours distinguer les
» Français de leur gouvernement... Quoi qu'il en soit,
» tous les peuples généreux, l'Angleterre, l'Allemagne,
» une partie des États-Unis, et ce peuple français lui-même
« si magnanime quand il ne suit que ses inspirations, ap-
» plaudiront à notre détermination, parce que l'honneur
» national, le respect pour nos droits et notre indépen-
» dance nous l'auront seuls dictée. »
Mais ces publications ne suffisaient pas, il fallait expliquer directement au gouvernement français les motifs de
la non-ratification des traités du 2 avril[1]. A cet effet,

---

[1] Il faut convenir que le mois d'*avril* a été peu favorable dans les transactions entre

MM. Imbert, Voltaire et Inginac, en leur qualité de grands fonctionnaires, lui adressèrent une longue dépêche où ces motifs étaient entièrement exposés; et de ce qu'ils exprimaient l'espoir qu'on avait conçu en Haïti, que ses anciens défenseurs du temps de la Restauration, arrivés au pouvoir en France où régnait maintenant un esprit libéral, auraient été plus favorables à ce jeune peuple, le cabinet français voulut bien croire que celui d'Haïti demandait la *suppression* de l'indemnité, tandis qu'il ne désirait qu'une *réduction* de cette dette et des *facilités* pour la payer, indépendamment d'un traité où il serait dit que « la France » reconnaît la République d'Haïti comme Etat libre, indé- » pendant et souverain, et renonce à toutes prétentions » quelconques sur son territoire et ses affaires intérieures » et extérieures. »

Nous croyons avoir prouvé, par le texte de quelques articles des deux traités et par les raisonnemens dont nous les avons accompagnés, que Boyer ne pouvait les ratifier. Mais, s'il n'avait eu que les motifs résultant de la caducité des pouvoirs donnés à M. Saint-Macary, le gouvernement français aurait dû encore les accepter; car la faute en était à lui-même qui n'en exigea pas de nouveaux, tandis qu'il renouvelait ceux que M. Pichon avait reçus de l'ancien gouvernement, après avoir prêté serment à la nouvelle dynastie à laquelle il se rallia en sa qualité de conseiller d'Etat. Le respect dû à la France et à son roi ne pouvait

Haïti et la France. L'ordonnance de Charles X a été signée dans ce mois ; les premiers projets de convention et de traité signés par M. Mollien ont été faits en avril 1829 ; les deux autres, discutés par lui et M. Pichon, ont été rédigés en avril 1830 ; et les traités conclus par M. Saint-Macary, en avril 1831. Aucun de ces actes n'a convenu pour la bonne entente entre les deux pays.

M. Saint-Macary resta dans une sorte de disgrâce pendant environ deux ans, et fut appelé en 1833 à la direction du lycée national où il se montra dévoué, capable et propre à une fonction aussi importante. Cet établissement prospéra sous son intelligente direction. Il mourut en 1837.

être poussé jusqu'à l'oubli des intérêts d'Haïti, de son honneur et de sa dignité, à la violation de ses institutions par le chef qui présidait à ses destinées.

Sur le refus fait par M. Molien d'accepter la dépêche du gouvernement, le Président en chargea M. Edouard Lloyd, négociant anglais établi au Port-au-Prince, qui allait en Europe. Attaché au pays où il jouissait d'une considération méritée par sa conduite, M. Lloyd se rendit lui-même à Paris où il remit cette dépêche, en septembre, au général comte Sébastiani, ministre des affaires étrangères.

D'après les faits qui venaient de se passer à Haïti, la dépêche du gouvernement ne pouvait être que mal accueillie. Le consul général de France avait déclaré la cessation des relations de bonne amitié entre son pays et le nôtre, partant la rupture des relations diplomatiques entre les deux gouvernemens : le ministère français maintint cette déclaration. Cependant il trouva, dans les procédés usités en pareil cas entre les nations, un moyen de faire connaître sa pensée, son mécontentement au gouvernement haïtien, par ce qu'on appelle une *note verbale*, sans signature. Le 2 octobre, le comte Sébastiani en remit une à M. Lloyd, datée du 23 septembre, pour être expédiée à Boyer. Cette note devait nécessairement se ressentir de l'irritation du cabinet français et même du roi Louis-Philippe. Elle contenait principalement ce passage : « Sans doute, si, comme on l'insinue,
» l'indemnité stipulée dans l'ordonnance du 17 avril, avait
» été *le prix* de la reconnaissance de l'indépendance d'Haïti
» par la France, le gouvernement de Sa Majesté, autant
» par respect pour la liberté des peuples que par senti-
» ment de générosité pour Haïti, aurait pu lui en faire la
» remise. Mais il n'en est point ainsi : la révolution d'Haïti,
» qui n'a d'ailleurs rien de commun avec les autres révo-

» lutions, a été marquée par la spoliation des proprié-
» tés, etc. »

Le ministre terminait par dire que, si le gouvernement
haïtien voulait faire de nouvelles propositions, on lui accordait un délai de cinq mois à cet effet [1].

Quel que fût le ton général de cette note verbale, le passage que nous venons de citer n'était pas moins un hommage rendu au *droit* que les Haïtiens avaient eu *de résister*
à la France, pour conserver leur liberté par l'indépendance
de leur pays ; et dans l'état des choses, il faut l'avouer, le
gouvernement français, prévenu contre le caractère de
Boyer, et ne s'expliquant pas assez peut-être le but qu'il
voulait atteindre, ne pouvait guère tenir un autre langage.

Pour être juste envers son adversaire, même son ennemi, il faut comprendre sa situation réelle comme on comprend sa propre situation.

Malgré les principes libéraux qui prévalaient en France

1 M. Frédéric Martin, dont j'ai parlé dans une note de la page 30, était employé aux archives du ministère de la marine, apprit qu'il était question d'envoyer une *expédition* contre Haïti, après le retour en France de MM. Molien et Pichon fils. Il rédigea un mémoire qu'il présenta à l'amiral de Rigny, ministre de la marine, dans le but d'éclairer le gouvernement français sur la situation que l'ordonnance du 17 avril 1825 avait faite à Haïti, sur la bonne foi de Boyer qui avait compromis sa popularité pour servir son pays. Il y disait qu'il fallait, ou réduire l'indemnité à 100 millions comme on en était convenu en 1824, ou abaisser les droits sur les cafés d'Haïti, afin de faciliter ses payemens et de contenter les Haïtiens ; il appuya son opinion par des chiffres pour prouver les pertes faites sur la vente des cafés en France. M. Frédéric examina les conséquences des deux hypothèses, ou d'une expédition de troupes pour envahir Haïti, ou d'un blocus de ses ports, et osa dire que le gouvernement français *ne réussirait pas* ; que les petites propriétés de 5 carreaux de terre délivrées aux Haïtiens les attachaient désormais au sol de leur pays qu'ils défendraient à outrance ; que le temps était passé où l'on pouvait espérer de semer la division entre eux, etc. Le 24 septembre, l'amiral de Rigny lui écrivit une lettre dans laquelle il le complimenta sur son mémoire, en lui disant qu'il l'avait soumis à M. Casimir Périer, président du conseil des ministres.

M. Frédéric m'a fait lire, à Paris, cette lettre et son mémoire, et je puis dire qu'un Haïtien n'aurait pas mieux plaidé la cause de la République que ce loyal Français, qui s'y était fait estimer par sa conduite durant un séjour de dix années. Ce serait donc après cette démarche, que le ministère aura résolu d'écrire la note verbale au gouvernement haïtien ; et en même temps, le ministère de la marine expédia à Haïti le brig de guerre *le Cuirassier*, commandé par M. de Brnix, pour s'assurer si les Français jouissaient réellement de sa protection.

depuis la révolution de juillet, le gouvernement de Louis-Philippe ne pouvait rompre avec tous *les droits acquis* aux particuliers sous le règne précédent; il ne pouvait pas plus renoncer à l'indemnité consentie en faveur des colons, qu'abroger la loi qui accorda un milliard d'indemnités aux émigrés français, bien que les anciens membres de l'opposition, qui avaient repoussé cette dernière loi dans la discussion des chambres législatives, se trouvassent maintenant au pouvoir. Or, après l'offre spontanée d'une indemnité faite par Pétion et par Boyer lui-même; après l'acceptation par ce dernier de l'ordonnance du 17 avril 1825; après la loi de répartition de cette indemnité, publiée en France; après tous les projets de convention entre les deux gouvernemens pour le payement intégral de cette indemnité; les anciens colons avaient *un droit acquis* aux yeux de leur gouvernement. Pour les convaincre et se convaincre lui-même de la nécessité d'une *réduction*, il fallait autre chose que des allégations d'impuissance de la part d'Haïti, que l'espoir qu'on y avait conçu à ce sujet en acceptant l'ordonnance fixant la somme à 150 millions. Mais déjà une proposition équitable avait été faite par la commission que présida M. le comte Lainé, de réduire le solde dû de 120 millions à 60; et il était réservé à un brave officier français, — ancien colon, — d'émettre la même opinion après avoir eu communication de documens officiels, en Haïti même, qui le convainquirent de l'exiguïté des ressources dont ce pays disposait[1].

Lorsque Boyer reçut de M. Lloyd la note verbale du ministre des affaires étrangères en réponse à la dépêche des grands fonctionnaires, il fut excessivement froissé de la

---

[1] M. l'amiral A. Dupetit-Thouars, alors capitaine de vaisseau, dans sa mission à Haïti en 1835, le même personnage qui y vint en 1821.

forme employée et de l'expression de *spoliation*. Cette note, sans signature, lui parut une injure personnelle, un mépris pour le gouvernement haïtien, et le mot *spoliation*, un outrage à la nation[1]. Il ne se pressa pas de prendre une résolution à ce sujet, et le 20 décembre, il adressa au Sénat le message suivant :

« Citoyens sénateurs,

» L'état des négociations entre le gouvernement de la République et celui de la France est parvenu à un point qui exige enfin une détermination positive. D'après les dispositions de l'article 121 de la constitution, et dans le désir d'être constamment en harmonie avec le Sénat, je vous ai toujours communiqué la situation de nos rapports politiques avec ce gouvernement. Les changemens survenus en 1830, dans ce royaume, ont dû naturellement faire espérer ici des avantages, dans les arrangemens à conclure, en faveur de la République. Je n'ai pas négligé, en conséquence, de chercher à le porter à en reconnaître la nécessité. Aujourd'hui que le résultat des communications faites dans ce but au ministère de France m'est parvenu, je m'empresse de vous en donner une connaissance officielle.

» A cet effet, citoyens sénateurs, j'ai donné des instructions au secrétaire d'Etat, au grand juge et au secrétaire général, pour se présenter au Sénat, afin de vous communiquer les pièces y relatives. Je réclame, dans l'intérêt de la patrie, que vous me fassiez connaître votre opinion mo-

---

[1]. On croira difficilement que, malgré son instruction, Boyer ignorait les formules diplomatiques : il ne possédait pas un seul ouvrage traitant de ces matières. Mais M. S. Villevaleix, chef des bureaux du secrétariat général, lui en présenta un où il trouva que la *note verbale* était ordinairement employée dans le cas de rupture des relations diplomatiques, et qu'on pouvait y répondre par une note semblable : ce qui le porta à s'apaiser. Cette anecdote ne me semble pas indigne de l'histoire.

tivée sur la détermination à prendre dans l'état des choses et dans celui desdites négociations.

» J'ai la faveur, etc.   Signé : Boyer »

Parmi les documens soumis au Sénat par les grands fonctionnaires, qui lui donnèrent, d'ailleurs, toutes les explications nécessaires, se trouvait une lettre de M. Lloyd au Président, rendant compte de la manière polie avec laquelle il avait été reçu par le comte Sébastiani. Cette réception l'avait porté à croire qu'il eût pu être admis *à traiter* avec le gouvernement français, au nom de la République ; et M. Lloyd manifesta cette intention en demandant des *pouvoirs* au Président, et l'engageant à envoyer tous les fonds dont on pouvait disposer, afin de faciliter la négociation.

Mais, le 24 décembre, le Sénat répondit au message de Boyer. Il lui dit d'abord, qu'il l'approuvait d'avoir refusé sa ratification aux deux traités signés par M. Saint-Macary et d'avoir fait connaître ses motifs au gouvernement français [1]. Ensuite, il lui dit qu'il fallait considérer la note verbale du ministre de France comme ayant été écrite » sous l'inspiration des colons. » Le Sénat émit enfin l'opinion : qu'il ne fallait envoyer aucun fonds en France, comme le proposait M. Lloyd, ni charger un Anglais ou un étranger quelconque, de suivre des négociations avec son gouvernement ; que des Haïtiens seuls devaient y être employés ; qu'il se reposait sur la sagesse et les lumières de Boyer, pour discuter les intérêts de la patrie ; et qu'au surplus, les articles 155, 156 et 158 de la constitution lui donnaient les attributions de traiter avec les puissances étrangères.

---

[1] En juin, le Sénat n'était pas assemblé en majorité ; mais en décembre, il était en session législative.

On remarquera que le message du Sénat ne répondait guère à celui du Président qui lui demandait « son opi- » nion motivée sur la détermination à *prendre* dans l'état » des choses et dans celui des négociations. »

Quoi que pensent les rêveurs qui jalousent toujours .¹e pouvoir des chefs de gouvernement, il est prouvé que les corps délibérans sont peu propres à diriger des négocia- tions ; et d'ailleurs, on s'était habitué à compter réellement sur les lumières de Boyer à cet égard. Mais, dans cette circonstance, le Sénat avait un motif particulier pour lui parler ainsi. Ce corps était quelque peu mécontent d'un passage de sa proclamation du 12 juin, où il semblait reje- ter sur lui et sur quelques fonctionnaires toute la *respon- sabilité* de l'acceptation de l'ordonnance de Charles X. Le Président y disait que cet acte avait été d'abord *repoussé.* » Cependant, dans cette circonstance, un conseil de séna- » teurs et des principaux fonctionnaires présens alors dans » cette capitale, fut convoqué, et *sur la décision motivée qui* » *en est résultée, l'acceptation en fut résolue,*» etc. Or, ce con- seil privé, comme il le constata lui-même par son procès- verbal, n'avait pas eu communication de la copie de l'or- donnance que tenait le Président ; il n'avait émis son opi- nion que sur des questions posées par ce dernier, et alors que tout était réglé entre lui et M. de Mackau. Voilà le mo- tif du Sénat pour se retrancher dans ses propres attributions constitutionnelles et dire au Président d'Haïti d'exercer les siennes.

Boyer, on le conçoit bien, n'ignora pas cette particula- rité ; et piqué de la réponse du Sénat autant que de la note verbale du ministre des affaires étrangères de France, il n'y

---

1 Je connus cette particularité par le respectable sénateur F. Dubreuil, des Cayes, qui m'honorait de son amitié.

fit répondre que le 22 juin 1832, par une note semblable
rédigée avec une énergie patriotique ; on y releva l'expression de *spoliation* dont le ministre s'était servi [1], et il fut
proposé : 1° d'annuler l'ordonnance du 17 avril 1825 ;
2° de reconnaître la République d'Haïti comme Etat libre,
souverain et indépendant, dans un traité de paix, de commerce et de navigation sur le pied réciproque de la nation
la plus favorisée ; 3° de conclure une convention pour réduire l'indemnité à 75 millions dont 30 avaient été déjà
payés ; 4° de fixer à un million par an la quotité à payer
pour l'indemnité, le gouvernement haïtien devant affecter
aussi un autre million par an pour l'emprunt de 1825.

Cette réponse complétait, pour le moment, la rupture
des relations diplomatiques entre les deux gouvernemens :
elle fut envoyée à M. Lloyd pour la transmettre au cabinet
français. Le consulat de France subsista à Haïti, entre les
mains du chancelier qui remplaça M. Cerffber, parti pour
cause de maladie, et le commerce de cette nation continua
paisiblement ses transactions fructueuses, mais sur le même
pied que celui de tous les autres peuples dont les navires
fréquentaient les ports d'Haïti. L'ordre chronologique nous
amènera à relater successivement ce qui eut lieu par la suite.

Une tournée du Président dans le département du Sud
était devenue nécessaire, avons-nous dit ; et à cet effet, il

---

1 « *Spoliation*. Action par laquelle *on dépossède par violence* ou par fraude. »
Certainement, en expulsant les colons de notre sol, en massacrant une partie d'entre
eux, en confisquant leurs biens, il y a eu de notre part *dépossession violente*. Mais, qui
nous avait fait gémir durant deux siècles, qui avait provoqué l'expédition de 1802, qui
commit contre nous tant d'actes *de violence atroce*? Ne sont-ce pas les colons? La moralité restait du moins de notre côté, quand nous offrions une indemnité raisonnable pour
leurs biens. Peut-être Boyer se fâcha trop à cause du mot de *spoliation* ; car, du reste la
note verbale rendit hommage à nos droits comme nation. Mais il insistait toujours à considérer l'indemnité comme *le prix* de la reconnaissance de notre indépendance. S'il en
était ainsi, il y aurait eu moins d'honneur pour nous d'y avoir consenti.

avait prorogé la session législative au 10 août ; mais occupé de l'affaire des traités avec la France, il ne put entreprendre ce voyage que dans les premiers jours de juillet.
Il visita d'abord l'arrondissement de Jacmel, que commandait le général Frédéric. Bien accueilli dans cette ville,
dans celle d'Aquir. où commandait le général Bergerac Tri-
chet, aux Cayes, par le général Marion et la population, dans
tout le Sud, enfin, Boyer se convainquit que les opposans
n'avaient répandu que des bruits mensongers, comme de cou-
tume, sur les sentimens réels des citoyens de ce département. Par rapport à la session législative, il ne séjourna que
peu de temps dans chaque localité ; et bien lui valut d'avoir
quitté si tôt la ville des Cayes, car, dans la nuit du 12
au 13 août, le plus terrible ouragan dont on ait gardé le
souvenir se déchaîna contre cette cité qui, à cette époque,
était dans toute sa splendeur. Le palais national (ancienne
maison bâtie par le général Rigaud, dont les héritiers la
vendirent à l'État) fut entièrement renversé : Boyer y eût
probablement péri avec son état-major et une partie de sa
garde. Tous les autres édifices publics et les maisons des
particuliers, ou furent abîmés ou endommagés par les vents
furieux ; les flots de la mer, soulevés par cette horrible
tempête, envahirent la ville et montèrent à plus de cinq
pieds de hauteur. Il y eut de nombreuses victimes, ainsi
que dans la plaine voisine de la ville. Le Président, qui
était alors à Jérémie, n'y courut pas moins de danger :
sur les pressantes instances de quelques officiers de son
état-major, il ne sortit du palais national, vieil édifice,
que peu d'instans avant son écroulement par les efforts du
vent.

Indépendamment des désastres occasionnés par ce fléau
dans tout le département du Sud, des pertes que subit la

récolte du café et des autres denrées, la République eut à regretter la mort du général Marion, le 20 novembre suivant, survenue par l'excès des fatigues qu'il éprouva en s'occupant, avec une activité bien louable, de faire réparer les maux de la ville des Cayes et de son arrondissement. Cet administrateur éclairé emporta également les regrets de la population qui était confiée à sa haute direction.

Revenu à la capitale, Boyer ouvrit la session législative le 14 septembre. Dans son discours d'usage, il annonça aux représentans l'infructueux résultat des négociations avec la France, en termes qui ménageaient la susceptibilité de cette puissance et de son gouvernement, et tels qu'il convenait à la dignité de celui d'Haïti de s'exprimer à cet égard. Diverses lois furent proposées par le Président, pour exempter des droits, pendant plus d'une année, les matériaux importés dans les ports du Sud ; pour exempter ses industriels, durant 1832, du droit de patentes, et ses propriétaires de l'impôt foncier ; pour ouvrir au commerce étranger les ports d'Aquin, de l'Anse-d'Eynaud, de Miragoane, du Port-de-Paix et de Saint-Marc, qui avaient été fermés en 1826. Une loi décréta la fondation d'une ville à la Coupe, sous le nom de *Pétion*, consacrant ainsi ce que le Président avait déjà décidé ; et enfin, une dernière loi régla le tarif des frais à percevoir dans les actes des justices de paix, afin de diminuer les charges du peuple.

Pendant qu'il était aux Cayes, Boyer avait reçu avis de quelques troubles qui semblaient menacer la tranquillité publique dans l'arrondissement de Saint-Marc. Arrivé à l'Anse-à-Veau, d'autres nouvelles lui parvinrent à ce sujet, et dès qu'il fut rendu à la capitale, il chargea le général Inginac de se porter sur les lieux, afin de s'assurer des faits et de lui faire un rapport. Ces faits provenaient de quelques propos malveillans imputés au colonel Édouard Michaud, commandant de la commune des Verrettes, et qui inquiétaient les habitans ? Le général Bonnet avait dû s'y rendre pour calmer les esprits, et y avait réussi. Mais le secrétaire général, survenant, crut qu'il s'était trop alarmé des bruits qui avaient couru, et eut le tort de manifester cette opinion publiquement en parlant aux citoyens et aux troupes ; ce qui amena un désaccord, un refroidissement entre lui et Bonnet. Celui-ci soupçonnait le général Guerrier, commandant de l'arrondissement de la Marmelade à la résidence de Saint-Michel, de n'être pas étranger aux projets qu'on supposait à E. Michaud, d'après les propos qu'on lui imputait. Il est probable qu'en tout ceci, la malveillance et le bavardage des opposans, qui se trouvaient partout, avaient beaucoup contribué à cet état d'inquiétude qui n'eut heureusement aucune suite fâcheuse [1].

Dans cette tournée du Sud, le Président apprit la mort de l'évêque *Henri Grégoire*, à Paris, le 28 mai. Aussitôt, il donna des ordres à tous les commandans d'arrondissement de la République, de faire célébrer dans toutes les communes un service funèbre à la mémoire du pieux philanthrope qui s'était montré un constant ami de la race noire durant le cours de sa longue vie. Ce service dut avoir lieu le même jour, au mois de septembre où Boyer devait être de retour à la capitale, afin que la nation entière se réunît ce jour-là dans le temple catholique, pour implorer le Tout-Puissant en faveur de l'âme de celui qui fit graver sur sa tombe ces paroles d'un chrétien : « Mon Dieu, faites-moi miséricorde et pardonnez à mes ennemis » [2]. Au Port-au-Prince, le service fut chanté avec pompe ; le Président,

[1] Voyez les Mémoires d'Inginac, pages 83 et 84.
[2] La tombe de l'ancien évêque de Blois est au cimetière du sud ou du Mont-Parnasse, à Paris : sur une pierre, on lit son nom et les paroles citées ci-dessus.

les grands fonctionnaires, le Sénat, la Chambre des communes, la magistrature, etc, et un nombre prodigieux de paroissiens y assistèrent : l'éloge funèbre de Grégoire fut prononcé par le citoyen S. Villevaleix aîné. A Santo-Domingo, le clergé déploya tout son zèle pour rendre imposante cette triste cérémonie, dans l'antique cathédrale de cette cité. Partout, enfin, elle fut digne, et du vénérable défunt et du peuple haïtien.

CHAPITRE IV.

La troisième législature venait à peine de clore sa dernière session, quand le Président d'Haïti publia une proclamation 5 le janvier 1832, pour inviter les électeurs à renouveler intégralement la Chambre des représentans des communes. Cette fois, il leur disait :

« Les électeurs se pénètreront de l'importance du man-
» dat qui leur est confié par la loi fondamentale. Dans l'in-
» térêt du bien public, ils sentiront la nécessité de ne faire
» tomber leur choix que sur des citoyens vertueux, distin-
» gués par leur patriotisme et leurs lumières. Une représen-
» tation ainsi composée *saura apprécier les améliorations*
» *réclamées par le véritable intérêt national*, et coopérera
» efficacement aux mesures législatives tendant au bon-
» heur et à la gloire de la patrie. »

Ainsi, le mot *amélioration* qui a produit tant d'effets en Haïti, qui a été pour ainsi dire le pivot de toutes les aspirations de l'Opposition, qui lui a servi de véhicule pour renverser Boyer du pouvoir ; ce mot qui exprime l'idée de « progrès vers le bien, de meilleur état, » a été employé par Boyer lui-même, avec d'autres termes qui donnaient toutes les espérances imaginables de le voir entrer avec résolution dans cette voie, selon que le jugeraient convenable, et l'opinion publique et surtout la Chambre des communes. Toute la question soulevée par ce mot devait consister désormais entre lui et elle, à savoir ce que « réclamait le véritable intérêt national. » Aussi verra-t-on bientôt que la nouvelle législature prit la chose au sérieux, en posant les bases d'un programme que la Chambre des communes devait développer successivement.

Quatre jours après la proclamation ci-dessus, une autre fut publiée. Le Président, « considérant que tout citoyen
» doit ses services à la patrie, toutes les fois qu'il est
» appelé à la défendre, et que dans les circonstances *pré-*
» *sentes*, le gouvernement croit nécessaire d'appeler sous

» les drapeaux une partie de la jeunesse, il arrêta : 1° que
» tout Haïtien qui voudra se rendre à l'étranger devra
» être muni d'un *passeport* signé du Président d'Haïti ;
» 2° que tout Haïtien qui quittera le pays sans en avoir la
» licence du Président, sera considéré comme ayant *aban-*
» *donné la patrie* au moment du danger et sous le coup de
» l'art. 18 du code civil. »

Le but principal de cet acte était, comme on le voit, un
recrutement pour l'armée, indépendamment de la convenance qu'il y avait de régler la mesure du passeport pour
voyager à l'étranger, imposé à tous les citoyens du pays
afin que leur nationalité y fût respectée. Ce recrutement
eut pour cause le bruit répandu par les journaux français à
la fin de 1831, de la probabilité d'une expédition contre
Haïti [1], par suite de la rupture des relations diplomatiques
dont il a été fait mention au chapitre précédent, et un incident survenu au Port-au-Prince pendant la présence dans
le port du brig de guerre *le Cuirassier*, commandé par
M. de Bruix, que le gouvernement français y avait envoyé
pour s'assurer si ses nationaux étaient en sécurité dans la
République. Une rixe avait eu lieu entre un Français établi
dans la capitale et un jeune soldat de la garde du Président ;
ce soldat fut condamné à un emprisonnement de quelques
jours, par le tribunal correctionnel qui reconnut ses torts
dans cette rixe. Mais M. Barbot, chancelier gérant le consulat de France, et M. de Bruix dont les excentricités étaient
remarquables, en avaient voulu faire une affaire d'Etat [2]. La
conduite de M. Bruix fut telle, que l'on crut généralement
qu'il avait eu mission de provoquer une échauffourée, afin

---

1 Au chapitre précédent, j'ai parlé du mémoire de M. Frédéric Martin à ce sujet.

2 Le ministère public, en poursuivant le jeune soldat de la garde et obtenant sa condamnation, ôta tout prétexte à ces messieurs.

de donner raison à l'expédition dont il était question. Dominé par cette opinion générale, le gouvernement prit la mesure du recrutement comme un moyen de rassurer les esprits, par l'attitude de guerre qu'elle créait.

Cette proclamation du 9 janvier nous fournit une nouvelle occasion de produire les remarques que nous avons faites en parlant de l'art. 18 du code civil, et elle les corrobore même ; à savoir : « que l'abandon de la patrie au mo- » ment d'un danger imminent » ne doit s'entendre que dans le cas « d'une attaque contre Haïti par une puissance « étrangère, ou de l'invasion de son territoire. » En effet, on voit que Boyer, admettant alors la *possibilité*, soit d'un blocus de nos ports, soit d'une invasion de notre territoire, par les motifs énoncés ci-dessus, rappelait aux citoyens leur devoir envers la patrie, et les menaçait de l'effet du 2ᵉ paragraphe de l'art. 18 du code civil, c'est-à-dire de la perte de la qualité d'Haïtien, s'ils quittaient le pays sans passeports signés de lui. Mais, nous maintenons notre opinion, — que ce serait aux *tribunaux civils* de prononcer cette déchéance, et non au gouvernement, parce que, lorsqu'il s'agit des droits civils et politiques, c'est la magistrature qui doit en connaître [1].

Du 1ᵉʳ au 10 février, toutes les assemblées communales avaient élu les membres qui devaient former la nouvelle législature, qui était la quatrième depuis la publication de la constitution. Aux époques précédentes, même en 1822, on n'avait pas vu un tel empressement de la part des électeurs, ni autant d'intrigues ou de brigues dans ces assemblées populaires. A la capitale surtout, soit par suite des

---

[1] Dans les temps antérieurs à la publication du code civil, le gouvernement avait pu être investi du droit de décider de telles questions ; mais depuis, cette autorité n'appartient qu'au pouvoir judiciaire.

événemens qui s'y étaient passés en avril 1831, soit qu'on sentît davantage l'importance de la Chambre des communes dans l'Etat; dans les autres grandes villes et dans tous les bourgs également, chacun se prépara à s'y trouver pour élire les citoyens de son choix ou être élu soi-même. La proclamation du 5 janvier semblait avoir, par ses termes, servi de stimulant à ce concours. Jusqu'alors, on avait pensé que les militaires ne devaient pas y prendre part; mais beaucoup d'entre les plus éclairés parmi eux, ayant réclamé leur titre de citoyen pour y être admis, — l'armée de la République n'étant qu'une « garde nationale soldée, » —le général Lerebours, au Port-au-Prince, le général Carrié, à Santo-Domingo et en l'absence du général Borgella, et d'autres aussi, autorisèrent les militaires des garnisons de ces villes à aller voter dans les assemblées communales.

A la capitale, nous devons le dire dans l'intérêt de la vérité historique, le commandant de l'arrondissement voulut déjouer ainsi les intrigues des nombreux opposans de la localité. Il réussit à faire élire des citoyens modérés dont le choix préalable fut concerté entre lui et quelques fonctionnaires publics; mais on devra nous croire, quand nous dirons qu'il agit en cette circonstance sans entente avec Boyer et qu'il en fut même blâmé. Le Président sembla craindre que l'esprit des troupes n'éprouvât une altération par leur participation avec les citoyens de la classe civile dans les opérations électorales.

Le général Borgella avait obtenu du Président l'autorisation d'aller dans le Sud, par rapport à ses propriétés que l'ouragan de 1831 avait dévastées; il y arriva après la mort du général Marion. Sur le point de retourner à Santo-Domingo, en mars 1832, il reçut de Boyer l'invitation pressante et amicale de prendre le commandement de l'arron-

dissement des Cayes, et il déféra à ce désir uniquement
pour être agréable au Président ; car il préférait celui où il
avait déjà passé dix années. Voilà comment il se trouva placé
à un poste qu'il avait décliné en 1813, et où son patriotisme
éclairé devait le porter, quelques années après, à soutenir
honorablement l'autorité du chef de l'Etat.

Enfin, les représentans élus se réunirent en majorité à la
capitale, dans les premiers jours d'avril. Ce n'est pas en
faire une satire déplacée de dire que, dans la vérification de
leurs pouvoirs, « ils se passèrent mutuellement la *rhubarbe*
» *et le séné*, » tant les procès-verbaux d'élections étaient
entachés d'irrégularités ; et la Chambre des communes elle-
même en fit presque l'aveu ensuite. Parmi ses membres, on
distinguait des défenseurs publics ou avocats, tels que
Milscent (du Cap-Haïtien), Hérard Dumesle (des Cayes),
David Saint-Preux (d'Aquin), Latortue (des Gonaïves), J.
Depa (de Jacmel), des notaires, des arpenteurs, des officiers
de l'état civil, etc.

Le 10 avril, le Président d'Haïti procéda à l'ouverture de
la session, par un discours qu'il improvisa cette fois et dont
la Chambre constata le sens par son procès-verbal. « Il té-
» moigna combien il était satisfait de voir que le choix de
» la nation haïtienne s'était fixé sur des citoyens capables
» de répondre au vœu du peuple, tant par leur patriotisme
» et leur zèle, que par leurs lumières et leur loyauté, en
» concourant à l'affermissement de l'édifice de la prospé-
» rité de la patrie. »

Milscent, élu président, répondit à Boyer par un discours
écrit. Il lui dit : « que la Chambre, au nom du peuple, lui
» payait le tribut d'une profonde reconnaissance... L'in-
» dépendance nationale était proclamée ; mais une portion
» intéressante de notre population souffrait dans la divi-

« sion. Sous votre haute magistrature, les différentes par-
» ties de l'administration publique ont été organisées *assez*
» *bien* pour que l'on puisse en espérer le perfectionnement;
» l'indivisibilité du territoire a été rétablie... *Vous avez*
» *beaucoup fait*, Président d'Haïti, *mais il vous reste encore*
» *beaucoup à faire*... Votre proclamation du 5 janvier der-
» nier a excité la plus vive sensation... La Chambre des
» représentans du peuple, fidèle à la loi fondamentale qui
» nous régit, appréciera justement tous les moyens que
» pourront lui développer *les orateurs* du pouvoir dont
» vous êtes investi... »

Boyer se retira après ce discours qui présentait du nouveau, en ce que la Chambre manifestait l'espoir de *discus-*
sions entre elle et les orateurs du gouvernement. Immédiatement ensuite, elle envoya au palais une députation chargée de complimenter le Président et de lui remettre « une
» adresse » qu'elle avait préparée avant l'ouverture de la
session. C'était encore une nouveauté destinée à exprimer
d'autres idées que celles contenues dans un simple discours.
En voici des extraits :

» Président d'Haïti,—les députés de la nation haïtienne,
pénétrés de l'importance de leur mission, et pleins de la
conscience de leur devoir, viennent vous offrir le témoignage de ce généreux concours que *réclame* votre adresse
de convocation... Animés du patriotisme le plus pur, ils
n'hésiteront pas à vous dire, Président d'Haïti, que partout
un besoin impérieux *réclame ces améliorations annoncées*
par votre adresse de convocation... Toutes les portions de
la République *réclament* la sollicitude d'une administration
bienveillante et paternelle... *L'industrie et le commerce* se res-
sentent de l'état de malaise où les tient encore l'*insuffisance*
des lois... L'aurore des sciences et des arts qui se lève

sur notre horizon serait bientôt obscurcie, s'ils n'obte-
naient des encouragemens indispensables à leurs progrès;
l'*éducation*, ce bienfait inexprimable, a besoin, pour produire d'heureux fruits, de prendre une physionomie toute
nationale. Depuis longtemps on sent le besoin d'un *mode
électoral*, et déjà on a pu apprécier les oscillations auxw-
quelles l'absence d'une *loi* réglementaire pouvait livrer les
assemblés communales. Le *recrutement...* sollicite, pour
être en harmonie avec notre système social, des *règles*
aussi fixes que celles de la discipline... Il faut, Président
d'Haïti, donner *à la loi* toute la perfection dont elle est
susceptible,... poser les bornes de la responsabilité de ceux
dont la charge est d'en assurer l'exécution; il faut, peut-
être, retoucher *nos institutions judiciaires...* Rappeler tous
ces objets au chef auguste,.... n'est-ce pas célébrer son
génie?... Les *orateurs* du pouvoir exécutif trouveront dans
les discours des *orateurs* de la Chambre, lorsqu'ils seront appelés à discuter les projets de loi, des *inspirations*
patriotiques.....[1] »

La Chambre vota, le 16 avril, un règlement pour sa police intérieure. L'art. 20 disait : « Il sera érigé dans la salle
» des séances de la Chambre *deux tribunes* destinées aux
» orateurs de la Chambre et à ceux du gouvernement.[2] »

[1] Il y a tout lieu de croire que cette adresse fut rédigée par Hérard Dumesle; on y trouve son style et ses idées qu'il reprodnisit en 1833. La députation qui l'apporta à Boyer se félicita de l'accueil qu'elle en avait reçu, et le *Bulletin des lois*, n° 2, de cette année, dit : « C'est encore pour nous un sujet de regret, de ne pouvoir consigner ici la ré-
» ponse du Président d'Haïti : nous aurons souvent ce chagrin, car ordinairement il im-
» provise les plus grandes idées. »

[2] Ce règlement fut publié dans le n° 4 du *Bulletin des lois*, avec l'avis suivant : « La
» Chambre, voulant tenir le public en garde contre l'infidélité des rapports de certain
» *folliculaire*, déclare qu'elle n'avoue les faits attribués à ses membres, qu'autant qu'ils
» sont consignés dans le *Bulletin des lois*. »

Cet avis concernait des articles publiés dans la *Feuille du Commerce* par M. Courtois,
son éditeur, qui tendaient à exciter une opposition dans la Chambre, à faire naître la méfiance entre elle et le pouvoir exécutif.

Et le Sénat ne voulut pas rester en arrière sous ce dernier rapport : il fit aussi ériger des tribunes dans la salle de ses séances, tant on croyait que *l'ère* du régime parlementaire, des discours plus ou moins éloquens, allait enfin s'ouvrir pour Haïti [1].

Si la Chambre des communes avait habilement interprété la proclamation du 5 janvier, pour énumérer les mesures qu'elle réclamait dans son adresse, c'est qu'effectivement l'opinion publique, excitée, travaillée en tout sens par l'Opposition, surtout depuis la révolution de 1830 en France, éprouvait un vague désir de changemens, de modifications en toutes choses. Les idées avaient fait des pas rapides dans l'examen des devoirs imposés à tout gouvernement, partant au nôtre ; on se *lassait* en Haïti, de l'état paisible dont, malgré tout, le pays jouissait, de la continuation d'une situation qui n'offrait rien de nouveau ou d'extraordinaire pour les intelligences [2]. En même temps, les affaires commerciales, la position de chacun, se ressentaient de l'effet produit par le système financier depuis la création du papier-monnaie, bien que dans cette année il y eût une amélioration sensible [3].

Mais les espérances conçues par la Chambre, même par le Sénat, du moins par ceux de leurs membres qui se sentaient *orateurs*, pour avoir occasion de discuter publiquement, de prouver leur capacité en élucidant toutes les questions d'intérêt national, de provoquer du pouvoir exé-

---

1 Ces tribunes furent établies sur la proposition du sénateur Joseph Georges.

2 S'il nous était permis de parodier à notre tour, nous dirions : « Haïti *s'ennuyait*, » — comme M. de Lamartine a dit en 1847 : « La France s'ennuie. »

3 Le *café* se vendait en Haïti, — en 1830, à 9 piastres ; en 1831, à 10 ; en 1832, à 12 ; — et respectivement en Europe, en France particulièrement, — en 1830, à 8 piastres 1|8 ; en 1831, à 12 1|2 ; en 1832, à 15 1|2. La situation commerciale s'était donc améliorée en Haïti, partant la position de chacun, puisque le café est la principale production du pays et que les transactions se règlent d'après son prix.

cutif ce qui était dans ses attributions constitutionnelles ;
ces espérances pouvaient-elles se réaliser ? Quels étaient
alors les orateurs du gouvernement, aux termes formels de
l'art. 224 de la constitution ? Le grand juge Voltaire, et
le trésorier général Nau qui, dans cette année, occupait
l'office du secrétaire d'Etat des finances par la maladie de
M. Imbert : c'est-à-dire, deux hommes capables dans les
fonctions qu'ils exerçaient, mais nullement propres aux discussions, ni disposés, par leur âge et par leur caractère, à
entrer en lutte à la tribune avec ceux qui demandaient, qui
désiraient ces discussions. M. Imbert lui-même, chacun le
sait, n'eût pas eu plus d'aptitude que son remplaçant provisoire. Boyer ne pouvait donc déférer au désir des deux
branches du pouvoir législatif, manifesté par l'érection des
tribunes dans leurs salles de séances ; et celles destinées
aux orateurs du pouvoir exécutif restèrent ainsi *veuves*
ou plutôt *vierges,* au grand désappointement des orateurs
des deux Chambres.

Toutefois, rien n'empêchait Boyer de proposer les lois
réclamées par la Chambre des communes, s'il partageait
toutes ses vues. C'était là la difficulté, surtout avec son ca-
ractère] personnel qui ne lui permettait pas d'admettre
qu'on le devançât dans la conception des mesures utiles à
la bonne administration du pays, qui souffrait de ce qu'on
en manifestât le besoin [1].

Cependant, parmi ces réclamations faites par la Chambre,
ces améliorations proposées, il en trouva d'abord une qui
lui parut convenable, nécessaire : celle qui tendait à donner au pays une loi réglementaire pour les opérations électorales dans la nomination des représentans. A cet effet,

[1] Voyez à ce sujet les Mémoires d'Inginac, pages 84 et suivantes. Il y a du vrai à travers tout ce qu'il dit avoir vainement proposé à Boyer.

il invita la Chambre de charger un comité de ses membres
de formuler un projet qu'il ferait examiner ensuite. La
Chambre déféra à cette invitation : ce comité était présidé
par Hérard Dumesle, il s'occupa activement de ce travail
qu'il ne tarda pas à présenter. Le Président nomma une
commission pour l'examiner : elle était dirigée par le général Inginac. Il y eut des conférences entre le comité et la
commission, et dissentiment entre eux par rapport aux
conditions de l'*électorat*. Boyer adopta un projet rédigé
par la commission, qu'il proposa à la Chambre. Les membres du comité, dont D. Saint-Preux faisait aussi partie,
le combattirent avec une violence empreinte d'amour-propre. On imputa à ce représentant d'avoir dit, en comité
général, des paroles offensantes pour le caractère et les
vues du Président, lesquelles paroles auraient excité le mécontentement de ses collégues, du Nord surtout et ceux de
l'Est [1], Informé de cela, le Président retira son projet de
loi.

D'un autre côté, entre les représentans eux-mêmes il n'y
avait pas un accord parfait, et cela tenait à une question
d'*influence* qui s'agite presque toujours dans toute assemblée politique. Elle surgit, dès la réunion de la Chambre,
entre Milscent appuyé de Latortue, d'une part, et Hérard
Dumesle secondé par David Saint-Preux, de l'autre. Tous
quatre avocats, s'exprimant avec facilité, il était naturel
qu'ils aspirassent à diriger leurs collègues.

Jusqu'alors, la Chambre des communes avait été presque

---

1 À cette époque, on imputa à D. Saint-Preux d'avoir dit que, par le projet de loi,
Boyer voulait « favoriser les mulâtres plus que les noirs, » par les conditions mises à
l'*électorat*, lesquelles tendaient, croyait-il, à écarter ces derniers des assemblées communales, particulièrement ceux des campagnes.

Le projet du comité de la Chambre fut publié dans la *Feuille du Commerce* du 17 juin
1832, évidemment par le soin de l'un de ses membres. qui s'entendait avec l'éditeur.

toujours présidée par des représentans ou de l'Ouest ou du Sud. Dans la session de 1824 de la 2ᵉ législature, H. Dumesle avait brillé, et il ne faisait point partie de la 3ᵉ législature. Le Nord et l'Artibonite semblaient vouloir cette fois, par leurs représentans, tenir le sceptre législatif en mains : de là la *rivalité* entre les quatre avocats.

Milscent, écrivain élégant, ambitieux, n'entendait point céder à H. Dumesle, qui n'était pas moins ambitieux et qui avait aussi des titres comme écrivain de beaucoup d'imagination, qui s'exprimait avec plus d'éloquence que son compétiteur.

Dans une telle disposition entre ces membres éclairés de la Chambre, il était facile au pouvoir exécutif de s'entremettre pour se former une majorité, sinon docile, du moins plus en rapport avec ses vues ; et il trouvait dans les représentans des communes de l'Est une sorte de *tiers parti* disposé à faire pencher la balance de son côté. Ce fut le secrétaire général Inginac qui se chargea de ce soin, en appuyant Milscent de toute l'influence dont il jouissait par sa position, et peut-être par ressouvenir des paroles que lui avait dites H. Dumesle l'année précédente, aux Cayes, quand il s'y trouvait avec Boyer [1]. Le Président lui-même accueillait Milscent d'une manière distinguée, et aidait par là à son influence dans la Chambre.

Cela posé, on ne sera pas étonné que nous disions que trois lois seulement furent votées dans cette session de trois mois : la première, « sur les successions vacantes, » créant un curateur principal, pour toute la République, résidant à la capitale, et des curateurs particuliers dans

---

[1] Voyez les Mémoires d'Inginac, pages 82 et 83 ; c'est de H. Dumesle qu'il parle. Il lui avait refusé un certificat, à l'aide duquel ce citoyen aurait pu toucher du trésor public quelques milliers de gourdes, pour une affaire passée aux Cayes en 1806, et il se plaignit toujours que M. Dumesle lui en gardait rancune.

chaque arrondissement financier, afin de centraliser ce service; la seconde, prorogeant au 31 décembre 1833 les exemptions prescrites l'année précédente en faveur des victimes de l'ouragan qui sévit sur le département du Sud; la dernière, « sur les patentes pour 1833, » dispensant également ceux des habitans du Port-au-Prince qui venaient de subir la perte de leurs propriétés dans l'affreux incendie du 8 juillet. Il ne fallut, pour ainsi dire, presque pas de discussion pour le vote de ces lois dont l'urgence était reconnue.

Dans la loi sur les patentes, la Chambre des communes constata « le retard » qu'avait mis le secrétaire d'État à lui présenter les comptes généraux de 1831 pour être examinés. Le fait est, que ce retard provenait de ce que, M. Imbert étant malade, son remplaçant avait pris le service dans un moment où il lui était impossible de les apurer lui-même assez à temps. Mais M. Nau compensa cet inconvénient, en prenant une initiative louable, par la publicité qu'il donna l'année suivante de sa gestion des finances, en comparant l'exercice de 1831 à celui de 1832. On n'en avait jamais eu l'idée auparavant, ni de la forme que M. Nau donna à cette reddition de comptes généraux, dont la clarté ne laissait rien à désirer.

Il est vrai que la Chambre des communes, en terminant sa session le 10 juillet, adressa au Sénat un message par lequel elle appelait son attention sur la nécessité de voter « le budget annuel des dépenses, » de la même manière qu'il avait été fait en 1817, c'est-à-dire, qu'il serait dressé par le secrétaire d'État, pour être soumis d'abord à la Chambre qui le voterait selon qu'il y aurait lieu. Mais le Sénat, par son message en réponse, revendiqua les dispositions de l'art. 126 de la constitution, en disant « qu'il n'appartenait qu'à lui seul de voter le budget. » Les comptes. publiés par M. Nau portant la date du 22 mai 1833, la session législative de cette année n'ayant été ouverte qu'en juin, le Sénat prévint toute réclamation de la part de la Chambre, en lui écrivant en juillet, qu'*à l'avenir* il voterait le budget. La Chambre dut se contenter de cette promesse qui ne devait pas s'effectuer, à raison d'un événement passé dans son sein et qui sera relaté en son temps.

Depuis environ deux mois, une sécheresse extraordinaire se faisait sentir dans la plaine du Cul-de-Sac et au Port-au-Prince, par l'effet du vent du nord-est qui soufflait chaque jour. Le 8 juillet le feu prit par accident à une petite maison située près des anciennes casernes ; on ne put le maîtriser par insuffisance d'eau sur le lieu même, et il se communiqua à une autre maison voisine. La violence du vent était telle, qu'en moins d'une demi-heure des flammèches répandues au loin dans quatre ou cinq îlets à la fois, sur les toits des propriétés couvertes en aissantes de bois, les embrasèrent et rendirent tout effort inutile. Une vingtaine d'îlets dans la direction du vent, l'hôtel du grand juge, l'imprimerie nationale, la prison, le tribunal civil et son greffe, deux loges maçonniques, tout fut consumé en quelques heures. Cet événement désastreux qui, malheureusement, ne devait pas être le dernier pour la capitale, servit, comme toujours en pareil cas, à prouver le grand inconvénient des constructions en bois adoptées depuis le tremblement de terre de 1770, pour éviter des malheurs plus affreux, quand ce terrible phénomène renverse les constructions en maçonnerie. Il donna lieu à la publication de plusieurs ordonnances de police, dans le but de prévenir de nouveaux accidens, ou pour mettre fin à des tentatives d'incendie que le brigandage de leurs auteurs essaya, en vue de piller les malheureux habitans dont les propriétés auraient été atteintes.

Peu avant cet incendie, la capitale avait joui du spectacle d'un grand acte de philanthropie, d'humanité, de charité chrétienne : 32 noirs esclaves y étaient arrivés de la Nouvelle-Orléans, pour être rendus à leur liberté naturelle sur la terre d'Haïti. Miss *Frances Wright,* Écossaise habitant les États-Unis depuis plusieurs années, fut l'auteur de cet acte admirable, dicté par la bonté de son cœur autant que par l'élévation de son esprit. Engouée d'abord des progrès étonnans des Américains, elle avait vu avec peine la hideuse institution de l'esclavage et toutes les horreurs qu'elle occasionne parmi eux ; elle écrivit, elle prêcha contre cette violation des droits sacrés de l'humanité ; elle conseilla aux planteurs d'user au moins de bonté et de douceur envers leurs esclaves ; et afin de prouver qu'un tel régime produirait les mêmes résultats en adoucissant le sort de ces infortunés, elle acheta des esclaves et fonda un établissement sur les rives du Mississipi qu'elle dirigeait elle-même. Ses succès répondirent à son attente, mais les planteurs en furent jaloux et lui nuisirent de toutes les manières. Ne pouvant plus tenir contre leurs méchancetés, elle renonça à son établissement, affréta un navire sur lequel elle s'embarqua avec ses esclaves et vint au Port-au-Prince les livrer à la République pour en faire des citoyens. Elle poussa sa prévoyante bonté jusqu'à apporter des provisions de bouche pour leur usage pendant quelques mois. Accueillie par Boyer avec une distinction empressée, mêlée de bienveillance et de gratitude, Miss Frances Wright reçut aussi du général Inginac et de tous les fonctionnaires publics des témoignages d'une respectueuse admiration pour sa conduite si humaine. Elle fut fêtée et passa quelques semaines à la capitale ; les 32 noirs furent placés sur diverses habitations où ils devinrent d'excellens cultivateurs. De retour aux États-Unis, Miss Frances Wright y fut tellement l'objet de la haine des planteurs, qu'elle se décida à retourner en Europe.

Le 15 décembre suivant, le grand juge Voltaire adressa aux commissaires du gouvernement près les tribunaux civils et de cassation, en vertu d'ordre du Président d'Haïti, une circulaire par laquelle il déclara qu'il y avait *incompatibilité* entre les fonctions des membres de la Chambre des communes, et celle des défenseurs publics, des notaires, des arpenteurs et des officiers de l'état civil, tous dénommés par la loi sur l'organisation judiciaire, *officiers ministériels* près les tribunaux. Cette circulaire se basait sur une interprétation de l'art. 81 de la constitution, disant : « Il » y a incompatibilité entre les fonctions des représentans » des communes et toutes fonctions publiques *salariées* » par l'État. »

Or, aucune de ces fonctions d'officier ministériel n'était salariée par l'Etat; elles étaient soumises, pour les actes qui en dépendaient, à des tarifs spéciaux, et ce sont les particuliers qui payaient les frais de ces actes. Cette décision du gouvernement parut donc *arbitraire* et occasionnée par les vues d'opposition qui s'étaient manifestées dans la Chambre des communes, pendant la session de cette année, de la part de quelques-uns de ces officiers ministériels. Mais *le vrai motif* du Président pour décider de la sorte, c'est qu'en plusieurs circonstances et tout récemment encore, quelques tribunaux s'étaient plaint au grand juge que des irrévérences graves, des outrages même avaient été commis envers eux par des officiers ministériels, surtout des défenseurs publics, en pleine audience et dans l'exercice de leurs fonctions près ces tribunaux ; que ceux-ci ayant voulu les en punir, au terme des lois qui prévoyaient ces infractions, ils avaient réclamé leurs immunités de « représentans du peuple » pour se mettre à l'abri de toute punition : il en était résulté un scandale facile à comprendre. Le but essentiel de la circulaire du grand juge était de porter ceux qui réunissaient en eux ces deux qualités, à *opter* entre l'une ou l'autre fonction. On conçoit qu'une pareille décision devait augmenter les chances d'une opposition plus manifeste dans la session législative de 1833 : on la verra éclater avec véhémence.

Une autre opposition individuelle eut tout l'éclat de la publicité dans les derniers jours de 1832, et contraignit le ministère public à une poursuite contre son auteur, pour avoir outragé également le Président d'Haïti, le Sénat et la Chambre des communes, à l'occasion de leurs fonctions législatives et politiques. M. J. Courtois fit paraître un long article sur sa *Feuille du Commerce,* qui motiva cette poursuite au tribunal correctionnel, et qui entraîna sa condamnation à trois années d'emprisonnement.

La loi du 23 septembre 1831, en décrétant la fondation d'une ville à la Coupe sous le nom de PÉTION, disait :

« Art. 2. Conformément à l'art. 449 du code civil, il sera acheté des particuliers propriétaires audit lieu, les terrains qui seront compris dans le tracé de ladite ville. Ces terrains, distraction faite de la portion nécessaire pour les édifices nationaux, places, rues et fortifications, seront divisés en emplacemens.

» Art. 3. Les emplacemens seront *cédés* par l'État, au prorata d' *prix* de leur acquisition, aux citoyens qui voudront bâtir. »

La fondation de cette ville ayant été jugée nécessaire à

l'intérêt national, le législateur s'appuyait sur le code civil qui voulait que « nul ne peut être contraint de céder sa » propriété, si ce n'est pour cause d'utilité publique, et » moyennant une juste et préalable indemnité. » En respectant ainsi le droit des particuliers propriétaires, ceux-ci n'avaient plus qu'à s'entendre avec l'administration pour vendre leurs terrains à la Coupe; mais, dans le cas où cette vente ne pourrait s'effectuer à l'amiable, l'administration aurait le droit de les *exproprier*, en vertu de la loi promulguée et en suivant les formes usitées pardevant les tribunaux. Le tribunal civil du Port-au-Prince resterait juge de la contestation, de la nomination d'office des arbitres pour estimer les terrains, si les parties ne pouvaient s'entendre pour en nommer elles-mêmes. Enfin, le tribunal civil aurait encore le pouvoir de juger si l'estimation du |prix du terrain n'était pas au-dessous de leur valeur réelle, afin d'assurer aux propriétaires « la juste et préalable indemnité » exigée par le code civil. Telles étaient les formes à suivre et présentant toutes les garanties désirables pour les particuliers.

Or, M. J. Courtois était l'un des propriétaires de terrains inoccupés, incultes, de la Coupe. Les autres parvinrent facilement à s'entendre avec l'administration et lui vendirent leurs propriétés de gré à gré. Mais M. Courtois ne voulut point faire comme eux, il ne consentit qu'à une chose : à la division de son terrain en emplacemens, se réservant de les *vendre* lui-même aux particuliers qui voudraient en acquérir pour bâtir, et d'être indemnisé par l'État pour les portions de son terrain qui entreraient dans les rues, places, etc. Une telle prétention ne pouvait se soutenir ni être admise par l'administration, en présence du texte formel de la loi de 1831, qui voulait évidemment faciliter l'établissement de la nouvelle ville, en *cédant* les emplacemens au prorata du prix d'acquisition, tandis que M. Courtois aurait exigé le prix qui eût été à sa convenance. Menacé de l'expropriation par les formes indiquées ci-dessus, il publia dans son journal l'article dont il est question, où il outragea le pouvoir exécutif et le pouvoir législatif dans les termes les plus offensans, les accusant de despotisme, de tyrannie, de violateurs des droits des citoyens, etc.

La loi traçait au ministère public son devoir; il n'avait besoin d'aucun ordre de son chef hiérarchique, du grand juge, ni du Président d'Haïti, pour poursuivre M. Courtois, comme on l'a cru à cette époque. Il remplit son devoir avec toute la fermeté exigée par ses fonctions, en citant directement au tribunal correctionnel celui qu'il considérait comme un délinquant. M. Courtois était capable de se défendre, sans l'assistance d'un avocat; il le fit avec vigueur, avec toute la conscience du droit qu'il s'imaginait, soutenant son article par des paroles qui ajoutaient à son délit: de là le jugement sévère du tribunal correctionnel qui le condamna à trois années d'emprisonnement, *maximum* de la peine prévue. Le ministère public, requis ensuite par l'administration dont il était l'organe en vertu de la loi, poursuivit l'expropriation des terrains de la Coupe, par devant le tribunal civil qui ordonna toutes les formalités nécessaires en pareil cas.

Le jugement du tribunal correctionnel du 17 décembre, portant condamnation contre M. Courtois, précéda de quelques jours, celui de la distribution des prix au lycée national, replacé sous la direction de M. Granville depuis environ un an. Ces deux citoyens étaient liés d'une amitié contractée en France, quand ils se trouvaient avec d'autres enfans d'Haïti au collége de la Marche [1]. A raison de cette liaison, il était tout naturel que M. Granville fût sensible au désagrément, au malheur éprouvé par son ami. Mais il profita de cette occasion que lui offrait cette distribution de prix, en présence de la commission d'instruction publique et des familles des élèves du lycée, pour adresser à ces derniers une allocution virulente contre le pouvoir supérieur qui, croyait-il comme beaucoup d'autres, avait fait poursuivre l'auteur de l'article incriminé de la *Feuille du Commerce* [2]. Cependant, après avoir rempli lui-même les fonctions du ministère public, il devait mieux que personne connaître les impérieux devoirs imposés à l'organe de la société, au magistrat chargé de veiller à la répression des délits qui la troublent matériellement ou moralement, pour se persuader que le commissaire du gouvernement n'avait pas besoin d'un ordre supérieur pour agir comme il avait fait. Lorsqu'un homme accepte une telle fonction pour la remplir avec loyauté envers tous, il doit avoir le courage de ses actes, quelles que soient les circonstances et quoi qu'il puisse en advenir [3]. Enfin, l'allocution de M. Granville parut si déplacée dans une telle cérémonie, que la commission d'instruction publique se crut obligée de dénoncer le fait au Président d'Haïti. Ce jour-là, à la fin de décembre, elle était présidée par le sénateur Audigé ; le juge de paix Théodore s'y trouvait : tous deux étaient, non-seulement *les amis*, mais *les alliés* de M. Granville, et ce furent eux qui

---

[1] On sait déjà qu'en 1797, plusieurs jeunes enfans du pays furent envoyés en France pour y être élevés par ordre du Directoire exécutif.

[2] Le lendemain de la condamnation de M. Courtois, M. Granville alla le voir en prison ; et là, il prononça des paroles compromettantes que le geôlier rapporta au ministère public. Ce magistrat l'aimait trop pour en faire l'objet même d'un reproche.

[3] Je dois dire ici, à la louange de M. Courtois, que parmi les opposans contre lesquels je dus lutter, il est celui qui m'a donné le plus de preuves de son estime après la chute du président Boyer.

portèrent la parole contre lui. Irrité plus qu'en avril 1831, Boyer le révoqua immédiatement, et il donna la direction du lycée à M. Saint-Macary qui était resté sans emploi depuis l'année précédente [1].

Le 6 janvier 1833, le secrétaire d'État publia un avis pour annoncer que les emplácemens de la ville Pétion étaient mis en vente. Bien des personnes en achetèrent avec le projet d'y faire des constructions, mais peu d'entre elles le réalisèrent, parce que de son côté, le gouvernement se borna à y faire édifier quelques magasins où furent mis en dépôt des objets de guerre. L'établissement de cette ville resta ainsi, comme on disait dans l'ancien régime colonial, « un projet de Saint-Domingue : » à cette époque reculée, on en formait incessamment dans l'intérêt public, mais on ne les mettait guère à exécution. Une commission de fonctionnaires publics avait décidé que les noms des principales places et rues de la ville, seraient ceux des vétérans de la révolution, qui combattirent pour la cause de la liberté et de l'égalité dans le pays [2].

Le Président avait fait, au commencement de 1832, une courte tournée dans le département de l'Artibonite. Voulant se porter cette année dans celui du Nord, le 15 février il publia une proclamation qui prorogea la session législative au 10 juin suivant. Pendant son séjour au Cap-Haïtien, il eut à s'occuper de mettre fin à un schisme religieux entre les paroissiens, occasionné par un prêtre français nommé Legros, adversaire de l'abbé Jean Echevarria, prêtre espagnol qui était venu à Haïti depuis quelque temps. Ce dernier était un homme instruit, éclairé, qui avait professé

---

1 Après sa révocation, M. Granville ne fut plus employé à aucune fonction publique.
2 Voyez ma *Géographie d'Haïti* à l'article *Pétion*.

des opinions libérales aux cortès d'Espagne, en 1821, et il avait dû émigrer de son pays. Réfugié à Paris, il fut conseillé par l'évêque Grégoire de passer à Haïti, et il apporta au Président une vive recommandation de ce philanthrope. Nommé curé du Cap-Haïtien, il fut en butte aux intrigues de l'abbé Legros qui, occupant une petite paroisse voisine, enviait cette cure ; ce dernier le représentait comme *excommunié* par le Pape. Afin de terminer ce schisme, Boyer envoya l'abbé Legros à la cure d'Aquin où il resta nombre d'années, et l'abbé Echevarria à celle du Port-de-Paix, parce qu'il lui aurait été impossible de se concilier l'esprit des paroissiens du Cap-Haïtien [1].

A peine de retour à la capitale, en avril, le Président dut encore intervenir dans une querelle religieuse suscitée à l'abbé J. Salgado, curé de la paroisse et vicaire général, par trois prêtres originaires de la partie de l'Est, nommés Ramond Pichardo, Bonilla et Cadenas, et curés à Hinche, à Las Matas et à Las Caobas, ces trois communes étant situées dans les départemens de l'Ouest et de l'Artibonite qui étaient dans le ressort spirituel du vicaire général. L'abbé Salgado, dans un mandement aux divers curés, avait eu le tort de prendre le titre de « vicaire général du diocèse, » et qui emportait l'idée qu'il l'était pour toute la République, comprise dans le siége archiépiscopal de Santo-Domingo, ainsi que l'avait décidé le Saint-Père Léon XII, en 1824 [2].

Ces trois prêtres rédigèrent en commun un mémoire qu'ils

1 Dans ses Mémoires, pages 86 et 87, Inginac parle de ce schisme entre les habitans du Cap-Haïtien.

2 L'abbé Pichardo, curé du Cap-Haïtien et vicaire général du Nord nommé par l'archevêque, étant mort en septembre 1831, le Président avait, de son chef et en l'absence de l'archevêque, étendu la juridiction de l'abbé Salgado sur le Nord, dès le mois d'octobre : de là le titre ambitieux que prit à tort ce dernier; car à Santo-Domingo, le vicaire général Portes siégeait pour la partie de l'Est.

lui adressèrent par une lettre. Ils relevaient son tort avec vigueur et irrévérence pour son autorité réelle, en prétendant dans le mémoire : que l'absence de l'archevêque Pedro Valera équivalait « à une mort civile, » qui laissait vacant l'archevôché, et que c'était à l'évêque de Porto-Rico, comme suffragant, à donner des ordres aux curés d'Haïti; sinon, et si le gouvernement n'y consentait pas, ces curés devaient rester tous indépendans les uns des autres pour se diriger par les lois générales de l'Eglise et par les maximes des Saints-Evangiles. Par leur lettre, ils menaçaient l'abbé Salgado de la publication du mémoire, s'il ne se rétractait pas, à propos du titre qu'il avait indûment pris. Or, si en cela il avait erré, il n'était pas moins le supérieur régulier de ces prêtres en sa qualité de vicaire général de l'Ouest et de l'Artibonite, d'après sa nomination par l'archevêque Pedro Valera. Il se plaignit au Président de l'irrévérence commise envers lui, et les juges de paix des communes desservies par ces prêtres reçurent l'ordre du grand juge, de leur déclarer, qu'ils cessaient d'être *curés*. Mais ces magistrats comprirent mal cet ordre, en leur disant qu'ils cessaient d'être *prêtres*, par la volonté du gouvernement. Émus d'une telle décision, ils se rendirent à la capitale et adressèrent à Boyer une supplique à ce sujet. Le Président chargea le grand juge de présider une commission composée de MM. Rouanez, J. Elie et B. Ardouin, et de les mander à son hôtel pour être entendus.

Ces prêtres persistèrent dans leurs prétentions de considérer l'archevêché comme vacant, ce qui, selon eux, annulait de droit les pouvoirs de vicaire général donnés par l'archevêque à l'abbé Salgado, pouvoirs qu'il n'appartenait pas au Président de continuer, dirent-ils, et que cet abbé aurait dû l'éclairer sur ce point, au lieu de lui avoir porté plainte contre eux pour entraîner leur révocation de leurs cures. Il fut facile à la commission de leur prouver que le siége archiépiscopal n'était pas vacant par la seule absence du titulaire qui avait témoigné au Président le désir de se rendre à la Havane, ce qu'il n'avait fait qu'après avoir réglé l'ordre ecclésiastique et la subordination due aux vicaires généraux qu'il avait institués ; que sa mort naturelle seule pouvait entraîner la vacance du siége; et qu'alors ce serait au Saint-Père à y pourvoir ; mais qu'en attendant, les curés de la République devaient leur obéir. Ces trois prêtres, loin de reconnaître l'irrévérence qu'ils avaient commise envers l'abbé Salgado, déclinèrent leur comparution devant la commission, dans un nouveau mémoire qu'ils lui remirent le lendemain et où ils déclarèrent qu'elle n'avait aucun pouvoir pour les juger, bien qu'elle se fût attachée à leur dire dans la conférence, qu'il ne s'agissait que de les entendre dans les motifs de leur conduite et de faire son rapport au chef de l'État. Sur ce rapport, et à raison de la persistance qu'ils mirent dans leurs prétentions, leur révocation fut maintenue [1].

Elle devait l'être par le Président qui avait eu connaissance d'un bref du Saint-Père Léon XII, en date du 20 septembre 1826, adressé à l'archevêque Pedro Valera par le cardinal J.-M. Somaglio, et dans lequel le Pape avait tout prévu, même pour le cas de la mort de ce prélat : ce qui avait autorisé ce dernier à régler les affaires ecclésiastiques, ainsi que nous l'avons dit, au moment de son départ pour la Havane. Il y était décédé au commencement de cette année, mais on l'ignorait à Haïti, tandis que la cour de Rome

---

1 Après leur comparution par devant la commission, ces trois prêtres firent publier le mémoire qu'ils avaient adressé à l'abbé Salgado, et celui-ci dut publier un mandement pour en combattre l'effet.

était déjà informée de cet événement, et que, le 15 mars, le Saint-Père Grégoire XVI nommait le révérend Jean England, évêque de Charleston, pour venir à Haïti en qualité de *légat,* chargé de ses pouvoirs pour y régler les affaires religieuses, de concert avec le Président d'Haïti. Cet évêque n'y étant venu qu'en janvier 1834, nous renvoyons à parler de sa mission à cette époque.

Une autre question préoccupa le gouvernement dès les premiers jours de février de cette année. M. J. Laffitte adressa une lettre au Président pour l'informer des paroles qui avaient été prononcées à la tribune de la chambre des députés, le 29 décembre 1832, par M. le duc de Broglie, ministre des affaires étrangères et président du conseil, à l'occasion d'un rapport fait à cette chambre sur des pétitions de colons qui réclamaient l'action du gouvernement français contre Haïti. Ce ministre avait parlé des traités de 1831, non ratifiés par Boyer, de la rupture et de la correspondance qui s'en étaient suivies entre les deux gouvernemens, et il avait dit en terminant : « Le gouvernement » haïtien répondit dans un langage qui s'écarte des bienséances qui s'observent entre les nations civilisées, et qui » ne permet pas à la France de faire l'avance de nouvelles » relations. » Il s'agissait de la note verbale de Boyer en réponse à celle du comte Sébastiani. M. Laffitte, qui avait essayé de défendre le Président à la tribune, lui fit observer que ces paroles du ministre, tout aigres qu'elles fussent, devaient être considérées par lui comme une invitation à faire des propositions à ce gouvernement français, afin de renouer les relations diplomatiques.

C'est alors que Boyer fit adresser à ce gouvernement, par les trois grands fonctionnaires, une dépêche en date du 20 mai, par laquelle il proposait de réduire l'indemnité, de

150 millions de francs à 75 millions ; et en précomptant les 30 millions déjà payés, moins 700 mille francs encore dus, ce seraient 45 millions à payer par Haïti pour se libérer envers le gouvernement français. Exposant la situation de la République, dénuée de ressources et obligée à rembourser en outre les obligations de son emprunt de 1825, la dépêche demandait 45 années de délai pour payer ce solde, à un million par an. En même temps, elle offrait d'acquitter de suite les avances faites par le trésor public de France pour le service de l'emprunt et s'élevant à la somme de 4,848,905 francs. Elle fut confiée à M. J.-P. Vaur, Français négociant à Haïti, qui se rendait en Europe, pour être remise à M. Laffitte, chargé de la présenter au ministre des affaires étrangères. Cette dépêche reproduisit d'ailleurs les autres propositions contenues dans la note verbale du 22 juin 1832.

M. le duc de Broglie y répondit le 31 juillet 1833. Il dit : « qu'il voyait que le gouvernement haïtien était disposé à » se replacer vis-à-vis de la France sur le terrain de l'or- » donnance du 17 avril ; que la France n'était pas éloignée » d'admettre, le cas échéant, une réduction de l'indemnité ; » et il laissa entendre que si on ne terminait pas dans une » nouvelle négociation, la France et Haïti seraient repla- » cées dans la situation où elles étaient avant l'an- » née 1825. »

Cette dépêche du ministre français avait un grand mérite : c'était d'avouer l'*arrière-pensée* conçue au moment de la rédaction de l'ordonnance de 1825 ; elle faisait ressortir ainsi le plan du gouvernement de la Restauration. Mais celui de Juillet, essentiellement libéral par son origine même, ne pouvait recueillir un si odieux héritage ; il l'avait prouvé dans les traités de 1831, ratifiés par Louis-Philippe ; et bien que ces traités ne l'eussent pas été par Boyer, ils ne constituaient pas moins pour Haïti *le droit* à se considérer authentiquement reconnue par la France. C'est ce que fit remarquer à son tour le Président, dans une nouvelle dépêche des grands fonctionnaires adressée au ministère français, le 31 octobre. Alors, M. le duc de Broglie n'était plus ministre, et la correspondance cessa entre les deux gouvernemens jusqu'à la fin de 1834.

En écrivant à Boyer, M. Laffitte lui avait exposé la malheureuse situation où la révolution de 1830 avait jeté sa maison de banque. Il lui disait qu'il était détenteur de mille obligations de l'emprunt d'Haïti, pour lesquelles il avait dépensé 800 mille francs, et que si le Président pouvait lui rembourser cette somme en recevant les mille obligations, ce serait lui rendre service [1]. On sait, en effet, que cet honorable citoyen avait fait des pertes telles, après avoir été si libéral envers tous, que la nation française s'honora en ouvrant une souscription pour racheter son hôtel et le lui conserver. Boyer n'honora pas moins la nation haïtienne, en remboursant à M. Laffitte, non 800 mille francs, mais un million, selon le prix intégral des mille obligations. Il lui adressa à cette occasion une lettre pleine de sentimens d'estime pour lui, en le remerciant de la bienveillance qu'il prouvait sans cesse à la République, par la défense de sa cause à la tribune. Cette lettre fut communiquée par Boyer à des sénateurs et autres fonctionnaires, qui le félicitèrent aussi de l'acte qui témoignait de la probité de son gouvernement.

L'ouverture de la session législative eut lieu le 12 juin,

---

[1] L'emprunt fut contracté au taux de 80 pour cent ; pour 800 francs payés par les prêteurs, la République avait souscrit une obligation de 1000 francs.

avec une certaine froideur de la part du Président d'Haïti, laquelle dénotait qu'il n'était pas satisfait de se trouver en face de quelques représentans dont l'opposition l'avait mécontenté l'année précédente, en tenant à la Chambre des communes un langage injurieux pour ses sentimens et qui l'avait porté à retirer le projet de loi électorale demandé par ce corps; en donnant publicité à celui préparé par son comité, dans un journal toujours hostile au gouvernement, dont l'éditeur paraissait s'entendre avec ces représentans dans le but qu'ils poursuivaient. Incapable de dissimulation, Boyer laissait entrevoir ainsi que la session serait aussi stérile cette année qu'elle l'avait été en 1832, qu'il se renfermerait dans son droit d'initiative constitutionnelle pour en user selon qu'il le jugerait convenable aux intérêts publics. De leur côté, jugeant la situation des choses à leur point de vue, ces représentans étaient décidés à provoquer de la Chambre l'usage de l'initiative que la constitution lui accordait aussi, surtout en matière de finances. Dans une telle circonstance, il était facile de prévoir des tiraillemens entre les deux pouvoirs, sinon un grand éclat, préjudiciables à l'harmonie toujours désirable entre eux pour le bonheur de la patrie.

Deux projets de loi furent adressés à la Chambre : le premier, pour abroger celle de 1826 qui établissait des entrepôts réels de produits étrangers ; la loi fut votée d'urgence le 17 juin[1]; le second, pour laisser indéfiniment ouverts au commerce extérieur les ports d'Aquin, de l'Anse-d'Eynaud, de Miragoane, de Saint-Marc et du Port-de-Paix; la loi eut encore un vote d'urgence le 26 juin. En procédant

[1] A défaut d'orateurs du gouvernement, Boyer adressa des messages à la Chambre et au Sénat, pour expliquer les motifs de l'abrogation de cette loi. Dans les années suivantes, il continua ce mode de faire connaître sa pensée, sur les projets qu'il envoya au corps législatif, et ces messages parurent sur le journal officiel.

ainsi, la Chambre des communes semblait être impatiente d'avoir d'autres projets à méditer et discuter ; mais le pouvoir exécutif lui laissa le soin de s'occuper des lois d'impôts qui étaient dans ses attributions.

Il y avait six sénateurs à remplacer par expiration de fonctions, deux dans la présente année et quatre pour les premiers mois de 1834. Le 10 juillet, Boyer adressa une liste de candidats pour le premier à élire ; il fut nommé le même jour ; les autres le furent successivement dans le même mois et le mois suivant.

Abandonnée à elle-même, la Chambre des communes devait inévitablement arriver à des discussions entre ses propres membres, les opinions ne pouvant pas être uniformes dans une assemblée politique. Des deux tribunes élevées dans son sein, l'une restant toujours *vierge*, l'autre pouvait servir aux orateurs de l'assemblée.

Le trésorier général Nau, chargé du portefeuille des finances, avait expédié à la Chambre quelques exemplaires imprimés des comptes généraux de 1832, au moment où il requérait le secrétaire d'État Imbert de reprendre son service, et parce qu'il n'était plus malade, et parce que son remplaçant prévoyait sans doute des débats animés au sujet des finances, d'après les précédens de la session de 1832[1]. Le 12 juillet, le représentant David Saint-Preux proposa à la Chambre d'adresser un message au secrétaire d'État, pour l'inviter à lui envoyer annuellement autant d'exemplaires des comptes généraux qu'elle avait de membres. Mais la Chambre, considérant la responsabilité que l'art. 128 de la constitution attachait aux fonctions de ce ministre, décida qu'à l'avenir les comptes généraux ne seraient imprimés

---

1 Je parle ainsi d'après ce que me dit M. Nau lui-même.

qu'après avoir été débattus et arrêtés par elle. Il s'ensuivit
que leur impression, dont M. Nau avait pris l'initiative, fut
interrompue et ne reprit qu'en 1837 pour s'arrêter encore
à 1840.

Le même jour, 12 juillet, le représentant Hérard Dumesle
s'inscrivit pour une motion, « en priant la Chambre de lui
» accorder une *séance solennelle* ₁. » Mais quelques membres exigèrent de lui une communication préalable de sa
motion, en comité général, à huis-clos : il le fit, et la
Chambre renvoya à une autre séance pour statuer sur sa
demande. Le 15, la séance fut ouverte en comité général ;
le président Almonacie, représentant de l'Anse-à-Veau, invita H. Dumesle à lire sa motion ; il persista dans sa demande
de « séance solennelle, » publique. Plusieurs membres s'y
opposant, le président alla aux voix, et « le silence absolu »
fut considéré par la Chambre comme *un refus* [2]. D. Saint-
Preux invoqua alors l'art. 78 de la constitution disant :
« que les séances sont *publiques,* et que cependant la Cham-
» bre peut *délibérer à huis-clos,* sauf à rendre ses délibéra-
» tions *publiques* par la voie du *Bulletin des lois.* » Milscent
opina dans le même sens. Plusieurs autres voix s'écrièrent :
« La séance publique! » Une partie des représentans s'y
rendit, l'autre resta en comité général : la majorité ne pouvant se former dans l'une ni dans l'autre salle, la séance fut
ainsi interrompue et levée. On trouve là une preuve du
désaccord existant parmi les représentans, à raison du
discours préparé par H. Dumesle qui en avait donné communication, un indice du mauvais effet qu'il allait produire.

Deux jours après, la séance fut publique. Milscent, ora-

---

1 *Bulletin des lois,* n° 3.
2 Il y a cependant un proverbe à ce sujet : « qui ne dit rien consent. »

teur de la section des finances, y lut un projet de loi « sur
l'impôt foncier » et un rapport qui expliquait sa réduction
de 5 pour cent à 2 et demi, en y attachant des moyens plus
rigoureux que par le passé, afin d'assurer la perception de
cet impôt que les contribuables ne payaient guère [1]. Immédiatement après cet orateur, Raphaël Servando Rodriguez,
représentant de Saint-Yague, monta à la tribune et lut un
discours dont nous donnons ici des extraits qui feront comprendre ce qui se passait dans la Chambre et ce que
voulaient ses membres modérés. Après un exorde où il
s'excusait de ne pouvoir bien s'exprimer en français,
il dit :

« A des époques précédentes, cette enceinte a retenti de
débats empreints d'*amertume* : ce n'est pas *sans aigreur*
qu'ont été repoussés par vous des projets émanés du chef
de l'Etat ; c'est avec *des formes peut-être acerbes* qu'ont été
présentés par vous, *des vœux peut-être intempestifs*. Sous le
masque du bien public, une *Opposition violente* s'est élevée
de vos rangs et n'a dû produire d'autre effet que d'inspirer
du *dégoût* au chef de l'Etat à la vue de ses intentions *méconnues* et de ses efforts *contrariés*. Aussi faut-il s'étonner,
Messieurs, si des projets d'améliorations réclamés par de
bons citoyens et *élaborés déjà* par le gouvernement, sont
restés en ses mains, en attendant des jours *plus calmes* et des
dispositions *moins hostiles?* Messieurs, c'est toujours sous
le manteau de l'intérêt public que, dans tous les temps,
l'erreur et la passion cachent leur face hideuse... C'est ainsi
Messieurs, que chez tous les peuples qui ont passé sur la
surface de la terre, *des esprits inquiets et turbulens* ont con-

---

1 M. Nau avait signalé les difficultés de la perception par les moyens de l'ancienne loi
et provoqué des changemens de la part de la Chambre.

tristé la patrie, abusant des grands noms d'intérêt public et de liberté, dont l'appât entraîne la nation. Représentans, si, au mépris de l'histoire, quelque germe de *mésintelligence* était jeté dans cette enceinte, fidèle à notre mission de paix, hâtons-nous *de l'étouffer*. Je dis plus : si, parmi nous, quelque main imprudente voulait se saisir de ce germe pernicieux pour le féconder au détriment de la République, hâtons-nous *de châtier l'imprudent* : justiciables *de vous seuls*, c'est *à vous* qu'il appartient d'étouffer ces cris de discorde capables d'amonceler sur l'horizon politique des nuages porteurs de tempête et de mort..... »

Toutefois, cet orateur dit qu'il aimait à croire qu'il se trompait, que tous ses collègues étaient animés du désir du bien, et il les invita à la concorde. Il fit un appel particulier à ceux de la partie de l'Est, pour *soutenir* le gouvernement qui les protégeait.

« Tous, tant que nous sommes, représentans du peuple haïtien, donnons l'exemple de la concorde à cette population dont les yeux sont fixés sur nous... et disons-lui qu'il faut boire avec modération dans la coupe enchanteresse de la liberté... Disons *à cette jeunesse effervescente*, chez qui fermente une fièvre ardente d'amélioration et de liberté, disons-lui que les peuples comme les individus ont besoin de passer par l'adolescence avant d'arriver à la maturité. Sortie hier de l'enfance, et à peine dégagée des langes de son berceau, Haïti a besoin de se mûrir pour la liberté et ne peut pas arriver subitement à la prospérité et à la civilisation des peuples qui ont longuement vécu. »

Et il dit ensuite : « A ces vœux généraux, qu'il me soit permis de mêler quelques vœux particuliers. Quoique *l'initiative* appartienne au chef de l'Etat, ce n'est pas *empiéter* sur ses droits que de solliciter la *présentation* de quelques projets de lois qui échappent à sa prévoyance, distrait qu'il est par le fardeau de la chose publique... »

Et ces vœux particuliers comprenaient : 1° un projet sur la *contrainte par corps en toutes matières* pour la garantie dés obligations [1]; 2° un projet sur le mode de *recrutement* de l'armée; 3° à réclamer l'*application* du code rural dans les départemens de l'Est.

Après ce discours, Milscent fit observer à l'orateur « que » déjà la Chambre avait résolu de faire, *à la fin* de la pré- » sente session, une *adresse* au Président d'Haïti, pour lui » faire connaître les *besoins du peuple.* » En 1832, elle avait adopté cette voie au début de la session; cette année, ce devait être à la fin; probablement la Chambre voulait attendre pour voir quel serait l'effet de la première adresse.

Dans la séance du 19, Milscent, au nom du comité des finances, déclara que ce comité ne pouvait pas s'occuper de la loi sur les patentes, avant que le secrétaire d'Etat eût été appelé pour donner des explications, 1° sur une somme de 70 mille piastres qui avait été mise en dépôt au Mirebalais, en 1831 ; 2° sur le produit de la vente des domaines nationaux dont la moitié était payée en piastres ; 3° sur les moyens qui auraient été pris pour faire restituer au trésor des sommes (16,439 gourdes), constatées en *déficit* dans la caisse de divers trésoriers. La Chambre invita M. Imbert à comparaître en comité général, le 26, mais il demanda à ne comparaître que le 31 : ce jour-là, il répondit d'une manière satisfaisante. Les 70 mille piastres et encore 34,900, étaient toujours au Mirebalais, figurant comme étant à la trésorerie générale; il y avait aussi 11,600 piastres au Port-

---

1 Le Président avait proposé un projet de loi à ce sujet et qu'il retira, tant on réclama en faveur « de la liberté.... » de ne pas payer ses dettes. Cette loi fut rendue en 1831, selon le vœu de Rodriguez ; mais 1843 advint, et elle fut abrogée.

au-Prince : seulement, les comptes généraux ne faisaient point mention de cette particularité, omission qui avait excité le zèle de certains représentans [1].

Le 24 juillet, enfin, la séance étant *publique*, Hérard Dumesle en profite, monte à la tribune et commence son discours. Mais le président l'interrompt et lui rappelle que la Chambre a déjà décidé que ce discours ne doit pas être prononcé en séance publique, mais en comité général. A ces mots, tous les représentans s'y rendent, et l'orateur est forcé de les suivre, de n'être entendu que de ses collègues, tandis qu'il eût désiré l'être du *public* [2].

Son discours roulait sur la circulaire du grand juge concernant l'incompatibilité des fonctions de représentant avec celles des officiers ministériels. Nous ne saurions le produire ici dans toute son étendue qui comprend sept colonnes du *Bulletin des lois* dans lequel il fut publié. L'orateur, examinant le texte de l'art. 81 de la constitution, interprété par le grand juge, dit d'abord : que cette interprétation « en torturait le sens pour les exigences *du moment;* » que vouloir que les représentans qui exercent les professions libérales de défenseurs publics, de notaires, d'arpenteurs, etc., *optent* entre leurs fonctions législatives et celles de ces officiers ministériels, c'est attenter à leurs droits civils et politiques, c'est limiter le droit électoral et porter atteinte à l'acte fondamental de la société, c'est essayer d'écarter de la représentation nationale « des hommes éclai-» rés et capables de veiller au respect dû par le gouvernement » aux droits des citoyens, etc. » Il cita l'exemple de ce qui

---

1 Jusqu'alors, la monnaie d'Espagne, celle d'Haïti, en métal, les billets de caisse, tout était porté dans les comptes sous le nom de *gourdes* : à partir de ces inquiétudes de la Chambre, le secrétaire d'État distingua les *piastres* des autres valeurs.

Depuis 1832 un *jeune public* surtout se montrait assidu aux séances : de là le passage du discours de Rodriguez adressé « à la jeunesse effervescente. »

se passait dans la chambre des députés, en France, dans
celle des communes, en Angleterre, dans celle des représentans, aux Etats-Unis, où l'on voyait les avocats les plus
illustres de ces pays ; il rappela même les beaux jours de la
Grèce, de la république romaine « où l'on vit la toge unie
» aux faisceaux consulaires. Le barreau, dit-il, est aussi
» la pépinière des hommes d'Etat : c'est de là qu'ils sor-
» tent pour aller défendre les libertés publiques; et si, sous
» Henri VIII, ils furent persécutés et exclus des parlemens,
» l'histoire, en dénonçant cette époque fatale, nous révèle
» qu'elle fut marquée par des lois funestes à la nation
» anglaise. » Mais sentant bien que cette dernière citation pourrait paraître une allusion à ce que Boyer ordonna au grand juge, H. Dumesle dit ensuite :

« Eh quoi ! Messieurs, sous l'administration du chef il-
» lustre auquel Haïti a confié ses destinées, verra-t-on cette
» profession, ainsi que ses compagnes d'indépendance, dés-
» héritée de ses apanages ? Les verra-t-on ensemble *exclues*
» des assemblées politiques, et n'oser toucher à la couronne
» civique? Non, l'émule, le successeur du grand Haïtien, ne
» saurait concevoir une telle pensée; comme son prédéces-
» seur, il encouragera *ces hommes* qui exercent une profes-
» sion si éminemment libérale, il les verra avec plaisir ap-
» pelés au concours *des améliorations sociales*; et puisqu'à
» l'exemple de notre Alexandre, le président Jean-Pierre
» Boyer ne perd pas de vue l'univers et la postérité, ces
» juges inflexibles de la conduite des gouvernans, comme
» lui, dédaignant le zèle aveugle ou intéressé, il n'ap-
» préciera que les nobles pensées de la liberté, les sublimes
» dévouemens à la patrie. »

Rappelant encore que depuis l'institution de la Chambre
des communes, seule juge de la validité des élections de

ses membres, elle a toujours admis dans son sein les officiers ministériels que la circulaire du grand juge voulait en
écarter par un *abus* de l'interprétation, il dit : « Tout doit
» demeurer dans l'ordre tracé dans le livre de la loi, jus-
» qu'à ce que *la révision tant désirée* vienne enfin donner
» un nouvel être à nos principes et les rendre plus vivaces.
» Osons donc, législateurs, osons remplir un devoir sacré,
« celui de conserver au vote électoral son influence sur les
» libertés publiques. Sauvons le gouvernement constitu-
» tionnel du danger de l'interprétation ; rappelons-nous
» sans cesse que la *responsabilité* des grands fonctionnai-
» res est la sauvegarde des garanties sociales : si elle est
» *illusoire*, la constitution est en péril. Que recevant de
» nous un généreux et salutaire avertissement, ces déposi-
» taires de l'autorité n'approchent de l'arche sainte des
» droits et du devoir qu'avec le respect religieux que la
» patrie leur impose; qu'ils reculent à l'idée d'y porter une
» main téméraire ; qu'en secondant *les nobles intentions*
» d'un chef qui ne saurait avoir de plus grandes passions
» que celles du bien public, ils n'oublient jamais qu'ils
» doivent être ses *conseillers* fidèles, qu'ils doivent attacher
» leurs noms à la gloire de son administration, en la con-
» servant pure comme son patriotisme, qu'ils doivent en
» un mot faire de l'harmonie le bien universel de l'Etat !.. »
Et l'orateur termina son discours en demandant que le
grand juge fût appelé en comité général, pour être entendu
sur l'objet de sa circulaire.

A défaut d'orateur du pouvoir exécutif, ce fut Milscent
qui prit immédiatement la parole pour répondre à H. Dumesle, par un discours écrit qui remplit six colonnes du
Bulletin des lois : il avait entendu celui de son collègue
précédemment, et il put ainsi préparer sa réponse. Il s'ap-

puya d'abord sur la nécessité du maintien de l'harmonie
entre les pouvoirs publics, dans la situation où se trouvait
le pays, après avoir passé par tant de périls politiques. « Un
« fait, dit-il, doit réveiller votre attention. Un *système*
» *schismatique* menace l'édifice social. L'ordre public,
» l'autorité magistrale, toute la machine politique semble
» être sur le point de se choquer. Hé ! Messieurs, revenons
» aux principes que la nature a gravés dans le cœur de ses
» enfans bien-aimés, ceux-là qui cherchent les utiles pré-
» ceptes, moins dans une *vaine théorie* que dans une pra-
» tique simple et honnête... J'admire la brillante élo-
» quence qui, telle qu'une sentinelle vigilante, semble crier
» *aux armes* ! au milieu du trouble des inquiétudes noc-
» turnes, parce qu'elle redoute l'approche d'un ennemi
» imaginaire ; mais combien je préfère à la pompe de cette
» dialectique qui prodigue tant de belles fleurs, la logique
» calme et mesurée qui n'a d'autres ornemens que ceux
» d'une vérité sans parure !... »

Il dit ensuite que pour bien comprendre le vrai sens des
dispositions de l'art. 81 de la constitution, il fallait rechercher son origine dans la constitution de la république française, de 1795, et dans celle de la république cisalpine,
d'où la nôtre était sortie ; et il cita les articles de ces actes qui
s'y rapportaient, pour établir que le même esprit a présidé
à leur rédaction, que l'*incompatibilité* entre les fonctions
de législateur et *toutes autres* devait être reconnue [1] ; que
« le défenseur public » étant soumis à la discipline des tribunaux, était exposé à ne pouvoir, dans certains cas,
remplir son devoir de représentant, tels, par exemple, s'il
était désigné comme juré ou chargé d'office de la défense
de l'innocent indigent, etc. ; que « le notaire, » souvent

---

[1] Même idée exprimée par Bruno Blanchet dans son projet de révision, en 1822.

unique dans une commune, vu la rareté des sujets capables d'une telle fonction, ne devait pas s'en absenter, afin d'être toujours à la disposition du public pour la rédaction des actes de son ministère ; que cette nécessité était encore plus grande pour « l'officier de l'état civil, » etc. Il fit remarquer que c'était une erreur de croire que la circulaire du grand juge tendait *à écarter* les divers officiers ministériels de la représentation nationale, qu'ils restaient toujours *éligibles* : « S'il en est quelques-uns qui préfèrent *la richesse* » *privée* à l'honneur national, leur choix dépend de leur » volonté ; on ne les en estimera ni plus ni moins... On » n'est pas appelé à la législature pour *grossir* sa fortune, » mais pour se dévouer à l'utilité publique. Je n'ignore » pas, ajouta Milscent, que je m'inscris contre mes pro- » pres intérêts ; mais j'avais déjà pris mon parti ; j'en » fais le sacrifice sans me plaindre... » Et il fut d'avis de ne pas appeler le grand juge qui, d'ailleurs, était valétudinaire.

Après ces discours, David Saint-Preux en improvisa un pour soutenir la proposition de H. Dumesle, et la Chambre renvoya à en décider à sa prochaine séance. Ensuite, elle prit lecture d'une lettre qui lui fut adressée par M. Courtois, détenu dans la prison, réclamant de la Chambre une déclaration tendante à constater « qu'elle n'avait jamais dirigé aucune plainte contre lui. » Milscent prit encore la parole et fit observer que, bien que la Chambre n'en eût point formé, elle ne pouvait s'immiscer dans les causes judiciaires ; que la loi avait établi un ministère public pour la poursuite d'*office* des délits ; que M. Courtois avait subi un jugement qui avait acquis l'autorité de la chose jugée ; qu'il plaignait son sort, mais que le condamné n'avait qu'à recourir à la clémence du chef de l'Etat. H. Dumesle et D. Saint-Preux soutinrent au contraire sa demande à la Chambre; elle renvoya à y statuer à sa prochaine séance.

A cette séance, qui eut lieu le 26 juillet, en comité général comme la précédente, divers orateurs prirent la parole. H. Dumesle reproduisit sa motion. J. Depa dit :

« Messieurs, si nous étions appelés à décider de la beauté, de l'élégance d'un discours parsemé de phrases recherchées, nul doute que celui du représentant H. Dumesle n'eût obtenu toute notre approbation; mais telle n'est point notre mission... Veiller de bonne foi aux intérêts de nos mandans et concourir de tout notre pouvoir à leur prospérité, conjointement avec le chef auquel la nation est fière d'avoir confié ses destinées, tel est notre mandat... Soyons bienveillans, soyons assez amis du collègue H. Dumesle pour lui dire, que sa proposition tendant à faire venir ici le grand juge de la République... est inadmissible. En effet, Messieurs, ne voyons-nous pas qu'il existe une incompatibilité *réelle* entre les fonctions de représentant et toute autre fonction publique, surtout celles qui soumettraient les mandataires du peuple à la discipline du corps judiciaire auquel ils appartiendraient comme officiers ministériels?... Vous ne serez pas étonnés, Messieurs, de me voir, partie intéressée, me déclarer contre cette proposition ; car l'intérêt personnel disparaît ou doit disparaître devant l'intérêt général... »

D. Saint-Preux soutint de nouveau cette proposition. Milscent la repoussa encore par un discours écrit où il présenta d'autres considérations pour appuyer la circulaire du grand juge; il dit « que le Président d'Haïti, nommant les » officiers ministériels, pouvait les *révoquer,* car les emplois » publics ne sont point une propriété individuelle. En vous » laissant l'*option*, il a respecté votre liberté. Que pouvait-il de plus ? » Il fit remarquer que déjà le tribunal de cassation avait rendu un arrêt qui avait *approuvé* la décision gouvernementale, dans une affaire portée par-devant lui. Il repoussa également l'idée émise dans le cours de la discussion, de renvoyer cette question à la décision du Sénat, chargé du dépôt de la constitution ; et il proposa « l'ordre du jour » sur la proposition de H. Dumesle.

Le représentant Pérez, de la partie de l'Est, fit observer que la circulaire du grand juge portait qu'elle était écrite « en vertu de l'ordre du Président d'Haïti ; » qu'il était inutile d'appeler ce ministre, puisque la Chambre des communes ne pouvait juger les actes du chef de l'État ; que le Sénat seul pouvait en connaître ; que H. Dumesle pouvait s'adresser à ce corps, s'il entendait obtenir justice dans une question qui lui était « trop personnelle. » Le représentant Thame, de Léogane, demanda enfin la mise aux voix de la proposition.

Le président résuma les opinions et mit aux voix. La Chambre décida « que le grand juge ne serait point appelé dans son sein. »

Elle passa ensuite à l'examen de la lettre qui lui fut adressée par M. Courtois, demandant : 1° s'il était vrai, constant, que la Chambre eût été offensée et outragée, à l'occasion de l'exercice de ses fonctions, soit en paroles, gestes ou menaces de sa part ; 2° dans le cas d'affirmative, si elle avait porté contre lui une plainte au ministère public du ressort de la capitale ?

Quelques membres proposèrent de lui répondre : que la Chambre lui remettait volontiers la peine prononcée par le tribunal correctionnel, quant à ce qui la concernait, parce qu'elle était trop haut placée dans la hiérarchie politique pour pouvoir être outragée par un individu. Mais Milscent reproduisit sa première opinion, en disant : « Soumettez seulement Courtois à la clémence du Président d'Haïti, et reposez-vous sur la sagesse de cet illustre citoyen. » J. Depa dit qu'il n'appartenait pas à la Chambre de rien décider au sujet d'une cause judiciaire et dans laquelle un jugement avait d'ailleurs acquis l'autorité de la chose jugée ; qu'au surplus, le code d'instruction criminelle autorisait le ministère public à poursuivre d'office la répression des délits ; qu'il fallait donc considérer comme non-avenue la lettre de M. Courtois. H. Dumesle prit encore la parole et soutint sa demande. La Chambre passa « à l'ordre du jour. »

Par tout ce que nous venons de relater, depuis l'ouverture de la session législative, on peut reconnaître qu'il existait une profonde dissidence entre deux membres de la Chambre, — H. Dumesle et D. Saint-Preux, — et la majorité de cette assemblée. Ils échouèrent dans les deux questions soumises à ses délibérations, celle relative à la circulaire du grand juge et celle concernant la singulière demande de M. Courtois. Ils ne réussirent pas mieux dans le désir qu'avait le premier de prononcer un discours en une « séance solennelle, » disait-il.

Si H. Dumesle, défenseur public ainsi que son collègue, paraissait plaider une cause qui leur était personnelle dans l'objet de la circulaire, Milscent et J. Depa, également défenseurs publics, étaient aussi intéressés dans la question. Mais du moins, H. Dumesle s'appuyait, il faut le dire, sur la *théorie* constitutionnelle de 1816, quand il demandait la comparution du grand juge en comité général, pour donner des explications sur sa circulaire ; quand il distinguait entre la *responsabilité* attachée aux fonctions de ce ministre et celle qui aurait pu être attribuée au Président d'Haïti d'après l'ordre duquel il avait agi. L'art. 223 de la constitution disait : « que le secrétaire d'État et le grand juge » sont respectivement *responsables* de l'inexécution des lois » rendues par le corps législatif, ainsi que des *actes* du pou- » voir exécutif; » et l'art. 128 donnait le pouvoir à la Chambre de les mander en son sein pour les entendre sur les *faits* de leur administration, eux ou tous autres grands fonctionnaires. Or, l'orateur avait eu soin de mettre *à couvert* le Président d'Haïti, pour ne voir dans la question que le grand juge, l'un de ses conseillers, « responsable de ses actes, » et devant, prétendait-il, lui faire « des représentations, » surtout quand il s'agissait d'interpréter un article de la constitution qui ne paraissait pas bien clair à tous les esprits.

Supposons que la Chambre eût mandé le grand juge. Interpellé par elle, il aurait pu expliquer le vrai sens de sa circulaire aux magistrats de l'ordre judiciaire, prouver à H. Dumesle qu'elle n'avait pas pour but, ainsi qu'il le prétendait, d'*écarter* des élections pour la formation de la Chambre, les divers officiers ministériels soumis à la discipline des tribunaux, qu'ils restaient toujours *éligibles*. Mais en citant les faits, d'ailleurs notoires, commis par quelques-uns qui prétendaient se soustraire à cette discipline parce qu'ils étaient en même temps représentans du peuple ; mais en démontrant que les notaires et les officiers de l'état civil ne pouvaient s'absenter du lieu de leur domicile, trois à quatre mois dans l'année, sans nuire aux intérêts des familles, le grand juge eût justifié sa circulaire, prouvé l'*incompatibilité* qu'elle prononçait, et la nécessité de l'*option* qui en résultait pour tout officier ministériel élu représentant.

Mais il est vrai que cette circulaire elle-même était motivée par ces considérations et qu'elle fut soumise à l'enregistrement dans les greffes des tribunaux. H. Dumesle ne pouvait donc consciencieusement dire qu'il *ignorait* pourquoi le gouvernement l'avait émise : c'est ce qui fournit à ses adversaires, dans la Chambre, le moyen de combattre sa demande et de la faire rejeter par la majorité. Il paraît, au surplus, que cette majorité fut déterminée par la convenance qu'il y avait, à empêcher tous débats irritans entre la Chambre et le pouvoir exécutif; car elle s'apercevait où tendait le discours de H. Dumesle. Celui prononcé par R. S. Rodriguez, dans la séance du 17 juillet, fait comprendre suffisamment au lecteur ce qui se passait parmi les représentans et même dans le public. L'appui donné par H. Dumesle et D. Saint-Preux à la demande de M. Courtois, après le jugement d'un tribunal compétent passé à l'état de chose jugée, est encore un indice des justes craintes de la majorité de la Chambre. Mais on va voir autre chose dans les séances qui suivirent celles-là.

Celle du 29 juillet fut publique. Milscent, au nom du comité des finances, donna la troisième lecture du projet de loi « sur l'impôt foncier. » La loi du 23 décembre 1850 portait à 5 pour cent cet impôt, établi sans limitation de temps, comme celui des patentes toujours voté pour un an. Par le nouveau projet, il s'agissait de le réduire à 2 et demi pour cent, afin d'en faciliter la perception plus intégralement et de favoriser en même temps les contribuables. Mais D. Saint-Preux déclara « qu'il ne voyait pas la *nécessité* de
» rendre cette loi, attendu que, par les comptes rendus du
» secrétaire d'Etat, il existait une balance en faveur de la
» caisse publique, et qu'il votait pour le *rejet* de la loi. Il a
» encore *parlé* du budget. » Il fut appuyé par Roquirol, re-

présentant des Côteaux, et par H. Dumesle qui *parla* aussi du budget. J. Depa réfuta leurs argumens [1].

Milscent reprit la parole et put facilement démontrer l'avantage que le nouveau projet allait procurer, d'abord aux contribuables, puis au fisc; mais, étant d'un esprit sardonique, il se laissa emporter par le désir de battre en brèche les orateurs opposés à ce projet. Il fit ressortir leur « inconséquence, » en ce qu'ils se prétendaient être « des défen- » seurs du peuple, de leurs mandataires, » puisqu'ils voulaient le rejet de la loi destinée à *diminuer* leurs charges. Il alla plus loin.

« L'idée, dit-il, de laisser la caisse publique sans aliment durant un temps si considérable (en attendant le budget promis par le Sénat, qui le ferait en 1834 pour 1835), est vraiment digne de la *doctrine* incomparable de ceux qui prétendaient garder *en otage* les comptes du secrétaire d'Etat [2] ... On prétend, parce qu'il existait à la caisse publique, au 31 décembre 1831, un peu plus de 1,082,000 gourdes (presque toutes en papier-monnaie), que nos finances sont dans une situation prospère..... Quelle *pauvreté*! quelle *ridicule* insinuation!.. Mais l'erreur ne regarde pas de si près; elle se plaît dans l'éblouissement d'un faux zèle. On *s'enroue* à crier que la section des finances propose la *création* d'un nouvel impôt; c'est pousser loin l'*absurdité*... On devrait se faire un scrupule de substituer l'illusion à la réalité; mais toutes les inductions paraissent bonnes, quand on agit moins par un défaut de discernement que par un *système* qui ne saurait se soutenir sans un peu d'illusion et de *patelinage*... Je préfère une intelligence depuis longtemps donnée aux hommes, à une diffusion *costumée*

---

[1] *Bulletin des lois*, nº 4.

[2] La Chambre déchargea M. Nan de la responsabilité attachée à sa gestion, en approuvant les comptes de 1832.

à la nouvelle mode... C'est bien dommage que nous n'ayons pas un *panthéon* pour loger nos économistes après leur mort : ils y seraient en meilleure compagnie qu'à l'*hôtel des fous*... Je crois que nos économistes seraient aussi embarrassés de nous procurer des secours inopinés, qu'il leur est aisé actuellement de donner carrière à leur *quinteuse* imagination..... »

Ce langage n'était nullement parlementaire. Mais ce qui est étonnant, c'est que D. Saint-Preux et H. Dumesle auxquels il s'adressait, ne répondirent point à Milscent. Ce ne fut que dans la séance du 7 août que le premier proposa à la Chambre, d'appliquer les dispositions de l'art. 77 de la constitution contre tout représentant qui userait de « personalités » à l'égard de ses collègues dans une séance; c'est-à-dire, la censure ou les arrêts. A quelle cause attribuer cette abstention de leur part ? C'est qu'ils voyaient que Milscent disposait d'une majorité dont ils redoutaient l'effervescence, si leurs paroles excitaient son irritation.

A la séance du 5 août, R. S. Rodriguez prononça un nouveau discours dont le but était de joindre à ses vœux précédemment exprimés, celui de voir ouvrir le port de Monte-Christ au commerce extérieur, afin d'y faire passer les produits de Saint-Yague, de la Véga, de Cotuy, etc., principalement le tabac; et il appuyait sa proposition sur la possibilité de trouver une route plus facile pour le transport de ces denrées que par la voie de Puerto-Plate. La Chambre ne décida rien à ce sujet. A sa séance du 7, elle entendit la lecture du projet de loi « sur les patentes » pour 1834; à celle du 12, elle reforma son bureau en élisant Milscent, *président*, Phanor Dupin et Volpélière, *secrétaires* [1].

—————

1 Phanor Dupin, l'un des représentans du Nord et ancien officier de marine, n'était pas orateur; mais personne ne savait autant que lui discipliner une majorité dans la Chambre. Sous ce rapport, il était le bras droit de Milscent.

Le lendemain 13 août, Milscent convoqua la Chambre à une « séance extraordinaire » dans l'après-midi et en comité général : elle se réunit en majorité. H. Dumesle et D. Saint-Preux, qui n'avaient pas été convoqués nominativement comme leurs collègues, s'y présentèrent néanmoins; mais on leur *refusa* l'entrée par ordre du président de la Chambre. Qu'allait-elle donc faire dans cette séance, qui exigeât leur non-comparution, cette mesure *arbitraire* à leur égard ?

Latortue, représentant des Gonaïves, obtint la parole et lut une motion :

« J'ai conçu sans balancer, dit-il, le plus juste et le plus salutaire des desseins : craintes, espérances, tout nous est commun, tout nous rapproche... N'est-il pas honteux que nous soyons ici, voilà déjà deux mois, dans l'*inaction* la plus complète, promenant soir et matin notre *désœuvrement* par toute la ville ?... A qui attribuerons-nous l'inaction dans laquelle nous aurons passé deux de nos sessions?... On a vu de nouveau apparaître à cette 4° législature, avec un profond sentiment de douleur, *une secte impie et audacieuse* qui, couverte du manteau de l'inviolabilité de la représentation nationale, cachait sa tête hideuse et sa perfide machination sous le masque d'un faux patriotisme... Ah ! Messieurs, leur projet était vaste; ils ont voulu et désiré avec ardeur de voir *le renversement* de ce gouvernement dont vous êtes une des puissantes colonnes, dussent-ils même, pour réussir, entraîner les Haïtiens à..... Je frémis de prononcer le mot. Heureusement, législateurs, ils n'ont point trouvé parmi nous des partisans..... Nous nous plaignons que le chef du pouvoir exécutif, à qui appartient l'initiative de la proposition, ne nous envoie pas des projets de lois; mais, Messieurs, examinons notre conduite... Depuis le

commencement de cette 4ᵉ législature, quelques membres
de la Chambre se sont mis constamment *en travers;* ils
voyaient avec un plaisir malin prêter des intentions *perfides,
odieuses et attentatoires* au caractère du chef du pouvoir
exécutif, sur tous les projets de lois qu'il a pu nous adresser [1]. Les auteurs de cette imputation calomnieuse ont
poussé le ridicule et l'insulte jusqu'à dire, *au milieu de nous,*
et même à répandre dans les *papiers publics* [2], qu'il voulait
établir la *monarchie* en Haïti, se faire *Dictateur*, *Roi*, et tant
d'autres absurdités que je me dispense de répéter ici. Les
insensés! ils feignent de vouloir la concorde et l'harmonie
entre les pouvoirs, et chaque mot qui leur sort de la bouche
prêche le désordre et la désunion!... *Leurs vœux ne seront
accomplis que quand ils auront précipité Haïti dans l'anarchie et dans tous les maux qui en sont inséparables.* Voilà,
législateurs, la coupable pensée que je vous signale, des représentans Hérard Dumesle et David Saint-Preux... Ne
devriez-vous pas trembler de souffrir plus longtemps dans
votre sein *ces êtres turbulens* qui creusent l'abîme où ils
voudraient engloutir vous et la nation? Ne voyez-vous pas
que leurs efforts tendent *à soulever le peuple* sous le prétexte
de l'éclairer [3]?... Ne balançons donc pas *à expulser* de
notre sein, par un décret, *ces intrus...* Je demande à ce qu'il
plaise à M. le président de la Chambre, de vouloir bien
mettre la question aux voix, après qu'il en aurait fait le
résumé. »

La proposition fut livrée aux délibérations de l'assemblée. Aucun membre ne réclama la comparution des deux

---

[1] Allusion aux projets de loi électorale et de contrainte par corps, proposés en 1832,
et retirés par le Président.

[2] Dans la *Feuille du Commerce.*

[3] Mais l'orateur ne provoquait que trop à cela, par la conclusion de son discours, par
la décision qu'il fit prendre.

accusés pour être *entendus*, mais il y eut diverses opinions émises. Labarrière demanda contre eux l'application « de la censure et des arrêts ; » — A. Pierre, « une punition exemplaire ; » — Loiseau, « la mise aux voix ; » — Lebrun, « que la Chambre fût assez *indulgente* pour *les expulser* » *seulement*, car leur *crime* est prévu par l'art. 94 de la » constitution [1] ; » — Lafontant, « que les arrêts fussent prononcés ; » — Verdier, « que les motifs d'accusation fussent déduits. » — Latortue reprit la parole pour persister dans sa motion.

Milscent, présidant, déclara les débats terminés. Au lieu de résumer ces débats, il prononça un discours écrit d'avance, qui ne pouvait manquer de conclure selon la motion de Latortue, et par les mêmes considérations. Il imputa de plus aux accusés « d'avoir divulgué, publié des délibérations à huis-clos. » Pour établir le droit de la Chambre de décider souverainement à leur égard, il dit :

« Il est d'une vérité éternelle, que celui qui *peut faire, peut défaire*. Il vous appartient réellement d'apprécier le mérite des élections législatives, puisque le tout qui se compose de la réunion de vos individus est *le résumé* de la nation entière. *Une fois constitués en corps, la généralité des citoyens, légalement parlant, est soumise à vos décrets* [2]... Il n'est pas moins certain que, lors même que vous auriez consacré la validité d'un mandat communal, vous ne pourriez *tolérer* parmi vous un élu *qui tenterait à renverser* l'édifice social ; un crime commis dans votre sein *peut être réprimé* par vous-mêmes, parce que, dans ce cas, la dénonciation

---

[1] Art. 94. Ils (les représentans) sont traduits devant la même cour (la haute cour de justice) pour *les faits* de trahison, de malversation, de manœuvre pour renverser la constitution et d'attentat contre la sûreté intérieure de la République.

[2] Etrange doctrine de la part d'un *avocat* ! En faisant *des lois* votées par le Sénat aussi et promulguées par le Président d'Haïti, *oui* ; mais *non* dans le sens de ce passage du discours.

ne saurait vous en être faite de l'extérieur[1]... Législateurs *incorruptibles*, la question se réduit à savoir si vous céderez la victoire à une minorité qui ne peut rien sans vous, ou si vous rendrez ses efforts nuls. »

« La question mise aux voix, la Chambre *décide* que les
» citoyens Hérard Dumesle, de la commune des Cayes, et
» David Saint-Preux, de celle d'Aquin, *cessent d'être membres*
» de la Chambre des représentans des communes d'Haïti,
» et que leurs suppléans seront appelés à les remplacer à
» la session prochaine 2. »

Le 14 août, la Chambre se résolut à faire une adresse au peuple : elle en prit lecture, car cet acte avait été préparé. Elle adressa aussi un message au Sénat et un autre au Président d'Haïti, pour les informer de l'expulsion des deux représentans, « qui, dès le commencement de cette législa-
» ture, n'ont cessé de fomenter la discorde, de provoquer
» des dissensions civiles et d'entraver notre marche législa-
» tive. Il nous en a *beaucoup coûté* de sévir contre des
» représentans de la nation ; mais rien ne peut balancer
» l'intérêt public. »

L'adresse au peuple commençait par ces mots : « Le salut du peuple est la loi suprème. » Elle disait ensuite :

« Vos mandataires fidèles vous annoncent *avec douleur* un acte de sévérité, mais *indispensable* à la tranquillité, à l'union et à la force qui sont nécessaires à la prospérité de la patrie. Nos soins, dès le commencement de cette législature, tendaient à établir entre les pouvoirs constitués une harmonie qui devait les faire concourir avec la même intelligence au bonheur de la commune famille ; mais deux

---

1 Que devenait donc la constitution, art. 94, qui voulait que représentans, sénateurs, etc., fussent jugés par la haute cour de justice?

Pendant la présente session, le citoyen Malval, second représentant des Cayes, avait envoyé sa démission. — *Bulletin des Lois*, no 5.

hommes, *pervertis* par un système absurde, persistaient, avec une constance condamnable, à rendre nuls tous nos efforts, soit en cherchant à *corrompre* l'esprit public par des écrits perfides, soit en faisant retentir la tribune nationale de *vociférations séditieuses*. De telles entraves ne pouvaient manquer de vicier notre marche législative, et il n'est que trop vrai que nous étions tombés dans une *inaction* qui ne pouvait se prolonger sans devenir ignominieuse. Vos mandataires fidèles... ont *expulsé* de leur sein les citoyens Hérard Dumesle, de la commune des Cayes, et David Saint-Preux, de celle d'Aquin, dont les manœuvres *tendaient* visiblement à provoquer la dissolution du corps politique [1]... »

Dans la même séance, une députation de sept membres de la Chambre avait apporté au Président d'Haïti le message qui lui fut adressé. Six autres n'y avaient pas paru et demandèrent par lettres la permission de s'en absenter pendant quelques jours. Le 16, trois autres écrivirent à la Chambre et sollicitèrent des permis de s'en éloigner. La Chambre, voyant cette espèce de *sauve-qui-peut*, décida à l'unanimité : « que ceux de ses membres qui n'ont pas obtenu de permis pour s'absenter, et qui refuseraient de donner leurs *signatures* à ses actes, seront *réputés* avoir donné leur démission. » Tous se soumirent à cette décision et vinrent signer sur les registres. Elle avait aussi arrêté que les représentans exclus seraient avertis de leur déchéance : ce qui eut lieu.

Hérard Dumesle et David Saint-Preux n'étaient pas hommes à se soumettre passivement à leur expulsion de la Chambre des communes, prononcée surtout avec les cir-

[1] Ceci rappelle assez bien les procès de *tendance* qui eurent lieu en France sous la Restauration.

constances que nous avons relatées d'après le *Bulletin des lois*. Ayant produit les accusations portées contre eux, il est juste que l'histoire fasse connaître ce qu'ils ont dit pour leur défense devant la nation et la postérité. Ils n'avaient pu se faire entendre de leurs collègues; ils adoptèrent la voie d'une *protestation* en date du 14 août; la voici :

« Nous soussignés, représentans des communes des Cayes et d'Aquin, déclarons à la face de la nation haïtienne, dans l'intérêt de nos élesteurs, pour notre propre honneur et la conservation de nos droits imprescriptibles, *protester* solennellement contre l'acte attentatoire par lequel ceux de nos collègues qui ont profané leurs mandats, s'attribuent exclusivement le droit de composer la Chambre des représentans des communes et prétendent nous exclure de cette assemblée. Et, dans le sentiment d'une profonde douleur, d'une juste et patriotique indignation, nous déclarons que, s'étant emparés de toute la puissance législative, ceux-là ont frappé d'interdit les *prérogatives* du Sénat, usurpé le pouvoir judiciaire et rompu l'équilibre social; ils ont, par cette perturbation subversive, compromis le gouvernement constitutionnel, en imaginant des dangers de position pour immoler les principes consécrateurs de l'ordre et de la sûreté publique à leur prétendu dévouement; qu'ils ont violé dans nos personnes les garanties assurées à la représentation nationale et tous les droits des électeurs; qu'ils ont foulé aux pieds les formes protectrices des libertés publiques, proclamé la révolte de l'inconstitutionnalité, établi le despotisme et ses funestes théories; et puisant dans les souvenirs des temps désastreux l'exemple de la plus monstrueuse politique, ils ont calomnié pour proscrire, et les pensées généreuses et les vœux formés pour les améliorations sociales et le bonheur commun.

» Ayant fait sortir la Chambre de la sphère de ses attributions, ils ont accompli un dessein conçu contre elle et détruit le but et l'objet de son institution. En effet, en ouvrant cette constitution qu'ils ont si outrageusement méconnue, nous y lisons : que la Chambre ne peut prononcer de plus fortes peines contre ses membres, que la censure et les arrêts pour quinze jours au plus ; nous nous convainquons que nul député ne peut être recherché pour avoir usé de la liberté tribunitienne ; que les législateurs ne peuvent être poursuivis qu'en vertu des formes légales, et que le droit de les juger est remis à la haute cour de justice.

» C'est donc porter la hache de l'arbitraire sur le pacte social, c'est ériger l'anarchie en système régulier, c'est prouver au peuple haïtien que ses institutions sont purement nominales, c'est faire tomber le voile de l'illusion, que de dévier ainsi des dispositions qui constituent l'existence morale et politique de la Chambre. Eh ! comment ont-ils osé, ceux-là, se croire en droit d'exercer cette puissance incommensurable qui écrase de son poids les droits et les intérêts de tous! C'est que la crainte et l'espérance, ces deux mobiles du cœur humain, ont été mises en action pour subjuguer la plupart d'entre eux, et qu'ils n'ont pu résister à la pernicieuse influence qui les entraînait ; car, si la raison constitutionnelle les éclairait dans ces instans de turbulence et de déception, ils eussent compris qu'en attaquant le caractère sacré de deux membres de la Chambre, ils se dépouillaient eux-mêmes de l'inviolabilité, et qu'en se plaçant sur le sable mouvant de l'intrigue, ils rendaient leur existence précaire.

» Les *menaces* qu'on a entendu tomber de la tribune, à la dernière session, et que l'un de nous a relevées dans un

discours *publié* dans le temps ; les paroles sinistres qui sont
sorties de la même bouche à la séance du **29** juillet dernier [1],
à l'occasion d'une loi d'impôt contenant des dispositions
acerbes, loi qui a été rejetée à la presque unanimité de la
Chambre [2] ; ces paroles, disons-nous, sorties de la bouche
du *principal machinateur* de cette trame, étaient sans
doute des indices suffisans pour faire penser *que le ressort
invisible qui fit mouvoir l'événement du* **30** *août* **1822** [3], de
cette époque qu'il faudrait pouvoir arracher des pages
de notre histoire, était remis en activité pour reproduire le
dénouement fatal avec moins d'agitation et plus d'immoralité encore. Toutefois, nous n'avions pas besoin de cet
avertissement pour savoir que ceux qui sèment les principes
ne recueillent le plus souvent qu'amertume et dangers;
mais en entrant dans la carrière, nous avions écrit sur nos
cœurs : *Dieu, la Patrie, l'Univers et la Postérité !* Nous n'i-
gnorions pas que la présence d'un seul homme de bien fait
le supplice des méchans, et que ceux qui renoncent à toute
pudeur politique sont propres à être *les instrumens* des plus
funestes desseins ; nous étions avertis, avant de quitter nos
foyers domestiques, que la palme législative devait être pour
nous changée en cyprès ; mais nous n'avons pas dû reculer
devant nos devoirs et la confiance de nos électeurs. D'ailleurs,
il était naturel de croire qu'au sein de la paix la plus parfaite, on n'oserait pas, pour arriver à nous, consommer un
si grand attentat contre la constitution, et *lugubrer* l'avenir
par le présent. Qu'a-t on, en effet, à nous reprocher ? Une
intime et profonde conviction que la vérité est le principe
régénérateur des Etats. Disciples de cette révélation politique et morale qui enseigne les droits des peuples, et les

<hr>

1 Allusion au discours de Milscent, à propos de la loi sur l'impôt foncier.
2 Elle fut seulement ajournée, mais votée ensuite.
3 Allusion à l'affaire de F. Darfour, qui entraîna l'expulsion de plusieurs représentan

devoirs de ceux auxquels ils confient leur saült, inspirés par cette vérité, objet de notre culte, nous avons exprimé, avec l'indépendance du républicanisme le plus pur, *des vœux* :

« Pour que le mode électoral fût composé d'élémens qui pussent à la fois garantir l'indépendance des votes et entretenir le feu sacré des principes ; — pour que le recrutement et le renouvellement progressif de l'armée fussent l'objet d'une loi libérale; pour que la solde des militaires fût améliorée, et que le sort des vétérans de la gloire nationale fût fixé; — pour qu'un système d'ordre régulier s'introduisît dans nos finances, et que la fortune particulière, s'asseyant sur des bases réelles, assurât la fortune publique ; — pour que le budget vînt centraliser la marche de l'administration publique, réprimer les désordres de la spoliation et faire tourner l'impôt au plus grand avantage des contribuables ; — pour que l'éducation, ce véhicule de la civilisation, prît une physionomie nationale, à l'aide des encouragemens qu'elle sollicite ; — pour que les nobles pensées de liberté et d'indépendance fussent appréciées ; — pour que l'agriculture, cette base réelle de la puissance des Etats, fût vivifiée par des institutions formées par l'esprit de liberté et de bon ordre ; — pour que le commerce prît un nouvel essor et animât l'industrie;—pour que le pouvoir judiciaire jouît de sa pleine indépendance ; — pour que l'interprétation ne transportât pas l'anarchie dans les lois.

» Nous avons plus fait, nous avons porté nos regards dans l'avenir; nous avons invité Haïti à le conquérir, en *revisant* sa constitution. Nous avons honoré la mémoire du grand Haïtien (Pétion). Notre sollicitude a souvent embrassé la situation du pays à l'égard du dehors et de la dette de l'Etat.

» Si ces pensées nationales, si ces pensées de liberté et de félicité publique sont des crimes, nous dévouons nos têtes à l'anathème. Mais, si ce sont des vertus qui eussent été honorées dans le monde entier, nous avons rempli, au moins en efforts, notre mission de vérité, d'ordre, de conservation et d'amélioration; nous avons mérité les honneurs que cette proscription attire sur nous. Ainsi, nous protestons :

» 1° Contre toutes entreprises que l'inconstitutionnalité a conçues et oserait concevoir contre les droits et l'intérêt du peuple haïtien; — 2° contre l'acte qui a entrepris de nous dépouiller violemment et au mépris de la constitution, du caractère dont nous avons été revêtus par le vœu libre de nos concitoyens; — 3° contre les conciliabules que les machinateurs de cette trame criminelle ont tenus en dehors de la Chambre, et où ils ont lié leurs adhérens par d'affreux sermens, où ils les ont enrôlés dans l'infamie; — 4° contre l'envahissement qu'ils ont fait de tout pouvoir, en se constituant législateurs, accusateurs, rapporteurs, jurés et juges, pour accomplir cette œuvre d'iniquité; — 5° contre l'action qui nous priva du droit naturel, du droit sacré de nous défendre, et qui substitua aux formes protectrices de la sociéte, celles de l'inquisition; qui introduisit la terreur dans le sein de la Chambre, pour forcer les députés qui conservaient leur conscience pure, à signer une adresse impie. — 6° nous protestons contre eux, pour nous avoir *fermé les issues* de la Chambre avec des baïonnettes, à la séance vraiment extraordinaire du 13 du courant, où ils prodiguèrent les vociférations les plus vénéneuses contre nous, mais où ils se gardèrent de nous convoquer; — 7° pour avoir, mais en vain, cherché à égarer l'opinion publique contre nous et à provoquer des malheurs; — pour avoir, enfin, encouru la mise hors la loi prononcée par l'art. **24** de la constitution [1].

» Et afin que la présente protestation ait toute la force que la loi, la raison et les principes conservateurs de l'ordre social ont attachée à son importance, nous en appelons au tribunal de l'opinion publique ; au Sénat, *dépositaire et conservateur* de la constitution d'Haïti ; au jugement des amis des principes et aux philanthropes de tous les pays, de l'iniquité de cet acte qui recèle en lui tous les germes de dissolution. Nous déclarons nous éloigner de cette assemblée qui a perdu tout caractère légal et constitutionnel, pour conserver purs les mandats que nous a délégués la confiance, et aussi l'inviolabilité y attachée. Déclarons que nous attendons du patriotisme et du respect que le Sénat a toujours montrés pour les principes qui sont les bases de notre existence politique, la convocation de la haute cour de justice devant laquelle nous comparaîtrons avec la sécurité que nous inspirent notre conscience et notre conviction.

» Port-au-Prince, le 14 août 1833, an 30ᵉ de l'indépendance d'Haïti.

» Signé : **Hérard Duméslè, David Saint-Preux.** »

Ces deux représentans adressèrent, en effet, leur protestation accompagnée d'une lettre au Sénat, dans laquelle ils insistèrent pour que ce corps convoquât la haute cour de justice, afin de les juger. Mais le Sénat rendit un décret, le 16 septembre, qui déclara : « qu'il n'y avait pas lieu à con- » voquer la haute cour de justice, comme le demandaient » les citoyens Hérard Dumesle et David Saint-Preux, pour y

---

1 Art. **24.** Celui qui viole ouvertement la loi se déclare en état de guerre avec la société.

» être jugés sur les faits qui ont causé leur expulsion de la
» Chambre des représentans ,. »

Ainsi le décida la majorité; car il y eut des membres qui
opinèrent en faveur de la convocation, qui furent même
d'avis, tout d'abord, que le Sénat adressât un message à la
Chambre, pour lui représenter qu'elle n'avait pas le droit
d'exclure ses membres, mais seulement celui de les mettre
en accusation, en se conformant aux dispositions des art. 94
et suivans de la constitution [2]. D'autres sénateurs firent
remarquer que la Chambre était entièrement indépendante du Sénat, et *vice versâ;* que le Sénat n'avait par conséquent aucun droit de censure sur elle ; qu'elle était responsable de ses actes devant l'opinion publique ; que si
elle-même avait mis en accusation les deux représentans et demandé au Sénat la convocation de la haute
cour de justice, alors seulement cela aurait pu avoir
lieu [3]. Cette opinion était tout à fait conforme à la constitution.

Quant au message de la Chambre qui l'informait de l'exclusion prononcée, le Sénat n'y répondit que dans la session de 1834, et par un simple « accusé de réception. »
Nous ignorons quelle fut la réponse du Président d'Haïti à
celui qui lui fut adressé, et ce qu'il dit à la députation qui

---

[1] H. Dumesle considérait le Sénat comme étant le premier corps politique de l'État, le conservateur de ses institutions : ainsi il en parlait dans l'adresse de la Chambre au peuple, du 30 juin 1824. Mais après le prononcé du Sénat sur sa protestation, et par la suite encore, il ne lui reconnut plus cette haute position ; ce fut à la Chambre qu'il attribua l'exercice plein et entier de la souveraineté nationale.

[2] MM. J. Georges et Audigé, amis de H. Dumesle, furent surtout ceux qui opinèrent ainsi : ils ne cachèrent pas leur indignation contre la Chambre.

[3] En juin 1817, le Sénat n'ayant pas voulu d'abord admettre la réélection du sénateur Larose, adressa un message à la Chambre, par lequel il lui *ordonnait* de choisir un autre des trois candidats proposés par Pétion. Mais la Chambre releva ce terme en disant au Sénat : qu'il ne lui appartenait pas de *censurer* ses actes ; que les deux corps étaient indé-pendans l'un de l'autre ; que le Sénat, dépositaire de l'acte constitutionnel, avait seule-ment le *veto* à l'égard *des lois* rendues par la Chambre.

le lui apporta, mais il est probable qu'il se félicita de la mesure.

En présence de l'art. 94 de la constitution dont nous avons cité le texte, le lecteur ne pense pas, sans doute, que nous allons produire aucun argument en faveur de l'exclusion de ces deux membres de la Chambre des communes. Nous avons d'ailleurs manifesté notre opinion sur l'inconstitutionnalité d'une pareille décision de la part de la Chambre, à propos des événemens de 1822, en disant que la convocation de la haute cour de justice était une chose possible alors; par la même raison, il y avait possibilité à cet égard en 1833. Dans l'un et l'autre cas, la Chambre n'eut pas recours à cette voie légale tracée d'avance, probablement parce qu'elle reconnut la difficulté d'asseoir une accusation. L'art. 94 voulait *des faits* pour la motiver, et ceux allégués contre H. Dumesle et D. Saint-Preux n'auront pas paru suffisans, aux avocats mêmes qui les accusèrent, dans le but qu'ils poursuivaient : les exclure par le vote de la majorité sembla préférable, et on s'y arrêta; mais ce n'était qu'une *oppression*.

La Chambre fut-elle entraînée à cet acte coupable, comme en 1822, par *l'intimidation* exercée à son égard par le Président d'Haïti? Les faits et les circonstances que nous avons relatés ne le prouvent nullement en 1833. Céda-t-elle seulement à une *pression* de Boyer sur l'esprit de ses membres, ou à une *insinuation* d'imiter la conduite de la législature de 1822? Rien ne saurait le prouver. On peut penser, croire ainsi, mais sans fournir les élémens nécessaires pour ajouter foi à cette induction.

En effet, qu'a-t-on vu dès qu'il s'agit de la formation de cette 4e législature? Une proclamation du Président aux élec-

teurs, les conviant à nommer « des représentans éclairés,
» vertueux et patriotes, qui sauraient apprécier les amélio-
» rations réclamées par le véritable intérêt national? » La
Chambre des communes se réunit, se prévaut de ces paroles, fait un discours au Président et lui envoie une adresse;
dans ces deux actes, elle exprime sa satisfaction des dispositions qu'il montre à agréer les vœux qu'elle pourra former;
elle en énumère un certain nombre, elle lui dit « qu'il a
» beaucoup fait, mais qu'il lui reste encore beaucoup à faire
» pour la patrie. » Elle érige deux tribunes dans la salle de
ses séances, destinées à ses orateurs et à ceux du pouvoir
exécutif, et porte le Sénat à l'imiter en cela, sans envisager néanmoins la difficulté de réaliser ses désirs à cet
égard.

Que fait le Président d'Haïti? Il propose deux projets de
loi qui entrent dans les vœux exprimés : l'un d'eux a été
élaboré entre un comité de la Chambre et une commission
du gouvernement. Mais, de ce que le Président s'arrête aux
idées conçues par la commission, l'amour-propre, peut-être
la présomption de deux représentans, les porte à repousser
ce projet préféré, par des paroles offensantes pour le caractère du chef de l'État, à qui ils supposent des vues contraires
à l'intérêt général, de perfides intentions envers une partie
de ses concitoyens. Ces imputations injustes excitent le
mécontentement de la majorité de la Chambre; elles ont un
éclat qui décide le Président à retirer ce projet de loi. L'autre
projet est pareillement retiré, parce que les mêmes représentans l'ont attaqué par des motifs analogues. Ils font plus;
ils livrent à la publicité, dans un journal hostile au gouvernement, le projet de loi préparé par le comité de la Chambre, faisant ainsi un appel à l'opinion publique, occasion-
nant par là des commentaires injurieux pour la personne

du Président, augmentant dans la capitale le nombre des opposans qui s'y trouvaient. Boyer se décide alors à abandonner la Chambre à elle-même ; il la laisse à sa propre initiative pour les lois d'impôts, en se retranchant dans celle que lui donne la constitution, pour en user selon qu'il le jugera convenable. Et la première session de cette législature, qui s'annonçait sous des auspices si favorables, se borne à trois lois peu importantes.

Dans l'intervalle de cette session à celle qui l'a suivie, une circulaire du ministre de la justice, écrite par ordre du Président, interprétant un article de la constitution d'après *l'esprit* de ce pacte fondamental, fondée sur des faits graves contraires à la hiérarchie judiciaire, sur des besoins publics, vient décider qu'il y a *incompatibilité* entre les fonctions de représentant et celles d'officier ministériel, afin de porter ceux qui les cumulent à *opter* entre les unes et les autres ; et les mêmes représentans qui se sont montrés opposans, s'en prévalent pour crier à l'arbitraire, pour vouloir que le ministre soit mandé à la barre de la Chambre des communes, afin de s'expliquer sur cet acte. Il est vrai qu'ils se basent sur la constitution qui permet cette comparution, que dans *la forme* ils couvrent la responsabilité du Président par celle du ministre ; mais qui ne s'aperçoit qu'*au fond* de leur démarche ils désirent atteindre le Président dans la personne du ministre ? Leurs collègues en sont convaincus et repoussent leur demande comme inutile ; ce sont surtout des officiers ministériels comme eux qui prouvent cette inutilité, eux qui sont également intéressés dans la question qui est soulevée ; ce sont eux qui leur disent de pas en faire une question *personnelle* sous le masque des principes. Dans la même séance, on voit encore ces opposans essayer de soutenir une demande inconcevable,

adressée à la Chambre par un journaliste légalement condamné ; cette demande est repoussée par la majorité.

Mais, dès le début de cette 2ᵉ session, on voit surgir
entre ses membres les plus éclairés, une dissidence d'opinions qu'animait *la rivalité d'influence*, chacun cherchant
à l'exercer sur ses collègues : elle éclate dans toutes les
questions qui sont agitées. Il arrive même un moment où
Milscent, devenu chef de la majorité depuis l'année précédente, prononçe un discours plein de personnalités à l'égard
de H. Dumesle et D. Saint-Preux, à propos d'une loi d'impôt. Ce discours, après celui prononcé par R. S. Rodriguez,
signalant une « *opposition violente* dans la Chambre, laquelle
» a inspiré du dégoût au chef de l'État, à la vue de ses in-
» tentions méconnues et de ses efforts contrariés, » invitant la Chambre, « à *châtier* les imprudens, les esprits in-
» quiets et turbulens : » ce discours de Milscent, disons-
nous, fait évidemment voir qu'il aspirait à rester *seul in-
fluent* dans la Chambre, et pour cela, à se débarrasser des
deux autres représentans qui marchaient d'accord dans
leur opposition et qui le gênaient, par leur aptitude à discourir à la tribune. De là cette résolution de la majorité
qui l'élit président le 12 août et qu'il réunit le lendemain
dans une séance extraordinaire, pour. exclure H. Dumesle
et D. Saint-Preux de la Chambre.

Dans notre conviction, cette lutte d'influence et d'amour-
propre, de jalousie, a été la *véritable cause* de cette mesure
inconstitutionnelle et oppressive. Que Milscent et ceux qui le
secondèrent, aient pensé, aient espéré être agréables en cela
à Boyer, nous n'en doutons pas : ils auront encore espéré
qu'alors le Président souscrirait aux vœux modérés manifestés par la Chambre, et le sacrifice de leurs collègues leur
aura paru une chose urgente aux besoins publics. Ils se

seront crus autorisés à le faire, par le déplorable précédent de la législature de 1822, sans envisager la différence des temps et des circonstances, sans considérer les funestes conséquences qui résulteraient nécessairement de cet acte arbitraire et d'autant plus odieux, qu'ils n'admirent pas les deux représentans exclus à entendre les accusations portées contre eux et à se défendre. En 1822, la Chambre avait au moins une excuse, quelque faible qu'elle fût, en ce que ses membres exclus avaient été arrêtés, disait-on, par le peuple, et emprisonnés par l'autorité exécutive, comme *complices* de l'auteur d'une pétition jugée séditeuse ; mais en 1833, quelle excuse pouvait-elle présenter en faveur de cette violation du droit sacré de la défense? H. Dumesle et D. Saint-Preux se montraient opposans, cela est vrai ; mais l'institution d'une assemblée législative et politique n'en-traîne-t-elle pas la faculté, sinon le droit, de faire de l'*opposition* au pouvoir exécutif, même d'en abuser ? La majo-rité de leurs collègues étant formellement décidée à com-battre, à repousser leurs opinions plus ou moins contraires aux vues de ce pouvoir, elle aurait pu leur laisser la faculté de discourir à leur aise, si elle n'était pas elle-même pas-sionnée comme son chef.

Aussi, quel parti H. Dumesle n'a-t-il pas tiré de son ex-clusion de la Chambre des communes ! Il n'y était qu'un *opposant*, elle en fit *le Chef de l'Opposition* existante dans le pays contre le gouvernement de Boyer. Le Président passa naturellement à ses yeux pour être l'auteur secret, « le » ressort invisible qui fit mouvoir cette trame, comme » l'événement du 30 août 1822, » ainsi que le fait entendre sa protestation ; car elle est tout entière de lui, on y recon-naît son style, et D. Saint-Preux, malgré le concours intelli-gent qu'il lui prêtait et qui fit de lui le *lieutenant* de H. Dumesle, n'était, pour ainsi dire, qu'un satellite attaché à cette planète.

H. Dumesle possédait tout ce qu'il fallait pour être un *tribun du peuple*. Il était doué d'une imagination vive et brillante; il écrivait et s'exprimait avec facilité; sa phraséologie séduisait et captait les esprits inexpérimentés. Son tempérament, ses mœurs mêmes se prêtaient au rôle que son ambition le portait à jouer dans la République. Avide de popularité, à l'exemple des orateurs des chambres législatives en France et en Angleterre dont les discours nourrissaient son esprit mobile, il visa dès lors à la conquérir par son attitude envers le pouvoir exécutif .

Sa protestation en est une preuve convaincante; il s'y posa en réformateur de tout ce qu'on considérait comme abus dans l'administration; en provocateur de toutes les mesures d'améliorations publiques et sociales, en embrassant dans ses *vœux* celles qui pouvaient le plus intéresser tout le monde : les esprits éclairés, les militaires en activité de service, les vétérans, les pères de famille, les propriétaires agriculteurs, les commerçans, les magistrats de l'ordre judiciaire. Il n'oublia pas de parler de sa « sollici-» tude » pour le pays tout entier, dans ses rapports avec l'étranger et eu égard à la dette nationale, ni d'exalter la mémoire de Pétion pour l'opposer à Boyer. Cette protestation devint le *programme* qu'il lança au public, à tous les esprits ardens ou calmes qui désiraient sincèrement le pro-

---

1 H. Dumesle envoya des copies de sa protestation à Lord Brougham, à O'Connell, à M. Isambert; tant il était désireux de renommée et de prouver qu'enfin Haïti pouvait aspirer à la civilisation par le règne des principes. En 1836, M. Isambert m'en parla et me demanda si la Chambre des communes avait *le droit* d'exclure ses membres, comme celle de la Grande-Bretagne. Je lui répondis : « Avez-vous la constitution d'Haïti ? — Oui, e l'ai. — Alors, vous pouvez y voir qu'elle n'a pas ce droit, qu'elle peut seulement accuser ses membres et les faire juger par la haute cour de justice. »

grès, l'avancement d'Haïti dans une voie civilisatrice. Tous ses écrits publiés ensuite, tous les discours prononcés par lui, n'ont été que le développement de cet acte qui rallia l'Opposition autour de lui, pour suivre désormais sa bannière sur laquelle il écrivit ce mot magique : *Amélioration*[1]. Et pour dessiller tous les yeux, il a fallu que *le succès*, couronnant son œuvre et lui donnant une influence décisive en 1843, vînt prouver son *inaptitude* à réaliser tout ce que désiraient son ambition, et sans nul doute son patriotisme.

Dans notre conviction encore, Boyer eût pu modérer, diriger cette ambition, ou du moins détourner H. Dumesle de cette voie dans laquelle il entra, forcément en quelque sorte, car son amour-propre blessé, froissé, irrité, l'y poussait afin de ne pas paraître coupable. Dans sa jeunesse, H. Dumesle avait reçu de Boyer de nombreux témoignages d'intérêt affectueux, il en avait gardé le souvenir. Dans son ouvrage intitulé — « Voyage dans le Nord d'Haïti, » il se plut à consigner son admiration pour Boyer; à la Chambre, en 1824, il en fit un éloge pompeux. Mais le *caractère* du Président s'opposait à ces moyens qu'un chef de gouvernement emploie souvent, dans l'intérêt public et sans perdre de sa dignité, pour désarmer un ambitieux[2].

Après l'exclusion des deux représentans, la Chambre vota, le 21 et le 30 août, la loi « sur les patentes et celle sur » l'impôt foncier, » telles que le comité de finances les avait préparées sous la direction de Milscent. Elle termina sa session le 12 septembre. Celle de 1834 devait présenter un

---

[1] A présent, le mot *progrès* a remplacé son devancier. A toutes les époques, l'esprit humain se saisit toujours d'une idée pour exprimer ses espérances, ses aspirations dans l'ordre moral et dans l'ordre matériel.

[2] Je parlerai plus tard d'une lettre que H. Dumesle adressa à Boyer en 1836, et qui motive l'opinion que j'émets dans ce paragraphe.

plus grand nombre de lois, proposées par le pouvoir exécutif, selon qu'il entendait l'idée « d'amélio
» rations réclamées réellement par le véritable intérêt na
» tional. »

Lorsque les deux lois rendues en dernier lieu par la
Chambre des communes parvinrent au Sénat, le sénateur
J. Georges, appuyé de son collègue Audigé (tous deux mécontens de cette Chambre par rapport à l'exclusion de
H. Dumesle et D. Saint-Preux), fit observer que ces lois
d'impôt, émanées de l'initiative des représentans, contenaient des dispositions d'*exécution* qui rentraient nécessairement dans l'initiative du Président d'Haïti, parce que
la Chambre devait se borner, selon l'art. 57 de la constitution, à « établir les contributions publiques, en détermi
» nant leur nature, leur quotité, leur durée et leur mode
» de perception. » Il ajouta que les mesures à indiquer aux
agents du gouvernement, les peines à prescrire contre les
délinquans, etc., devaient être proposées par le Président.
Le Sénat adopta cette distinction et adressa un message à
ce sujet à Boyer qui, le 7 septembre, y répondit en accueillant ces observations et faisant savoir qu'il les avait transmises à la Chambre, que celle-ci les avait trouvées justes,
et qu'à l'avenir elle s'y conformerait.

Une question d'une plus haute importance fut examinée
et résolue entre le Sénat et le Président d'Haïti, au moment
où la session législative venait de s'ouvrir.

Après avoir exercé, à l'imitation de Pétion, de nombreux actes de *clémence* envers des condamnés pour toutes
sortes de délits, Boyer éprouva, non un scrupule à ce sujet,
mais le désir de régulariser de tels actes à raison de l'existence des codes des lois civiles et pénales publiées depuis
plusieurs années. A cet effet, il forma une commission

composée des citoyens Pierre André, commissaire du gouvernement près le tribunal de cassation ; Seguy Villevaleix aîné, chef des bureaux de la secrétairerie générale ; Eugène Seguy Villevaleix, secrétaire particulier du Président ; et B. Ardouin, commissaire du gouvernement près le tribunal civil, et il la chargea d'examiner cette question : « Le Président d'Haïti a-t-il le droit de faire grâce ? »

Cette commission lui avait présenté un rapport à ce sujet, dès le 4 décembre 1832. Elle avait examiné les opinions émises sur le droit de grâce, par les principaux publicistes et les jurisconsultes les plus célèbres [1]. Elle considéra, que si la constitution de 1816 de même que celle de 1806, n'accordait pas textuellement ce droit au chef de l'Etat, elle ne le défendait pas non plus ; et que Pétion et Boyer en avaient tous deux usé en bien des circonstances, avec avantage pour la République, en obtenant certainement l'approbation du peuple. La commission conclut donc son rapport en disant au Président : qu'il lui semblait qu'il devait continuer à exercer cette prérogative auguste, qui était en harmonie avec toutes les attributions politiques réservées au Président d'Haïti par la constitution. Néanmoins, elle résuma son opinion à cet égard, ainsi qu'il suit :

« 1o Le Président d'Haïti, en sa qualité de chef de l'Etat, et en vertu des attributions qui lui sont déléguées par la constitution, a le droit de faire grâce. — 2• Le droit de grâce est celui de remettre ou de commuer les peines établies par la loi et prononcées par les tribunaux compétens. 3° Le droit de grâce ne devant être exercé que lorsque l'in-

---

[1] La commission chargea M. S. Villevaleix aîné de rédiger son rapport, contenant une soixantaine de pages où furent citées les opinions de Grotius, Hobbes, Montesquieu, J.-J. Rousseau, Mably, Vattel, B. Constant, Paillet, Bentham, etc. On connaît d'ailleurs la capacité de ce citoyen éclairé qui consacra plus de vingt années de sa vie au service de la République.

térêt public l'exige, ou le permet, il est évident que là où il n'y a pas d'intérêt public, que là encore où cet intérêt n'est point majeur, ce droit perd son action. Il n'y a donc que dans les causes criminelles que l'exercice du droit de grâce puisse être utile : dans les affaires correctionnelles, il serait contraire à son but ; il serait injuste et illégal dans les affaires civiles. — 4° Le droit de grâce est illimité. Il s'applique et s'étend indistinctement à tous les citoyens condamnés par les tribunaux criminels et à tous les militaires des armées de terre et de mer condamnés par les tribunaux compétens. — 5° Le droit de grâce ne préjudicie en rien au droit d'amnistie qui en dérive et qui regarde spécialement les délits politiques. — 6° Le droit de grâce, institué dans le seul intérêt public, ne saurait, par conséquent, préjudicier à des intérêts privés. Ainsi, la remise ou la commutation de la peine corporelle, n'éteint ni ne suspend l'action civile en ce qui concerne la poursuite des dommages ou intérêts, lorsqu'il y a lieu. — 7° La grâce ne peut non plus avoir d'effet rétroactif, elle prend le condamné dans l'état où il est au moment que la condamnation a été prononcée : elle lui restitue l'avenir de ses droits, mais tous les droits acquis, par le jugement, à des tiers, leur sont irrévocablement dévolus. Or, quand la succession d'un condamné a été ouverte à ses héritiers, il ne peut la recouvrer par la grâce, d'après ce principe, que *le mort saisit le vif;* quand elle n'a été mise qu'en régie, il la reprend telle qu'elle se trouve, sans pouvoir réclamer les fruits perçus ni aucuns dommages et intérêts pour raison des torts ou négligence de la gestion. Ainsi encore, la remise de la peine emporte avec elle la remise des amendes prononcées en faveur du fisc, et qui n'auraient point été payées, mais non la restitution de celles qui auraient été acquittées. —

8° La commutation n'étant qu'une modération de la peine, il est évident que le condamné qui en est l'objet ne peut prétendre qu'à l'exercice de la portion de droits que lui laisse la nouvelle peine à laquelle il est assujetti, et sous les conditions ou restrictions énoncées plus haut. — 9° Le droit de grâce n'ayant pour but que de dispenser des peines ou d'en adoucir la sévérité, là où il n'y a pas de condamnation définitive, il ne peut y avoir de grâce. — 10° En conséquence de ce principe fondé sur la raison et sur le respect dû aux lois, il faut qu'un citoyen ait été définitivement condamné pour qu'il puisse être grâcié. 11° Tel est le cas des contumax. Tant qu'ils ne sont pas soumis au jugement définitif, voulu par les articles 30 et 34 du code civil, ils se placent eux-mêmes hors du droit de grâce; pour y rentrer, il faut qu'ils aient parcouru les voies de juridiction qui leur sont ouvertes par la loi. — 12° Pour que la grâce soit exécutoire et pour qu'elle produise les effets qui y sont attachés, il est indispensable : 1° qu'elle émane du pouvoir qui, seul, a le droit de l'accorder ; 2° qu'elle soit contenue dans un acte authentique, signé de lui, qu'on nomme *lettre de grâce*; 3° que cet acte soit enregistré au greffe du tribunal criminel ou de la commission militaire qui a rendu le jugement de condamnation, lequel sera bâtonné et annullé, ou simplement modifié selon la teneur de la lettre de grâce portant remise entière ou commutation de la peine. »

Le 15 juin, Boyer adressa au Sénat un message accompagné du rapport de la commission, pour lui soumettre la même question. Il ne dissimula pas que la constitution ne donnait point, textuellement, le droit de grâce au Président d'Haïti; mais il exposa au Sénat les raisons qui militaient en faveur de ce droit. « Personne n'ignore, dit-il, que

» le fondateur de la République, que l'immortel Pétion a
» plus d'une fois usé de la prérogative du droit de grâce ;
» personne n'ignore que la nation, loin de lui en contester
» l'exercice, s'est plue à lui décerner de justes louanges ;
» personne n'ignore que le dernier acte de sa vie, si pleine
» de faits glorieux, a été un acte de grâce. Si moi-même
» j'ai cru, dans l'intérêt général, devoir exercer le droit de
» grâce, c'est que j'ai pensé que je ne pouvais m'égarer en
» suivant les traces de mon prédécesseur ; c'est que j'ai eu
» confiance dans l'adhésion, comme dans la justice de la
» nation, qui ne peut blâmer dans mes actes ce qu'elle a loué
» dans les actes d'Alexandre Pétion... Toutefois, dans le
» désir que j'ai de marcher toujours d'accord avec les prin-
» cipes des institutions de mon pays, j'ai pensé ne pouvoir
» mieux faire que de consulter à cet égard les lumières et la
» sagesse du corps qui est le gardien du dépôt sacré de la
» constitution... »

Le 8 juillet, le Sénat répondit à ce message en disant :
qu'il s'accordait sur tous les points avec le Président ; que
le droit de grâce devait être exercé par lui, comme il l'avait
toujours été depuis la fondation de la République, quoiqu'il
fût à regretter que la constitution ne l'eût pas établi formellement.

Dans les dix années qui s'écoulèrent, de cette décision à
la chute de Boyer, il eut occasion d'exercer encore le droit
de grâce ; mais nous ne sachions pas qu'il ait délivré des
lettres de grâce à ceux qui en furent l'objet.

CHAPITRE V.

Dans le précédent chapitre, nous avons annoncé la nomination, par le pape Grégoire XVI, d'un légat chargé de ses pouvoirs pour venir régler les affaires religieuses à Haïti, de concert avec le Président de la République. Le prélat revêtu de cette qualité était le révérend Jean England, évêque de Charleston, Irlandais de naissance et fervent catholique comme tous ses compatriotes. Il arriva au Port-au-Prince le 19 janvier, comme un simple particulier, n'ayant pas annoncé d'avance la mission dont il était chargé ; mais en se présentant au presbytère, il se fit con-

naître au vicaire général Salgado, qui s'empressa d'en informer Boyer. Le Président donna l'ordre de l'y recevoir et
de le traiter avec tous les égards et la haute considération
dus à son rang. Le lendemain, il reçut le légat au palais,
où celui-ci lui montra le bref du Saint-Père, daté de Rome
le 15 mars 1833. Ce bref portait : « qu'il était muni de tous
» les pouvoirs nécessaires et convenables pour traiter avec
» S. E. Boyer, Président de la République d'Haïti, de tout
» ce qui concerne la religion catholique et pourvoir à ses
» besoins, etc. »

Deux jours après, le Président désigna le secrétaire général Inginac et le sénateur B. Ardouin pour entrer en conférences avec le légat : ils étaient assistés du citoyen E. S. Villevaleix, comme secrétaire de cette commission qui ne
commença ses opérations que le 28 janvier, en l'hôtel du
secrétaire général.

Les vues du gouvernement étaient de procurer au pays
un clergé national formé d'Haïtiens, conformément aux
dispositions de la constitution ; et pour y parvenir, il voulait
conclure avec la cour de Rome un concordat dont la France
devait naturellement fournir le modèle, en celui de 1802,
entre le Premier consul et Pie VII. Cet acte eût réglé les
choses de manière à avoir un archevêque et trois évêques,
pour le siége existant à Santo-Domingo et trois autres à
ériger dans l'Ouest, le Sud et le Nord. Le Port-au-Prince
était la capitale de la République, mais on visai alors à
transférer ce titre à la ville Pétion, qu'on espérait de fonder
convenablement pour en faire le siége du gouvernement.
Boyer désirait donc que le siége archiépiscopal de Santo-
Domingo fût transféré à Pétion [1]. L'archevêque aurait ad-

---

[1] Dès la réunion de l'Est, il avait vainement essayé de porter l'archevêque Pedro Valera à venir habiter le Port-au-Prince.

ministré le département de l'Ouest; un simple évêché aurait
été établi à Santo-Domingo, et les deux autres aux Cayes et
au Cap-Haïtien. La population de l'île était assez considérable pour ces créations, et les distances assez grandes pour
les nécessiter [1]. Des séminaires auraient pu être fondés dans
chacun de ces chefs-lieux de département, sinon de
suite, du moins avec le temps, afin d'y placer de jeunes
Haïtiens.

Au mot de « concordat semblable à celui de 1802, »
proféré par les fonctionnaires haïtiens, le légat déclara
qu'il n'en était nullement besoin; que le Pape, étant le
chef de l'Église universelle, pouvait et devait régler les
affaires de celle d'Haïti *sans le concours* de l'autorité temporelle; et que, quant à présent, le Saint-Père eût désiré
n'établir à Haïti qu'un ou des évêques *in partibus*, vicaires
apostoliques. Mais, sur la déclaration formelle des fonctionnaires, qu'il n'en serait pas admis, puisqu'il existait un
siége diocésain dont la juridiction avait été étendue sur
toute la République par Léon XII, et que ce siége devait
être occupé; qu'il ne suffisait pas aux besoins de la religion
catholique, puisque l'archevêque Pedro Valera avait dû
nommer des vicaires généraux dans plusieurs départemens :
le légat *consentit* alors. Il fit des objections sur la translation
de l'archevêché de Santo-Domingo à Pétion, à laquelle il ne
pouvait déférer, parce que ce serait une décision « sans
» précédent : » toutefois, il espéra que le Saint-Père ferait
« cette concession, » si le Président d'Haïti la lui demandait
particulièrement. Au projet de concordat présenté par les
fonctionnaires, il opposa, dans d'autres séances, un contre-
projet qui ne contenait que des articles réglementaires. Il

---

[1] L'évêque England nous fit l'aveu que dans tout son diocèse de Charleston, il y avait
à peine 12 mille âmes catholiques.

voulait encore réserver au Pape seul le choix et la nomination de l'archevêque et des évêques. On lui objecta que les
chefs de tous les pays catholiques, jouissant du droit de
choisir et de nommer de tels prélats, le Président de la République ne renoncerait pas à ce droit, sauf l'institution
canonique par le Saint-Père : il y *consentit*. Le légat se
retrancha alors derrière le choix et la nomination des ecclésiastiques du second ordre, qu'il prétendait réserver uniquement aux évêques; mais il finit par *consentir* à ce que
leur choix « ne pourrait tomber que sur des personnes
» agréées par le Président. » La destitution ou révocation de
tels ecclésiastiques, que le légat voulait aussi réserver aux
évêques seuls, amena également une discussion qui fut
aplanie de la même manière.

Le légat eût désiré encore que l'on consentît à ce que les
évêques eussent seuls le droit de statuer sur les oblations
ou offrandes, dons, fondations, etc., que les catholiques
feraient à leurs églises. Enfin, il voulait un dernier article
par lequel « le Président d'Haïti se serait engagé à proposer
» à la législature, l'*abrogation* de toutes les lois ou articles de
» lois qui seraient reconnues contraires à la doctrine et à la
» discipline de l'Église. » Invité à s'expliquer sur ce dernier
point, il cita la loi « sur le divorce » et les articles du
code pénal, 158 à 167 inclusivement, concernant les divers cas dans lesquels un ecclésiastique peut être puni par
les tribunaux civils. Ces prétentions ne furent pas admises par les fonctionnaires [1]; et les conférences furent

---

1 A l'égard du *divorce*, on fit remarquer au légat que la loi, considérant le mariag
comme un *acte civil* entre les époux, admettait par cela même que ce contrat pouvait se
dissoudre et qu'elle en indiquait les moyens ; mais que si la religion catholique considérait cette union comme indissoluble, la loi civile n'entendait pas contraindre le prêtre
à donner la bénédiction nuptiale aux divorcés qui contracteraient de nouveaux liens,
que c'était déjà un usage consacré en Haïti. On lui dit vainement encore que les Haïtiens
n'étaient pas tous catholiques, etc.

rompues le 21 février, ou plutôt « suspendues, » disait le légat, parce qu'il reconnaissait là nécessité d'informer le Saint-Père de ce que désirait le Président d'Haïti, afin qu'il arrivât aux moyens de doter la République d'un clergé national.

Après cette rupture, le légat obtint une audience de Boyer et lui fit savoir ce qu'il croyait être plus utile, dans le moment, pour parvenir à ses vues. Il dit : — qu'il croyait convenable d'ajourner l'érection de l'archevêché à Pétion et des évêchés, pour n'avoir pendant quelques années, au Port-au-Prince ou à Pétion, qu'un évêque *in partibus*, vicaire apostolique du Saint-Siége, nommé par le Président parmi les prêtres desservant actuellement à Haïti, et institué par le Pape. Cet évêque présiderait à l'établissement d'un séminaire pour préparer de jeunes haïtiens à la prêtrise, et surveillerait tout le clergé catholique existant : de cette manière, disait-il, les populations de la partie de l'Est s'habitueraient à voir le chef de l'Église haïtienne placé sous les yeux du gouvernement, dans la capitale, et elles se conformeraient plus facilement à la translation désirée de l'archevêché de Santo-Domingo dans l'Ouest. Et si le Président voulait avoir confiance en lui, il se chargerait volontiers de lui procurer de bons professeurs ecclésiastiques pour diriger l'instruction des séminaristes. Il offrit même de se charger d'amener à Rome une vingtaine de jeunes haïtiens pour les faire instruire aux frais de la République, leur instruction et leur entretien ne devant pas coûter, pour chacun, au delà de cent piastres par an.

Le Président tenait au remplacement de l'archevêque décédé et ne se souciait nullement d'un vicaire apostolique. Il engagea le révérend Jean England à aller lui-même à Rome pour aplanir toutes les difficultés, en lui disant que si le Saint-Père voulait déférer à ses désirs, il ne choisirait pas un autre ecclésiastique que lui pour être l'archevêque d'Haïti, que sa confiance en lui était pleine et entière; et il le pria d'accepter de sa cassette particulière 3,000 piastres destinées à le défrayer de ce voyage [1].

Le légat quitta Haïti et se rendit à Rome où, sans nul doute, il fit agréer ses dernières idées; car au mois d'août de la même année, Grégoire XVI le nomma « vicaire apostolique pour la République, » espérant que Boyer l'admettrait en cette qualité, par l'intention qu'il avait manifestée de le choisir pour être archevêque du diocèse. Celui de Charleston devant vaquer par cet arrangement, le Saint-Père y nomma un évêque coadjuteur en la personne de M. Clancy, vicaire général en ce lieu. Disons une fois ce qui s'ensuivit.

De retour à Charleston, l'évêque J. England laissa passer toute l'année 1835, quoiqu'il eût annoncé plusieurs fois à Boyer qu'il allait venir à Haïti pour terminer les arrangemens avec la cour de Rome. En février 1836, son coadjuteur Clancy arriva, porteur d'une copie du bref qui le nommait vicaire apostolique, afin de le faire agréer par le Président et de se mettre en possession provisoire au nom du titulaire. Mais le Président chargea les sénateurs Pierre André et B. Ardouin et M. E.S. Villevaleix de dire à l'évêque Clancy : qu'il ne pouvait admettre un vicaire apostolique en Haïti; qu'il voulait un concordat avec la cour de Rome, lequel règlerait les affaires religieuses.

[1] On remarquera ce trait d'intégrité de la part de Boyer qui ne voulut pas disposer des fonds publics pour cet objet, bien que les frais de réception du légat eussent été payés par le trésor.

L'évêque Clancy obtint néanmoins plusieurs audiences de lui, dans lesquelles il essaya de vaincre sa résolution : ce fut en vain. Il retourna bientôt à Charleston d'où l'évêque England se rendit au Port-au-Prince le 1er mai suivant, se disant alors nanti de pouvoirs pour faire un concordat. En effet, il consentit à en signer un provisoirement avec une commission nommée par le Président et composée de MM. Inginac, Viallet, Pierre André, S. Villevaleix et E. S. Villevaleix. L'évêque England se chargea de l'apporter à Rome pour en obtenir la ratification. Le Président le défraya de ce nouveau voyage, en lui donnant encore l'assurance qu'il le choisirait pour être l'archevêque d'Haïti. A quelques modifications près, le concordat arrêté et signé était le même que celui de 1802. Mais la cour de Rome n'en voulut point ; et en mars 1837, l'évêque England reparut au Port-au-Prince avec un nouveau bref du Saint-Père Grégoire XVI qui le nommait « vicaire aposto-
» lique, administrateur de l'Eglise d'Haïti, attendu qu'il
» n'était pas possible de faire un concordat dans la situa-
» tion où se trouvait cette Église, etc. »

Boyer persista dans sa résolution de refuser un vicaire apostolique ne relevant que du pape, et voulut que la République d'Haïti fut traitée par la cour de Rome, à l'égal des autres Etats catholiques. Il chargea le sénateur B. Ardouin de notifier son refus et sa volonté à l'évêque England qui en demeura fort affligé, dans l'intérêt, disait-il, de la religion catholique et du bien qui pourrait résulter pour Haïti par son admission, son intention étant de seconder les vues du Président en établissant de suite un séminaire pour y élever de jeunes haïtiens. Après avoir eu divers entretiens avec le Président qu'il trouva inflexible, le révérend évêque retourna à Charleston, d'où il se proposait d'écrire au Saint-Père, pour essayer d'aplanir les difficultés. Il espérait même y parvenir en démontrant la nécessité de ne pas abandonner le peuple catholique d'Haïti à l'influence des cultes protestant et méthodiste, qui comptaient déjà de nombreux adeptes dans son sein; mais ce pieux évêque ne reparut plus à Haïti et décéda à Charleston quelque temps après.

Dans l'intérêt de la religion catholique que professe la grande majorité du peuple haïtien; dans l'intérêt de ce peuple lui-même, de sa civilisation, de son avenir tout entier, il faut regretter que la cour de Rome se soit montrée si tenace dans ses idées préconçues, de vouloir tenir Haïti dans un état exceptionnel en se refusant à conclure avec elle un concordat quelconque. Il y avait déjà un siége diocésain établi dans la partie de l'Est et dont Léon XII avait étendu la juridiction sur toute l'île; ce siége était vacant par la mort de l'archevêque de Santo-Domingo; la translation que désirait Boyer n'était pas une chose nouvelle, car, lorsque Pie VII conclut le concordat de 1802, il y eut en France d'anciens diocèses supprimés et enclavés dans les nouveaux siéges épiscopaux : pourquoi donc n'aurait-il pas été possible à Grégoire XVI de transférer cet archevêché à Pétion ou au Port-au-Prince et d'y mettre en place un évêché? La capitale de la République, siége du gouvernement politique, devait être aussi le siége du prélat auquel les autres auraient été soumis; c'était une convenance que la splendeur de la religion réclamait, et elle n'a pu échapper à la cour de Rome. Mais cette cour parut vouloir se rattacher à la disposition de la constitution de 1816 qui, accordant au Président d'Haïti la faculté de lui demander « la » résidence dans la République d'un évêque pour élever » de jeunes haïtiens à la prêtrise, » semblait autoriser l'envoi par elle d'un évêque *in partibus* revêtu de la qualité de vicaire apostolique. Au fait, la constitution n'avait disposé ainsi, que dans l'incertitude où l'on était alors de l'époque où toute l'île serait réunie sous la même loi. Dès février 1822, cela n'avait plus de raison d'être; à plus forte raison à partir de 1824 où Léon XII fit comprendre à l'archevêque de Santo-Domingo qu'il devait administrer toute la République.

Il est fort probable que l'évêque England aura contribué à ces idées regrettables, par celles qu'il manifesta après la rupture des conférences de 1834. Il avait remarqué aussi l'art 48 de la constitution disant que : « la religion catholique, apostolique et romaine, étant *celle de tous les haïtiens*, est celle de l'Etat, » et il avait voulu un article spécial du concordat auquel il consentait, pour renforcer cette déclaration qui était peut-être convenable en 1816, mais qui n'avait plus le cachet de la vérité en 1834, puisque différens autres cultes chrétiens s'étaient déjà introduits en Haïti. Il laissa entrevoir encore que la cour de Rome, en faisant un concordat avec la République, basé sur celui de 1802, craindrait de notre part l'adoption aussi de « la loi organique des cultes, » en date du 18 germinal an x, parce que nous puisions naturellement notre législation en toutes matières dans celle de la France. Il se prononça formellement contre la loi du code civil sur le divorce et contre certains articles du code pénal, lorsqu'il voulait que le Président d'Haïti prît l'engagement de faire *abroger* ces dispositions. En somme, si le légat du Saint-Père parut un prélat respectable à tous égards, il parut aussi pousser son zèle catholique un peu trop loin.

Quant à Boyer, on ne peut lui reprocher d'avoir voulu que son pays fût placé sur le même rang que les autres pays

catholiques, que le chef de l'État eût les mêmes attributions que les autres chefs de gouvernement, dans les affaires
religieuses et dans les relations de la République avec la
cour de Rome. A cette époque, et jusqu'en 1837, il n'était
pas satisfait de ce que le ministère français ne se prononçait pas encore à l'égard de ses dernières propositions
de 1833, et il soupçonnait ce gouvernement (nous croyons.
avec quelque raison) d'*entraver* nos négociations avec le
Saint-Père, par cela même que le roi Louis-Philippe semblait peu disposé à se décider de faire un traité politique
avec nous, tel que le désirait la nation entière [1]. Dans une
telle pensée, le Président ne pouvait que tenir davantage à
la conclusion d'un concordat, d'une convention quelconque
avec la cour de Rome. On aurait réglé l'état de l'Église haïtienne, on lui aurait donné des évêques soumis à un *serment* envers la République, et non pas un seul, semblable
à M. de Glory, vicaire apostolique relevant directement du
Pape, et prétendant bientôt, comme lui, être indépendant
de toutes manières de l'autorité du gouvernement, pour
vouloir exiger l'abrogation de telles ou telles lois jugées
« contraires à la doctrine et à la discipline de l'Église universelle, » ainsi que le disait l'évêque England. Et quand
même le gouvernement viendrait ensuite à adopter une loi
organique des cultes, basée sur celle de la France, aurait-il
mal fait ? La liberté des cultes étant décrétée dans la cons-

1 En 1838, me trouvant à Paris pour l'échange des ratifications des traités de cette année,
M. le comte de Montalivet, ministre de l'intérieur, me fit l'honneur de m'inviter à dîner.
Il saisit cette occasion pour me demander les motifs qui avaient empêché nos arrangemens avec la cour de Rome : je les lui dis. Il me répliqua : « *A présent*, si le Président
» d'Haïti veut réclamer les bons offices du gouvernement du Roi, il lui sera *facile* de
» les conclure. » Je lui répondis : « Je ne crois pas que le Président le veuille mainte-
» nant, car la cour de Rome l'a dégoûté de tout arrangement avec elle. Mais s'il le vou-
» lait, il me semble, Monsieur le comte, qu'il pourrait s'adresser directement au Pape,
» Haïti étant reconnue *indépendante et souveraine* par la France. — Sans doute, et je ne
» vous fais cette offre de service que par amitié pour votre pays. »

titution même, n'exigeait-elle pas des « garanties » contre l'esprit d'intolérance trop souvent montré par les ministres d'une religion aspirant à être « celle de l'État? » Les querelles de Pie VII avec l'empereur Napoléon, en dépit du concordat de 1802, avertissaient qu'il fallait se tenir en garde avec la cour de Rome, qui ne renonce jamais à des idées d'envahissement sur l'autorité temporelle, quand elle le peut [1].

Tels furent les motifs de Boyer pour insister dans celles qu'il jugeait utiles pour son pays. — Nous parlerons plus tard de l'apparition d'un nouveau légat envoyé encore par Grégoire XVI, et de ce qui fut convenu entre lui et le gouvernement, mais qui resta, malheureusement aussi, à l'état de simple projet.

En mars de cette année, le secrétaire d'État publia deux avis : l'un pour rappeler aux administrateurs de finances et aux directeurs de douanes, les dispositions de la loi sur cette administration, concernant les fraudes que tentaient toujours les commerçans, et auxquelles connivaient trop souvent, il faut le dire, certains directeurs ou leurs employés; l'autre, pour faire cesser un abus aussi préjudiciable au fisc. Depuis l'établissement des consulats, l'administration avait d'abord permis aux consuls généraux de France et d'Angleterre, d'introduire, sans payer les droits, des choses à leur usage personnel. Insensiblement, les autres agents consulaires, tous négocians consignataires, obtinrent aussi la même faveur pour de menus objets; mais ils finirent par vouloir importer des marchandises, du vin surtout, en grande quantité, en prétendant que c'était pour

---

[1] Voyez tout ce que rapporte M. Thiers à ce sujet, dans son *Histoire du Consulat et de l'Empire*.

leur usage personnel. L'avis du secrétaire d'État prévint
que dorénavant tous les consuls, sans distinction, ne pourraient jouir d'aucune faveur à cet égard. Presque en même
temps, le Président adressait aux commandans d'arrondissement une circulaire pour leur enjoindre d'exercer une
police sévère dans les ports ouverts, afin d'empêcher la
contrebande, principalement dans le transbordement frau-
duleux qui s'opérait de nuit, de marchandises étrangères
que recevaient ainsi les caboteurs du pays [1].

Le 14 avril, la session législative fut ouverte par le Président d'Haïti. Il prononça le discours d'usage, en annonçant à la Chambre des communes des projets de lois sur
divers objets, notamment sur le mode à observer dans
l'élection des représentans. « Telles sont, en partie, les
» *améliorations* réclamées par le bien public, et pour les-
» quelles je crois pouvoir compter, de votre part, sur un
» franc et loyal concours. » Il entretint la Chambre des mesures prises pour assurer le progrès de l'agriculture, de
l'industrie, et pour garantir à l'État l'intégrité de ses revenus. Un paragraphe de ce discours fit allusion aux rapports
de la République avec la France, «qui étaient dans le même
état d'incertitude; » mais en disant que les relations commerciales avec ce pays continuaient toujours et seraient
constamment protégées. « Le gouvernement ne déviera ja-
» mais de la voie que l'honneur prescrit : la loyauté, la
» bonne foi et la fermeté caractériseront toujours ses
» actes. »

Milscent, élu président, répondit au nom de la Chambre

____

[1] « Les négocians veulent toujours que leur intérêt particulier soit la régle de l'État,
» et ne connaissent du bien public que leur gain. » — Mémoires du duc de Saint-Simon.
Que de plaintes injustes les commerçans, étrangers et nationaux, n'ont-ils pas formulées
contre Boyer ! En 1834, la contrebande était pratiquée sur une large échelle, au Port-au-
Prince même : qui la faisait au détriment du fisc ?...

par un discours où elle rendit témoignage des efforts de
Boyer en faveur du bien public, en lui exprimant l'admiration dont elle était pénétrée, la reconnaissance et l'attachement que lui portait la nation. Mais ce discours disait
aussi : « que plus un chef de gouvernement obtient des
» éloges, plus ces éloges lui imposent de nouveaux de-
» voirs. » La Chambre promettait enfin de la franchise,
de la loyauté et du zèle dans les travaux dont elle allait
s'occuper. Cinq jours après, elle lui envoya une adresse
qui paraphrasait ce discours et dont le but principal était
de répondre au paragraphe de celui du Président concernant la France. « Quelle que soit, dit-elle, la cause qui re-
» tarde l'accord politique que nous désirons franchement,
» le salut de la patrie sera votre loi suprême, et notre
» appui le devoir le plus sacré. »

Le 15, la Chambre prit connaissance du message que
lui avait adressé le Sénat, le 17 septembre 1833 après la
clôture de sa session, avec le décret que ce corps rendit
alors sur la protestation de H. Dumesle et D. Saint-Preux,
demandant la convocation de la haute cour de justice. Elle
fit insérer ce décret dans le *Bulletin des lois.* Deux colonels,
élus sénateurs l'année précédente, n'avaient pas accepté
cette dignité : elle pourvut à leur remplacement sur la
proposition des candidats faite par le Président d'Haïti.
Elle rendit successivement, sur sa proposition, les lois
suivantes :

1° La loi électorale, prescrivant l'âge de 25 ans pour
être électeur, pourvu que le citoyen jouît de ses droits civils et politiques, et qu'il fût d'ailleurs, ou propriétaire,
ou industriel, ou fonctionnaire, ou employé public.

2° La loi sur la contrainte par corps, pour dettes civiles
ou commerciales, quelle que fût la somme, applicable par

un jugement du tribunal compétent. Les sexagénaires et les mineurs en étaient exempts en matières civiles ; mais en matières commerciales aucune distinction d'âge n'en exemptait le commerçant. Des délais furent fixés pour l'exercer contre les débiteurs, à raison de la somme due. Le créancier n'était pas tenu de nourrir le débiteur emprisonné : il ne pouvait exercer la contrainte par corps deux fois pour la même dette.

3° La loi sur la responsabilité des fonctionnaires et employés de l'administration des finances. Tous leurs biens, de quelque nature qu'ils fussent, devenaient le gage privilégié de l'État, à compter du jour de leur entrée en fonction : les immeubles étaient frappés d'une hypothèque générale, sans qu'il fût besoin de prendre inscription. Les prévaricateurs étaient soumis au jugement des tribunaux criminels, *sans assistance du jury,* et ils étaient passibles des travaux forcés ou autres peines moins fortes.

4° Une nouvelle loi sur l'organisation de la Chambre des comptes, abrogeant celle de 1826, réduisant ses membres à trois, au lieu de cinq, et quatre employés, et étendant ses attributions.

5° Un nouveau code pénal militaire en six lois, abrogeant celui de 1805 et l'arrêté du Sénat de 1807 jusqu'alors en vigueur, adoucissant les peines et les graduant d'une manière plus raisonnée.

6° Une nouvelle loi sur l'organisation des conseils militaires , abrogeant aussi celle de 1805 et maintenant les conseils d'administration dans les corps de troupes, créés en 1820 pour juger les simples cas disciplinaires, et les conseils de révision créés en 1807.

7° La loi n° 1er du code de procédure civile, réglant mieux qu'en 1826 la procédure par devant les tribunaux de paix, en attendant la révision entière de ce code.

8° La loi sur la *régie* des impositions directes, distinguant ce qui était dans les attributions du pouvoir exécutif et dans celles de la Chambre des communes en matière d'impôts, conformément aux observations faites par le Sénat l'année précédente et à l'accord existant entre eux [1].

La Chambre des communes vota ensuite, d'après sa propre initiative, la loi annuelle des patentes et une nouvelle sur l'impôt foncier, mises toutes deux en rapport avec la précédente sur la régie. Le Président d'Haïti lui envoya les comptes généraux rendus par le secrétaire d'Etat pour 1833, dont ce grand fonctionnaire fut déchargé ; et par leur examen, la Chambre, reconnaissant sans doute que les recettes s'effectuaient aussi bien que possible, que les dépenses ne reposaient que sur les lois et qu'elles tendaient chaque année à atteindre la plus stricte économie ; la Chambre n'insista plus auprès du Sénat pour lui demander un budget réellement *inutile* avec un gouvernement comme celui de Boyer, qui se faisait un mérite de dépenser *le moins* qu'il pouvait [2].

Deux jours après l'ouverture de la session, la Chambre reçut du grand juge une dépêche par laquelle il lui transmettait les pièces d'une information judiciaire faite à Jérémie, à la requête du ministère public de ce ressort, à propos

---

1 Toutes ces lois et celles qui furent votés en 1835, avaient été préparées par une grande commission de fonctionnaires dirigée par Inginac. Chacun émit ses opinions avec la plus complète indépendance. Il est vraiment à regretter que la constitution de 1816 n'ait pas institué un *Conseil d'État* dans le même but, et qui eût pu avoir d'autres attributions non moins utiles à la marche de l'administration en général : de jeunes auditeurs (nous l'avons déjà dit) s'y seraient formés pour la pratique des affaires publiques.

2 En 1832, les dépenses pour l'habillement et l'équipement des troupes s'élevèrent à la somme de 295,569 gourdes ; en 1834, à 91,141 gourdes : — en 1832 pour leurs rations, à 206,997 gourdes ; en 1834, à 155,940 gourdes, etc.

du meurtre commis sur la personne du citoyen M. Laforêt par le représentant J. Roche, de cette commune, qui, n'ayant pu être saisi sur-le-champ, s'était tenu caché et était ensuite parti pour l'étranger. La Chambre renvoya ces pièces à son comité de l'intérieur pour en faire un rapport. A la séance du 9 mai, ce rapport fut présenté par Latortue, au nom du comité qui constata les faits suivans :

Par suite d'inimitié entre Laforêt et Roche, le premier étant monté sur un cheval et armé de sabre et de pistolets, rencontra son adversaire, sans armes, dans les rues de Jérémie, le renversa sous son cheval et le fouetta, sans pitié, de sa cravache. Roche forma une plainte et obtint la condamnation de Laforêt, à deux années d'emprisonnement, par le tribunal correctionnel. Laforêt se pourvut en cassation et ne subit pas la peine : le jugement fut annullé pour vices de formes et l'affaire renvoyée au tribunal des Cayes pour être de nouveau jugée. Le 28 octobre 1833, Laforêt prétendit que dans la nuit précédente Roche avait tenté de l'assassiner en lui tirant des coups de fusil ; et il forma sa plainte au ministère public, mais sans en fournir la preuve. Il était encore armé et monté sur un cheval ; il déclara à ce magistrat et aux autres autorités de Jérémie, qu'il resterait ainsi armé par rapport à son adversaire. Or, un témoin déclara qu'en sortant de chez ces diverses autorités, Laforêt lui dit que son intention était de trancher la tête de Roche ; menace qu'il avait d'ailleurs proférée auparavant, au dire d'autres témoins qui en avaient prévenu son adversaire. Dans l'après-midi du 28 octobre, Roche le vit venir à cheval, tout armé, et s'arrêter devant une maison contiguë à la sienne, causant avec une dame. En ce moment, Roche s'arma d'un fusil ayant baïonnette et chargé à deux balles ; il sortit de sa demeure, et, presque à bout portant, il tira le coup ; les balles atteignirent Laforêt en pleine poitrine. Ne se contentant pas de ce coup mortel, Roche le frappa à la figure avec la crosse du fusil, au moment où le cadavre tomba à terre ; puis il s'enfuit et se cacha.

D'après ces faits, la Chambre suivit les dispositions de la constitution en appelant le représentant Roche, par un mandat de comparution, à se présenter dans son sein pour être *entendu*, huit jours au moins avant la clôture de la session. Le 12 juillet, étant convaincue de son départ pour l'étranger, la Chambre : « Considérant qu'il est constant » que ledit Joseph Roche a contrevenu à la loi, en *désertant* » du territoire de la République, et a, en passant à l'étranger, *renoncé* à sa qualité de citoyen d'Haïti, et conséquemment » ment à celle de représentant de la nation ; — par ces motifs, la Chambre, sans apprécier la culpabilité principale » dudit J. Roche, déclare qu'il y a lieu à appeler son suppléant à le remplacer [1]. »

Telle fut l'échappatoire adoptée par la Chambre des communes, sur la proposition de ses avocats, Milscent, Latortue, etc., pour éviter de nouveau le renvoi de l'un de ses membres par-devant la haute cour de justice ; car J. Roche était un coutumax qui aurait dû être jugé par cette cour, suivant la constitution. Mais si jamais cette institution parut mal conçue dans la révision de 1816, ce fut vraiment à l'occasion de cette triste affaire. S'imagine-t-on, en effet, la réunion de quinze juges au moins pris dans les huit tribunaux civils de la République, pour décider du sort d'un accusé volontairement expatrié, après avoir commis un crime ordinaire ? Néanmoins, le motif donné par la Chambre pour prononcer sa déchéance comme représentant, n'était

---

1 *Bulletin des lois*, no 3. — J. Roche, réfugié à Saint-Thomas, y passa plusieurs années. Accablé de misère, cet infortuné devint fou et mourut dans cette île.

pas fondé. J. Roche avait contrevenu, il est vrai, à la proclamation du Président d'Haïti, du 9 janvier 1832, en passant à l'étranger sans passeport émané de lui; mais il n'avait pas « abandonné la patrie dans un danger imminent, » pour être considéré comme ayant perdu sa qualité de citoyen d'Haïti ou y avoir renoncé; son cas n'était que celui d'un coutumax, fuyant la justice qui devait en connaître.

En même temps, la Chambre s'occupa d'une autre affaire. Réunie extraordinairement le 24 avril, elle prit connaissance d'un article inséré par M. Courtois sur sa *Feuille du Commerce*, n° 16, du 20. Latortue et plusieurs autres en firent ressortir toute la malignité envers la Chambre dont ce condamné était mécontent, pour avoir rejeté sa singulière demande l'année précédente. Quelques représentans opinèrent pour que le gouvernement fût invité « à *supprimer* » ce journal; » d'autres, pour que cet éditeur fût dénoncé au grand juge, afin qu'il ordonnât au ministère public de le poursuivre en police correctionnelle. J. Depa, seul, opina pour considérer cet article offensant « comme du *fatras*, » la Chambre devant garder le silence à ce sujet. Mais elle adopta les deux autres opinions en dénonçant le fait au grand juge. Elle lui adressa un message, « le requérant de faire pour» suivre par qui de droit, en son nom et à telles fins que de » raison, ledit *diffamateur* dont elle demande que la feuille » soit *supprimée* [1]. »

Il en résulta que, poursuivi par le ministère public, M. Courtois fut de nouveau condamné à une année d'emprisonnement, pour outrage commis envers la Chambre des communes. Le tribunal ne prononça pas la suppression de la *Feuille du Commerce*, la loi n'ayant pas prévu le cas [2].

[1] *Bulletin des lois*, n° 2.

[2] Peu de temps après, M. Courtois fut mis en liberté par ordre de Boyer. Son journal publiait chaque jour des complaintes sur son emprisonnement.

Par suite de celle rendue sur la responsabilité des fonctionnaires de l'administration des finances, le secrétaire d'Etat ordonna la vérification de toutes les caisses publiques ; et cette mesure dut se répéter à l'avenir tous les trois mois, par une commission formée d'autres fonctionnaires et des membres des conseils des notables. Le Président lui-même publia un règlement sur l'administration des douanes, pour y mettre plus d'ordre et de régularité dans les opérations de cette partie essentielle du service public.

De nouvelles difficultés survenant incessamment dans la partie de l'Est, à l'occasion de la loi rendue le 8 juillet 1824 sur les propriétés de cette partie, principalement dans les campagnes ; et Boyer ne voulant pas renoncer aux idées qui avaient présidé au vote de cette loi, dans un but fiscal pour réunir au domaine public beaucoup de terres, il se vit néanmoins forcé de rendre une proclamation, le 11 août, par laquelle il accordait aux propriétaires ou usufruitiers un délai *indéfini* pour exécuter les dispositions de cette loi, lesquelles exigeaient l'arpentage coûteux des terrains possédés par eux. Vainement il expliqua la nécessité de les borner, à l'instar des propriétés rurales de la partie occidentale de la République : les habitans de l'Est ne purent être convaincus, et les choses continuèrent ainsi.

Au mois de juillet, les citoyens du Port-au-Prince, sur l'invitation de l'un d'entre eux, M. P. Jeanton, formèrent une « société contre l'incendie, » avec l'autorisation du gouvernement, et firent venir de Paris des pompes à feu dans ce but. La cotisation volontaire se fit avec facilité et un zèle louable ; mais, malheureusement, on s'était adressé à un fabricant de pompes d'un nouveau système qui ne réussit pas au gré des sociétaires, et leur entreprise ne subsista pas longtemps.

Depuis 1825, une industrie lucrative avait pris naissance sur les rives de l'Artibonite : — la coupe, l'exploitation des bois d'acajou. Des forêts vierges et immenses existaient dans les communes de Hinche, de Banica, de Saint-Michel de l'Atalaya, de Las Matas, etc., de ce bois précieux, et jusqu'alors les habitans de ces lieux, ceux des autres communes que traverse le fleuve haïtien, ne pensaient pas à en tirer parti pour le commerce ; ils croyaient que cette industrie, séculaire dans la partie de l'Est, était réservée aux habitans de Santo-Domingo, de Puerto-Plate, etc. Une circonstance fortuite amena le citoyen *J. C. Débrosse*, résidant aux Gonaïves, à réfléchir sur la possibilité d'utiliser les eaux de l'Artibonite pour porter à son embouchure dans la mer, les billes d'acajou que l'on produirait dans les communes citées ci-dessus ; d'autres rivières y ayant leurs affluens, devaient concourir aussi à créer cette industrie ; ce sont le Guayamuca, les Canas, le Marcassita, le Todomondo, le Mataya, etc. Plein de cette idée heureuse, M. Débrosse se mit à l'œuvre, et bientôt, après des peines infinies néanmoins, il jeta dans l'Artibonite une centaine de billes dont la plus grande partie fut perdue, car il ne parvint à réunir que 15 à son embouchure. Son entreprise avait réussi toutefois ; dans ce premier essai il avait acquis l'expérience nécessaire pour la continuer plus fructueusement, et il réussit mieux. Il ne tarda pas à avoir, sinon des concurrens, du moins des imitateurs dans les citoyens J. Verna, Samuel Dupré, Bataille, Milien Zamor, Alix Rossignol, Basquiat, P. Dessert, Lewis Pouilh, Dubuisson, etc.

Tous réussirent, comme leur devancier, à activer la production nouvelle née sur les bords de l'Artibonite ; et c'est avec une orgueilleuse satisfaction que nous citons leurs noms, car ces enfans d'Haïti ont prouvé que leurs sembla-

bles sont *capables* de moissonner les richesses de son sol fertile. A leur imitation, des étrangers se sont adonnés également aux coupes d'acajou; les commerçans ont fourni aux
uns et aux autres les moyens nécessaires, et des millions de
billes ont été exportées du pays depuis cette époque. Cette
industrie a donné de la valeur aux propriétés circonvoisi-
nes où l'on abat les arbres ; les hattiers ont augmenté leurs
troupeaux de bestiaux pour fournir des bœufs de trait employés à transporter l'acajou aux bords des rivières; de
nombreux ouvriers ont trouvé un emploi utile ; les denrées
cultivées sur les habitations ont eu un nouveau débouché
qu'elles n'avaient pas auparavant; enfin, l'Etat a vu accroître ses revenus par les droits d'exportation prélevés sur
l'acajou ; il a pu tirer aussi des sommes considérables pour
le bois coupé sur les terrains appartenant au domaine.
Voilà le fructueux résultat de la louable entreprise d'un
Haïtien.

Le gouvernement, voulant tirer parti de tous le bois
d'acajou qui abonde dans les îles de la Gonave et de la
Tortue, appartenant entièrement au domaine, le 10 janvier de cette année le secrétaire d'Etat publia un avis qui
offrit cette entreprise à qui produirait la proposition la
plus avantageuse; et, le lendemain, un autre avis invita les
débiteurs retardataires à payer au trésor public ce qu'ils
devaient pour avoir coupé des acajoux sur les terres du
domaine dans les communes de l'Est. Il y avait trop de
difficultés dans l'actualité, pour que le premier avis eût
l'effet désiré ; les deux îles de la Gonave et de la Tortue
n'étant pas habitées, il ne s'y trouvait aucune culture de
vivres nécessaires à l'alimentation des nombreux ouvriers
qui devraient s'y transporter pour la coupe des arbres ; il
faudrait faire trop de frais pour en apporter de la grande

île; il eût fallu en faire beaucoup plus pour y avoir
des bœufs de trait indispensables dans une telle entreprise.

Les idées du gouvernement étant alors tournées vers ces
grandes exploitations qui fructifiaient par le haut prix de
l'acajou à l'étranger, un avis du secrétaire d'Etat essaya de
réglementer l'autorisation accordée aux navires étrangers
d'aller se charger de ce bois sur les côtes; et trois semaines
après, un arrêté du Président retira cette autorisation,
non-seulement pour réserver aux caboteurs Haïtiens le
transport du bois dans les ports ouverts, mais parce que les
consignataires des navires étrangers profitaient de l'autorisation pour faire débarquer en contre bande des marchandises exotiques ; tel fut du moins un dés motifs allégués
dans l'arrêté présidentiel. Il se présenta cependant des cas
où, sur les côtes du voisinage de Santo-Domingo surtout,
il était prouvé que les caboteurs ne pouvaient enlever d'é-
normes billes, à cause de la faible capacité des bâtimens
servant au cabotage.

Deux autres arrêtés du Président ordonnèrent, l'un, la
prompte confection déjà ordonnée du *cadastre* des biens
domaniaux, lequel ne fut jamais entièrement exécuté; —
l'autre, que les particuliers qui occupaient sans titre des
terrains du domaine dans les campagnes, seraient tenus de
les affermer de l'administration ou d'en faire l'acquisition
dans le délai d'un mois, sous peine d'être évincés. Un
troisième arrêté détermina les jours de fêtes légales pendant lesquels les bureaux publics seraient fermés. C'étaient
d'abord les fêtes nationales établies par la constitution, —
celles de *l'Indépendance*, de *l'Agriculture* et de *la Naissance
de Pétion*, puis les *Dimanches*, les *Jeudi* et *Vendredi Saints*,
la *Fête-Dieu*, la *Saint-Jean*, la *Saint-Pierre*, la *Toussaint*,

le jour des *Morts*, et la *Noël*; et, enfin, dans chaque paroisse respectivement, le jour de fête patronale.

Le gouvernement avait raison de se préoccuper d'augmenter les ressources financières de la Répnblique, par les actes que nous venons de citer. Le Président ayant fait adresser de nouvelles propositions, en 1833, au ministère français, devait s'attendre que d'un moment à l'autre les relations diplomatiques pourraient se renouer dans le but de les examiner au moins ; car les intéressés à l'indemnité et les porteurs des obligations de l'emprunt de 1825 ne cessaient d'adresser aux chambres législatives des pétitions pressantes à l'effet d'être payés.

A la fin de 1834, M. Dupetit-Thouars, capitaine de vaisseau, commandant la corvette *la Créole*, fut expédié et arriva au Port-au-Prince dans le mois de janvier. Cet officier, ancien colon de Saint-Domingue, avait déjà rempli, on doit se le rappeler, une mission secrète auprès de Boyer en 1821. Cette fois, il venait ouvertement réclamer d'abord les 4,848,905 francs dont le trésor français avait fait l'avance pour le payement de deux échéances de l'emprunt, et prendre ensuite des renseignemens exacts sur la situation financière de la République, qui prétendait être « si pauvre, » que son gouvernement n'avait offert que 45 millions pour solde de l'indemnité, payables en 45 années, étant obligé de reprendre le service de son emprunt.

Dans une audience qu'il obtint de Boyer, aussitôt son arrivée, M. Dupetit-Thouars reçut la promesse d'être payé « de suite » des avances du trésor français. C'était de bon augure pour cet officier. Mais il n'y avait au trésor haïtien qu'environ un million de gourdes en papier-monnaie ; le gouvernement ne pouvait décemment les offrir. Boyer chargea le secrétaire d'Etat Imbert de voir les négocians de la capitale, à l'effet d'obtenir d'eux des traites sur les places d'Europe en faveur du trésor français, en payement des droits de douanes à acquitter par eux, ou en échange du papier-monnaie qu'il y avait à la caisse. Aucun de ces commerçans ne put satisfaire aux désirs manifestés par M. Imbert qui, il faut le dire pour la vérité historique, étant constamment *opposé*, sans éclat néanmoins, aux vues de Boyer, ne se donna guère de peine à ce sujet. Le véritable homme d'État, celui qui se dévouait sans cesse dans le gouvernement avec un zèle patriotique, pour trouver le moyen de sortir d'une difficulté présente, le secrétaire général Inginac, fut chargé par le Président de s'occuper de cette affaire.

M. E. Lloyd, qu'on a déjà vu figurer dans ce volume, se trouvait heureusement au Port-au-Prince en ce moment. Le secrétaire général pensa que sa maison seule pouvait tirer le gouvernement de cet embarras [1]. Ayant des affaires importantes avec les banquiers Reid, Irving et C°, de Londres, M. Lloyd consentit à donner à la République une « lettre de » crédit » sur eux, pour « garantir » au gouvernement français le remboursement de ses avances, à la condition de recevoir du trésor haïtien, successivement, les sommes nécessaires en papier-monnaie, qu'il emploierait sur les places du pays à l'achat de cafés ou autres denrées, dont la vente en Europe produirait l'équivalent de ce qu'il faudrait compter au trésor de France. Au moyen de cet arrangement, par un contrat écrit, MM. Reid, Irving et C° « répondraient de » payer les 4,848,905 francs. » M. Lloyd fit observer néan-

---

[1] Ce fut à M. Alexis Dupuy, Haïtien (fils de l'ancien baron Dupuy, du Nord), et associé de M. E. Lloyd, que le général Inginac s'adressa d'abord ; il se prêta avec un vrai patriotisme à dégager Boyer de sa promesse. — Voyez les Mémoires d'Inginac, pages 90 et 91. Par manque de souvenir, il a parlé de ce fait comme passé en 1837.

moins que cette opération devait nécessairement exiger du temps; car il ne lui serait pas possible d'accaparer toutes les denrées avec les sommes que le trésor haïtien pouvait lui donner, sans nuire à son propre commerce et à celui des autres négocians, qui avaient besoin d'effectuer des retours pour les marchandises importées en Haïti.

Telle était la seule combinaison qui se présentait pour dégager le gouvernement de l'offre qu'il avait faite, dès 1853, et que Boyer venait de renouveler, de rembourser « immédiatement » les avances du trésor français. En sa qualité de négociant, M. Lloyd recevant des fonds, les employant à l'achat de denrées, faisant vendre ses denrées en Europe pour en verser le prix dans la banque de Londres, devait nécessairement jouir des commissions d'usage dans le commerce, et les banquiers, encaissant des fonds et les versant au trésor français, devaient prélever aussi les commissions qui reviennent à la nature de leurs opérations. Tout fut précisé entre la maison Lloyd et C° et le général Inginac, dans un projet de contrat. Mais lorsque ce dernier apporta ce projet à Boyer, il se récria contre ce qu'il appelait « des » exigences » de la part de ces négocians. Il déclara alors qu'il ne voyait pas d'autre moyen de faciliter le payement de la dette nationale, — indemnité et emprunt, — que de faire payer « en monnaies étrangères » les droits à l'importation des marchandises en Haïti. On se rappelle, sans doute, que M. le baron Pichon en avait, le premier, fourni l'idée; qu'il avait engagé le gouvernement à la mettre à exécution; mais le Président, en faisant cette déclaration, prétendait que cette idée appartenait à lui seul, sa regrettable vanité ne lui permettant pas d'avouer qu'elle lui avait été suggérée par l'agent français [1]. Quoi qu'il en soit, il finit par consen-

---

1 Je dis ce qui s'est passé en ma présence. Le général Inginac, connaissant le carac-

tir à ce que le contrat fût passé entre le secrétaire d'État Imbert et la maison E. Lloyd et Cᵉ ; mais en stipulant que cette maison et les banquiers Reid, Irving et Cᵉ prélèveraient « les commissions d'usage, » ce qui revenait au même. que de les détailler par des chiffres pour chaque opération [1]. La « lettre de crédit » fut donnée au gouvernement qui la remit à M. Dupetit-Thouars. M. Lloyd intervint auprès de lui avec le contrat en mains, pour lui prouver qu'il pouvait l'accepter en toute sûreté.

Mais cet officier avait une autre mission, celle de s'enquérir des ressources de la République. La lettre de crédit lui prouvait déjà qu'elles étaient fort bornées. Le Président avait nommé une commission pour conférer avec lui à ce sujet, et le convaincre de leur exiguïté ; elle était présidée par le général Inginac et composée des sénateurs J. F. Lespinasse, Viallet et B. Ardouin. Les conférences eurent lieu en l'hôtel du secrétaire général. M. Dupetit-Thouars qui, dans sa première mission de 1821, avait entendu parler de sommes fabuleuses laissées par H. Christophe et dont la République aurait profité, plein de cette idée, croyait difficilement à ce que la commission lui disait de la situation financière du pays. Le général Inginac fut alors assez bien inspiré, dans l'une des séances, pour écrire une lettre, en sa présence, à l'archiviste de la Chambre des communes afin d'avoir, séance tenante, tous les comptes généraux

tère assez soupçonneux du Président lorsqu'il s'agissait de quelque affaire d'argent, avait prié le sénateur J.-F. Lespinasse et moi, de nous rendre chez lui pour assister à un entretien qu'il eut avec M. E. Lloyd, au sujet de la lettre de crédit et de l'arrangement y relatif. Ensuite il nous engagea à aller avec lui au palais, afin de témoigner au Président qu'il avait discuté les intérêts de l'État,

1 M. E. Lloyd et son associé A. Dupuy durent se rendre au palais, afin de se faire entendre et de terminer l'arrangement avec Boyer personnellement. Le contrat fut passé le 11 janvier ; le secrétaire d'État s'y réserva la faculté d'expédier directement à MM. Reid, Irving et Cie, des sommes en traites sur l'Europe ou en espèces monnayées que l'État allait avoir par la loi sur le payement des droits d'importation en monnaies étrangères,

rendus par le secrétaire d'État depuis 1818 jusqu'à 1835. Ces documens furent de suite apportés et mis sous les yeux de M. Dupetit-Thouars, à qui la commission fit reconnaître notamment, que le trésor recueilli en 1820 n'était pas aussi considérable qu'on l'avait cru à l'étranger.

Mais il était impossible à l'agent français de parcourir dans cette séance tous ces chiffres durant seize années ; le sénateur B. Ardouin proposa à ses collègues de lui confier ces comptes généraux, pour en prendre connaissance à bord de *la Créole*, ce qui fut accepté. M. Dupetit-Thouars en fit même prendre *copie* par les jeunes officiers sous ses ordres, et eut la loyauté de l'avouer à la commission, quelques jours après, en lui disant qu'il était maintenant « convaincu » de la vérité des assertions du gouvernement haïtien sur l'exiguïté des ressources de la République, et qu'il se ferait un devoir d'éclairer son gouvernement à ce sujet. Il lui apportait, en effet, les preuves les plus palpables dans les copies qu'il avait fait faire [1].

À son retour en France, il fit un rapport très-étendu sur la situation d'Haïti. Il dit comment le peuple avait mal accueilli l'ordonnance de 1825, à cause de ses clauses et de la quotité de l'indemnité, supérieure à la somme dont on était convenu en 1824 ; que Boyer avait compromis sa popularité ; que des conspirations avaient été ourdies contre lui ; que le pays était plutôt misérable qu'aisé, car il n'y avait point de fortunes. Enfin, il conclut en exprimant l'opinion qu'il était *juste* de réduire la dette de l'indemnité, de 120 millions à 60, en accordant des délais à la République qui avait encore son emprunt à payer, etc. [2].

---

1 « En 1835, M. A. Dupetit-Thouars revint d'Haïti avec des documents qui permirent au gouvernement d'apprécier la véritable situation de notre ancienne colonie. » — M. Lepelletier de Saint-Rémy, tome 2, pages 70 et 71.

2 J'ai eu connaissance de ce rapport, en 1838, par la communication qu'en firent MM. de Las Cases et Baudin, aux plénipotentiaires Haïtiens qui traitaient avec eux.

Il est probable que M. Dupetit-Thouars avait eu connaissance de la proposition qu'avait faite, en 1831, la commission présidée par M. le comte Lainé; mais lorsque lui, *intéressé* à l'indemnité, il concluait ainsi, le gouvernement français ne pouvait que porter son attention sur cette affaire. En conséquence, une nouvelle commission, présidée par M. le comte Siméon, fut chargée d'examiner les documens financiers apportés par M. Dupetit-Thouars, son rapport, les états du commerce de la France avec Haïti, les correspondances diplomatiques entre les deux gouvernemens; d'entendre les colons, etc., et d'éclairer la question. Cette commission conclut comme la précédente [1].

En juin 1836, M. Thiers, ministre des affaires étrangères et président du conseil, émit à la tribune des deux chambres, à propos d'une pétition de colons, une opinion très-modérée à l'égard d'Haïti. Il était d'avis que les indemnitaires nommassent un syndicat qui serait chargé de discuter leurs intérêts et de s'entendre avec le ministère sur ce qu'il y aurait à faire. Mais, remplacé en septembre de la même année par M. le comte Molé, il laissa à cet homme d'Etat le soin de terminer ce litige déjà si long, de la seule manière qui fût digne de la France [2]. Néanmoins, nous croyons que le gouvernement français voulut voir rembourser définitivemeut les avances faites par le trésor, avant de se décider à envoyer une mission à Haïti. Cette mission n'eut lieu que dans les derniers mois de 1837, la maison E. Lloyd et

---

1 Voyez l'ouvrage de M. Lepelletier de Saint-Rémy, tome 2, page 71.

2 Quand je vins à Paris, en 1836, pour cause de santé, Boyer me chargea de prendre des informations sur les dispositions du gouvernement français envers Haïti. Je vis M. J. Laffitte et M. le comte de Laborde à ce sujet. Ce dernier me ménagea l'honneur d'un court entretien avec M. le comte Molé, ministre des affaires étrangères et président du conseil, qui voulut bien me dire qu'il espérait terminer ce litige à la satisfaction des deux pays. M. Thiers avait d'ailleurs admis la nécessité d'une réduction du solde de l'indemnité; c'est ce que me dirent MM. de Laborde et Laffitte, et j'en avisai le Président par une lettre datée de Paris, le 22 juillet.

Cⁱᵉ ayant mis environ deux ans à exécuter le contrat qu'elle avait fait avec le gouvernement haïtien : pendant ce temps, les banquiers Reid, Irving et Cⁱᵉ opéraient successivement des versemens au trésor de France [1].

Aussitôt que le contrat eut été passé entre le secrétaire d'État et la maison E. Lloyd et Cⁱᵉ, et pendant les conférences entre la commission présidée par le secrétaire général et M. Dupetit-Thouars, Boyer adressa au Sénat le message suivant :

« Port-au-Prince, le 11 janvier 1835, an 32ᵉ de l'indépendance.

» Citoyens sénateurs,

» L'article 158 de la constitution statue que « les rela- » tions extérieures et tout ce qui peut les concerner, appar- » tiennent au Président d'Haïti. » Mais l'article précédent 155, en établissant la sanction du Sénat pour la validité des traités de commerce, d'alliance et de paix, conclus par le chef du pouvoir exécutif, a voulu par cela même qu'il y eût une parfaite harmonie de principes entre ces deux pouvoirs; car autrement la divergence de vues pourrait souvent compromettre les rapports politiques d'Haïti avec l'étranger. C'est donc pour remplir, autant qu'il dépend de moi, l'intention de notre pacte fondamental et pour donner au Sénat une preuve de la confiance que je place dans les lumières et dans le patriotisme de ses membres, que j'ai jugé devoir lui adresser en communication les derniers documens relatifs aux négociations entamées, depuis 1833, avec le gou-

[1] Au 31 décembre 1835 ces banquiers avaient déjà versé 1,900,000 francs. Au 20 novembre 1837, la somme versée s'élevait à 4,488,000 francs, et il ne restait plus qu'un solde de 360,905 francs. Ces chiffres prouvent que le gouvernement haïtien avait à cœur d'éteindre cette dette particulière : il avait fait expédier des sommes importantes en monnaies étrangères, au commencement de 1837. A Londres, M. Irving me dit positivement que le gouvernement français attendait cette liquidation pour traiter avec la République, et de là j'en avisai le Président par une lettre du 15 août 1836.

vernement de S. M. le Roi des Français, pour parvenir à fixer, d'une part, la réduction que nous avons demandée de la dette contractée pour l'indemnité, et, d'une autre part, à régler, à déterminer dans un traité d'amitié et de commerce, fait sur des bases convenables, tout ce que l'ordonnance du 17 avril 1825 renferme de vague ou d'ambigu au sujet de la reconnaissance, par la France, de l'indépendance de la République, comme Etat libre et souverain.

« Pour mettre le Sénat mieux à même d'apprécier la communication que je lui fais par la présente, je joins ici à la dépêche que le gouvernement haïtien vient de recevoir du gouvernement français, sous la date du 23 octobre 1834 : 1° celle que nous lui avions adressée le 23 mai 1833 ; 2° sa réponse du 31 juillet suivant ; 3° enfin, notre réplique du 31 octobre même année, qui sert de motif à la mission de M. le capitaine de vaisseau Dupetit-Thouars. Entre autres questions dont traite la dépêche ministérielle du 23 octobre 1834, vous remarquerez, citoyens sénateurs, celle qui se rapporte à une avance de fonds faite, dans le temps, par le trésor de France pour le service de l'emprunt d'Haïti : le payement de cette avance étant distinct de celui qui se rattache à l'indemnité dont nous réclamons la réduction, et intéressant plus particulièrement l'honneur national, je n'ai pas hésité de me résigner à des sacrifices pour y faire face : l'envoyé du gouvernement français s'en retournera porteur de traites ou lettres de crédit d'une valeur égale à la somme avancée.

« Le gouvernement haïtien fera également tous ses efforts pour reprendre le plus tôt possible le service arriéré de son emprunt.

« Quant au reste de l'indemnité, la prudence et la nécessité d'obtenir les garanties que nous avons jusqu'ici vainement demandées pour la reconnaissance explicite de notre indépendance, nous commandent d'en subordonner la liquidation à la conclusion du traité dont il a été parlé plus haut : le simple bon sens indique qu'Haïti ne peut pas s'épuiser en sacrifices pour l'entière libération de cette dette politique, sans avoir préalablement obtenu les garanties pour lesquelles elle a consenti de la souscrire.

« Tels sont, citoyens sénateurs, les développemens que j'ai cru utile de consigner ici pour vous communiquer toute ma pensée. Je réclame maintenant le concours de votre opinion motivée pour être éclairé sur la ligne de conduite qu'il convient le mieux de suivre en cette occurrence. Si, toutefois, ce qu'à Dieu ne plaise, il fallait un jour défendre les droits de la République, en repoussant une agression, à la suite des prétentions ou des exigences inadmissibles, ma détermination connue est invariable; mais la pensée du Sénat, manifestée sur ce point dans sa réponse, me serait également satisfaisante.

» J'ai l'honneur, etc.,   Signé : BOYER. »

Le Sénat prit connaissance de ce message, à huis-clos, et y répondit par celui qui suit, adopté à l'unanimité.

        « Maison nationale, au Port-au-Prince, le 15 janvier 1835, etc. »

« Président,

« Le Sénat a l'honneur de vous accuser réception de votre message en date du 11 de ce mois, par lequel vous lui avez transmis en communication divers documens relatifs aux négociations entamées par le gouvernement haïtien avec le gouvernement français, depuis le mois de mai 1833 : votre message ayant encore pour but de réclamer du Sénat le concours de son opinion motivée pour être éclairé sur la ligne de conduite qu'il convient le mieux de suivre dans l'état actuel de ces négociations.

» Sensibles à cette marque de confiance que vous donnez au corps politique qui concourt avec le pouvoir exécutif à régler les rapports d'Haïti avec l'étranger; pénétrés des importantes obligations qu'un tel pouvoir impose, et jaloux de contribuer, en de telles occurrences, avec le chef de l'État au maintien de l'honneur national et à la défense des plus chers intérêts de la nation, nous consignons dans ce présent message cette opinion que vous réclamez.

» Et d'abord, Président, le Sénat éprouve le besoin de vous adresser les justes éloges que vous méritez, pour la dignité avec laquelle le gouvernement haïtien a agi dans cette correspondance diplomatique. Il ne doit pas moins vous féliciter de la détermination que vous avez prise, de réclamer une réduction des charges immenses qui pèsent sur notre pays.

» Mais, si le Sénat ne s'est pas mépris sur le sens des dépêches du ministère français, il semble que son intention serait de *replacer* Haïti sur le terrain de l'ordonnance du 17 avril 1825, et c'est avec satisfaction que le Sénat a reconnu que vous avez déclaré, que de cet acte vague et ambigu, il ne subsiste que le solde à fixer de l'indemnité pécuniaire en faveur de la France. Car, en effet, Président, après la mesure prise par Votre Excellence de faire cesser, au 31 décembre 1830, le demi-droit stipulé pour le commerce français, le gouvernement haïtien ne saurait pas revenir sur une pareille concession, sans méconnaître son devoir; et le gouvernement français ne doit pas non plus penser que les ports d'Haïti n'ont été légalement ouverts au commerce qu'en vertu de sa permission.

» C'est ce qui nécessite donc indispensablement un traité

entre Haïti et la France, pour fixer désormais les rapports politiques entre les deux pays, et afin d'effacer à jamais ce que l'ordonnance de 1825 renferme de vague à l'égard de la reconnaissance de l'indépendance nationale. Un tel traité, *indépendant* de la convention financière qui réglera le solde de l'indemnité et le délai accordé pour le payer, est tellement important pour l'honneur du peuple haïtien, qu'il doit être la condition *sine quâ non* de l'accomplissement des obligations d'Haïti envers la France : telle est l'opinion du Sénat.

» Mais il ne devait pas en être ainsi, par rapport aux avances que le trésor royal de France fit, dans le temps, pour le service l'emprunt contracté en 1825 par la République ; le Sénat approuve donc les sacrifices que V. E. s'est vue obligée de faire pour payer la somme réclamée par M. le capitaine de vaisseau Dupetit-Thouars, au nom de son gouvernement, et il verrait également avec plaisir les efforts du gouvernement haïtien pour reprendre le plus tôt possible le service arriéré de cet emprunt contracté sous la foi de l'honneur national.

» De telles dispositions vous font déjà pressentir, Président, le vœu du Sénat et son opinion à l'égard de la prétention qu'élève aujourd'hui le cabinet français pour le réglement de ce qui a trait à cet emprunt. La République ne saurait souffrir que la France intervienne dans les affaires qu'elle a contractées avec des particuliers ; et lorsque la France n'agit pas ainsi à l'égard d'autres pays, ce serait témoigner qu'elle veut placer Haïti dans un cas exceptionnel, et cela même serait une injure.

» En résumant donc les opinions émises plus haut, le Sénat pense que le gouvernement haïtien doit persister dans les propositions qu'il a faites au gouvernement français, par la dépêche du 23 mai 1833, et qui tendent : — 1° à réduire le solde de l'indemnité à 45 millions de francs; — 2° à payer cette somme én 45 ans, en se réservant de la payer plus tôt si les ressources du pays én donnent la possibilité; — 3° à régler ce payement par une convention financière; — 4° à obtenir un traité d'amitié et de commerce sur le pied respectif *de la nation la plus favorisée,* pour régler les rapports politiques entre les deux pays.

Mais, Président, si, contre l'attente du Sénat et l'espoir que le gouvernement français sera guidé par le sentiment d'une honorable politique, des prétentions ou des exigences inadmissibles venaient à surgir de ces négociations, et qu'il fallût repousser une injuste agression, le devoir du gouvernement haïtien ne saurait être douteux; et, en mettant notre confiance dans la justice de l'éternelle Providence qui a su nous inspirer des sentimens assez généreux pour entreprendre l'œuvre de la réhabilitation de notre race et de notre émancipation nationale, nous nous abandonnerions encore aux chances d'une lutte glorieuse où les Haïtiens, quoique désireux de la paix, retrouveraient la puissante énergie qui les fit vaincre pour vivre libres et indépendans.

» Au surplus, Président, le Sénat aime à se reposer sur la haute prudence et la sagesse que V. E. a toujours déployées dans le cours glorieux de son administration, pour défendre les intérêts et l'honneur du peuple qui lui a confié ses destinées; et, en transmettant à V. E. les documens qu'il avait reçus en communication, le Sénat vous renouvelle l'assurance, Président, que vous le trouverez constamment disposé à marcher en harmonie avec vous.

» Le Sénat a l'honneur, etc. — Signé : N. Viallet, *président; Pierre* André et B. Ardouin, *secrétaires;* G. Georges,

Rigaud, Béchet, J.-P. Oriol, N. Piron, J.-C. Castor, B. Audigé, J.-J. Dieudonné, Frémont et Cupidon. »

En conséquence de cet accord entre les deux pouvoirs,
le Président fit remettre à M. Dupetit-Thouars une dépêche
en réponse à celle dont il avait été porteur : le gouvernement haïtien persistait dans ses propositions de 1833.

A l'ouverture de la session législative qui eut lieu dans la
première quinzaine du mois d'avril, Boyer exposa la situation paisible de la République à l'intérieur, en manifestant
son espoir de réussir à régler ses rapports avec la France
de la manière la plus conforme aux intérêts de la nation, par
suite de la mission de M. Dupetit-Thouars à laquelle il fit
allusion. Il déclara aussi à la Chambre des communes qu'il
allait lui proposer diverses lois réclamées par les besoins
publics. En effet, depuis plusieurs années les tribunaux
avaient signalé successivement au grand juge des lacunes,
des imperfections dans divers codes publiés en 1826, lesquelles étaient en partie le résultat de la précipitation qu'on
avait mise dans leur confection. L'organisation judiciaire,
l'administration des douanes, etc., nécessitaient également
des réformes ou des améliorations.

Mais la Chambre des communes, trouvant sans doute que
Boyer prouvait trop d'*optimisme* dans ce qu'il avait dit de
la situation intérieure, se réserva de lui manifester son opinion à cet égard. Elle le fit dans une adresse du 24 avril
qu'elle lui fit porter par une députation de sept membres.
Dans cet acte, elle débuta en lui offrant « l'hommage de la
» gratitude de la nation pour la constance avec laquelle il
» persévérait à lui procurer le bonheur. » Elle rendit justice « à son zèle patriotique, à ses lumières et à la pureté de
» ses intentions et de ses principes. » Elle lui dit que son

discours à l'ouverture de la session actuelle « procurait un
« nouvel aliment à l'espérance générale, et que flattée et
» honorée de la franchise et de la loyauté dont il avait usé
» envers elle, elle se croyait *obligée* à son tour de s'entre-
» tenir avec lui *à cœur ouvert*. Il est certain, Président,
» poursuivit-elle, que les ressorts du corps politique ve-
» nant aboutir dans vos mains par une tendance nécessaire,
» V. E. peut, mieux que personne, saisir l'ensemble des
» intérêts publics. Néanmoins, l'entière connaissance qu'elle
» peut acquérir de l'état des choses n'est pas tout à fait dé-
» pendante de l'exactitude et de la fidélité que ses agents
» mettent dans les rapports qu'ils ont avec elle. Les repré-
» sentans de la nation, disséminés sur les divers points du
» territoire et ayant des relations d'intimité avec les ci-
» toyens, sont aussi à portée de recueillir des renseigne-
» mens et des observations qui, étant confiés à la médita-
» tion du *génie* régulateur de la République, peuvent
» produire des résultats utiles pour toute la société... Les
» difficultés qui paralysent quelquefois la marche de l'ad-
» ministration des affaires publiques proviennent moins de
» l'*imperfection* de nos lois que de l'*incurie* des fonction-
» naires qui sont chargés de leur exécution. Ce mal existera
» jusqu'à ce que les *peines* attachées à leur négligence rece-
» vront une juste application. » — Puis, la Chambre parla
de la culture « du *café* qui *s'améliorait* chaque jour, et qui
» avait besoin d'être *protégée et soutenue;* » de la culture
« des *cannes à sucre* qui ne paraissait pas *devoir prospérer*
» en Haïti; du *commerce,* seconde source de la prospérité
» publique, qui *perdait* chaque jour de ses avantages; » et
à ce dernier égard, « la *contrefaçon* de la monnaie nationale,
» l'*inégalité* dans les moyens d'importation et d'exporta-
» tion, la *substitution* commerciale des grandes villes, aux

» bourgs, » étaient signalées comme des *causes* de dépérissement. « Votre sollicitude toute paternelle doit reposer » sur ces grands objets, » disait la Chambre en terminant son adresse [1].

Cet acte nous semble prouver, de la part de ce corps, une préoccupation par rapport à ce qu'on disait dans le public : que la 4ᵉ législature s'était montrée « passivement obéis- » sante » en excluant de son sein H. Dumesle et David Saint-Preux en 1833, J. Roche en 1834; car l'Opposition était vivace, à la capitale comme ailleurs, et elle reprochait aux représentans ces déchéances de leurs collègues. En tenant le langage qu'on trouve dans son adresse, elle voulait faire preuve d'indépendance.

Sans doute, il y avait moins à dire de l'imperfection des lois en général, que de leur inexécution fréquente dans bien des cas ; mais comment obtenir la *parfaite* exécution de ces lois avec les fonctionnaires qui, en général aussi, étaient des hommes qui avaient bien mérité de la patrie par leurs services, qui étaient plus ou moins influens dans le pays, et que le gouvernement ne se croyait pas en droit de révoquer, malgré l'*incurie* que la Chambre signalait de leur part et qui provenait plutôt de leur inaptitude à comprendre les formes légales ? Alors, aurait-il été *juste* de les *punir ?* Parmi les représentans eux-mêmes qui *votaient* les lois chaque année, combien ne s'en trouvait-il pas qui, jouissant d'une considération méritée dans leurs communes, ou ne les comprenaient pas, ou auraient été de forts mauvais exécuteurs ? Et puis, si la culture du *café,* notre principal pro-

---

1 *Bulletin des lois* nº 2, Milscent, principal rédacteur de cette adresse, avait été admis à faire part de ses idées à la commission de fonctionnaires qui prépara la révision des codes et des autres lois, en 1834 ; mais il s'en était retiré pour avoir été combattu sur des points essentiels : de là cette adresse ainsi formulée. L'amour-propre ou la présomption a toujours joué un grand rôle dans les affaires de notre chère patrie.

duit, « s'améliorait chaque jour, » c'est une preuve que cette culture était « protégée et soutenue; » à cet égard, les nombreuses circulaires de Boyer aux commandans d'arrondissement témoignaient de sa sollicitude pour l'agriculture en général. Si la *canne à sucre* n'était pas cultivée comme le café, c'est que sa culture est plus difficile et exige plus de travailleurs réunis sur une même habitation : or, la tendance des travailleurs était de s'*isoler* avec leurs familles sur les petites propriétés qu'ils acquéraient, ou des particuliers ou du domaine public. Si le *commerce* souffrait par les causes indiquées par la Chambre, le gouvernement ne pouvait pas en être responsable. Qui était *suspecté* d'introduire et de mettre en circulation la fausse monnaie dans le pays, sinon des commerçans étrangers et nationaux des villes? Si le commerce des grandes villes l'emportait sur celui des bourgs, n'était-ce pas une chose toute naturelle, le résultat d'une population plus forte [1]? Il y avait, disait la Chambre, *inégalité* entre l'importation et l'exportation; mais la faute était imputable à tout le monde. On *consommait* plus qu'on ne *produisait*, au-delà de ses revenus, surtout dans les villes ou bourgs; et tel spéculateur en denrées de ces lieux *excitait* souvent les producteurs des campagnes à la consommation de marchandises étrangères dont ils n'avaient réellement pas besoin, en leur faisant des *avances* pour s'assurer leurs récoltes de plusieurs années. Combien parmi eux ne se sont pas ruinés par ces avances inconsidérées?

Concluons donc de ce langage « à cœur ouvert, » et des observations ci-dessus, que la Chambre des communes ne pouvait guère convaincre Boyer et le porter à renoncer à sa quiétude. Au reste, il n'aimait pas, comme la plupart des

[1] En cela, la plupart des représentans prêchaient pour leurs paroisses : parmi eux, beaucoup étaient commerçans, spéculateurs en denrées, etc.

chefs de gouvernement, à entendre dire que « les choses » vont mal : » presque tous sont *optimistes* [1].

Il aurait porté « les représentans de la nation » à l'être comme lui, s'il ne les *négligeait* pas tant, il faut l'avouer : en cela, il avait un grand tort. Cette législature ne fut pas plus que la seconde, qui élimina aussi plusieurs de ses membres, l'objet de ses attentions personnelles. Boyer semblait vouloir s'isoler des représentans, pour faire penser au public qu'eux seuls étaient *responsables* de ces actes inconstitutionnels. Ils ne le voyaient que les dimanches, dans la matinée, à l'audience générale des fonctionnaires; car, dans la semaine, le Président était presque toujours sur ses habitations de la plaine. Il invitait rarement *à dîner* un petit nombre de personnes; les ministres, n'ayant que leurs maigres émolumens, ne pouvaient le faire eux-mêmes [2]. Il n'y avait pas de *soirées* au palais, dans lesquelles un homme aussi sociable, aussi séduisant que l'était Boyer, aurait pu exercer une influence utile à la marche des affaires, à son gouvernement, en satisfaisant l'amour-propre de ceux qui y auraient été admis : ministres, sénateurs, représentans, magistrats, fonctionnaires de tous les ordres, pères et mères de famille. Les hommes sont partout les mêmes; ils sont sensibles à ces égards, à ces attentions des chefs qui les gouvernent et qui sont placés pour donner une sage direction à la société. Si ces chefs s'isolent volontairement de leurs concitoyens pour ne laisser sentir que leur autorité, ils finissent par perdre toute influence. Boyer disait souvent :

---

1 On prétendait que Louis XVIII se distinguait sous ce rapport : il aimait qu'on lui dit que tout allait fort bien.

2 Il faut cependant excepter le secrétaire général Inginac qui s'efforçait de le faire : il n'est pas un seul étranger de distinction, venu au Port-au-Prince, qu'il n'ait fêté, et bien souvent des fonctionnaires publics des autres lieux étaient invités à dîner avec lui ; et il était loin d'être riche !

« Je ne demande rien pour moi, mais tout pour la patrie. » Chacun savait, en effet, que c'était cette patrie qu'on servait et non pas lui; mais il n'est pas moins vrai que, pour bien la servir lui-même, il avait besoin de s'entourer de dévoue-mens, d'exercer de l'influence sur les esprits par la persua-sion. Les actes d'un gouvernement ne suffisent pas pour convaincre de ses bonnes intentions, il faut encore employer ces moyens qui agissent sur l'esprit public.

Que le lecteur veuille bien nous pardonner ces digres-sions, car nous les croyons utiles comme étude de mœurs, et nécessaires pour faire comprendre tout ce qui contribua au renversement de Boyer du pouvoir [1].

Maintenant, faisons connaître les diverses lois votées dans cette session, d'après l'ordre de leur promulgation par le pouvoir exécutif.

1° Celle sur les douanes, qui n'établit aucune distinction à l'importation et à l'exportation, entre les navires étran-gers et les nationaux. Le tarif du droit fixe à l'importa-tion fut plus élevé que dans la loi de 1827.

2° Celle sur les conseils de notables, définissant mieux que par le passé leurs diverses attributions.

3° Celle sur l'organisation judiciaire, maintenant les tri-bunaux établis précédemment et rédigée avec une meil-leure entente de la matière.

4° Celle sur les arpenteurs publics, réglant leurs opé-rations, les tarifant et précisant la responsabilité attachée à leurs actes.

5° Celle sur la régie des impositions directes, comblant des lacunes échappées à la loi de 1834.

6° Celles sur les patentes et sur l'impôt foncier pour 1836.

---

[1] Pétion était plus accessible que lui; on pouvait le voir dans la journée, à toute heure : le soir, il y avait cercle de fonctionnaires et de citoyens autour de lui.

7° Celles des n° 2 à 9, complétant le nouveau code de procédure civile où le législateur fit entrer diverses dispositions du code français qui avaient été élaguées dans le code de 1826, pour mieux assurer la marche de la procédure.

8° Celle sur le payement des droits d'importation en monnaies étrangères, d'or ou d'argent, suivie d'un tableau comparatif de ces monnaies et prenant pour base la monnaie d'Espagne : cette loi ayant pour but principal, on peut dire *unique*, d'assurer le payement de la dette envers la France [1].

9° Celles formant le code d'instruction criminelle, apportant diverses modifications à celui de 1826, notamment en ce qui concerne *le jury*, et exceptant plusieurs catégories de crimes de sa compétence, pour n'être plus jugés à l'avenir que par les tribunaux criminels.

10° Celles formant le code pénal, substituant une gradation mieux entendue entre les diverses peines, surtout en ce qui avait rapport aux *vols* dont les moindres devenaient justiciables de la justice de paix, sous la qualification de *larcins*.

La Chambre des communes et le Sénat eurent ainsi une laborieuse session; et malgré l'opinion émise par les représentans sur les lois en général, ils ne purent se dissimuler le besoin que l'on avait d'améliorer celles énoncées ci-dessus.

Par une circulaire du 5 décembre, adressée aux doyens des tribunaux civils par le grand juge, il fut prescrit qu'à

---

[1] Cette loi fut promulguée le 14 juillet ; elle était exécutoire au 1er octobre, pour les navires venant des îles ou du continent d'Amérique ; au 1er janvier 1836, pour ceux venant d'Europe ou d'autres contrées. Ne croyant pas devoir avoner le vrai *motif* de cette mesure, Boyer avait dit dans son message à la Chambre, « qu'elle était nécessaire en vue d'améliorer le système monétaire du pays. » On verra ce que produisit, en 1837, cette déclaration, prise pour *prétexte* par ceux qui désiraient l'abrogation de a loi.

l'avenir, tout postulant à la charge de défenseur public devait lui présenter, pour en obtenir la commission, deux certificats : l'un, constatant sa *moralité*, l'autre, sa *capacité*, après un examen subi soit pardevant les membres du tribunal, soit pardevant trois défenseurs publics déjà commissionnés et désignés par le doyen. Ce fut un moyen imaginé, en l'absence d'une faculté de droit dans le pays : auparavant, le gouvernement nommait à cette charge quiconque désirait l'obtenir, sur une simple pétition.

CHAPITRE VI.

La tranquillité dont la République jouissait depuis plusieurs années, surtout depuis que l'Opposition avait été exclue de la Chambre des communes, devait faire de 1836 une de ces époques heureuses pour Haïti. Mais comme, en politique, tout est action et réaction, ce calme profond était le précurseur d'un grave événement et d'agitations nuisibles à la prospérité du pays. C'était encore de la Chambre des communes que ces agitations allaient sortir, au renouvellement de la législature : son adresse au pouvoir exécutif, qu'on a lue au chapitre précédent, prouvait que désormais ce pouvoir serait l'objet de ses remontrances.

En attendant le moment d'en parler, citons, comme toujours, les actes les plus remarquables du gouvernement; car il en est beaucoup que nous devons nécessairement omettre, parce qu'ils sont purement administratifs.

Le 2 février, une proclamation du chef de l'État prorogea la session législative au 8 août suivant. Le motif de cette prorogation était l'espoir qu'il avait, que le gouvernement français se fût décidé à entrer dans un arrangement définitif avec la République avant cette époque, et il se réservait d'en entretenir la 4ᵉ législature qui allait terminer son mandat dans cette session.

Dans le même mois de février, le Président crut devoir lui-même adresser une circulaire aux tribunaux civils, pour leur expliquer les motifs des changemens introduits dans la procédure civile, par le nouveau code, lesquels changemens n'avaient eu lieu, en grande partie, que sur leurs propres observations. Il leur recommanda sur toute chose, d'éviter de favoriser l'*esprit de chicane* des avocats ou défenseurs publics contre lequel il était toujours prévenu (avec une certaine raison), afin que l'intérêt des familles n'en souffrît pas. Au mois d'avril, Boyer leur adressa une autre circulaire dans le même but, par rapport aux nouveaux codes pénal et d'instruction criminelle, cette dernière recommandant aux magistrats de veiller à l'accélération de l'instruction des procès faits aux délinquans, à une équitable distribution de la justice, afin que ces délinquans n'eussent pas à supporter d'inutiles lenteurs dans leur situation pénible, et que la société elle-même fût satisfaite.

D'après une contestation survenue entre le directeur général de la poste et le consulat français, le gouvernement se vit obligé de faire publier un avis concernant les sacs aux lettres apportées de l'étranger. A l'arrivée des navires de France, ce consulat s'emparait des lettres et les faisait distribuer aux commerçans, au préjudice du fisc. L'avis eut pour objet de contraindre les capitaines des navires de toutes les nations à remettre leurs sacs à la poste, à les y prendre à leur départ, en exceptant de cette mesure la correspondance officielle des agents consulaires; rien n'était plus juste.

Le 11 août, la session législative fut ouverte. Boyer expliqua à la Chambre des communes pourquoi il l'avait prorogée; il parla de la régularité et de l'économie qui régnaient dans toutes les parties de l'administration des finances; de l'ordre et de la tranquillité dont le pays jouissait, « en rendant à cet égard, dit-il, hommage à l'esprit de « patriotisme de la grande majorité de la nation. » Et en exprimant sa satisfaction du concours qu'il avait trouvé de la part de la Chambre, il lui annonça qu'il ne lui proposerait que quelques lois pour coordonner les améliorations déjà faites à la législation.

J. Depa, président de la Chambre, répondit aux paroles du chef de l'État par le discours le plus concis, se bornant à lui donner l'assurance qu'elle marcherait en harmonie avec ses vues, rendant justice à sa sollicitude pour le bonheur public et faisant des vœux au ciel pour sa conservation. Cette fois, il ne fut pas question d'adresse à présenter par la Chambre : elle sembla reconnaître que c'était inutile.

Dès le lendemain, elle reçut du Président les comptes généraux pour l'année 1835, et successivement quatre projets de loi qui furent votés dans le cours de la session. Le secrétaire d'État fut déchargé de sa comptabilité, comme il l'avait été dans les années précédentes. On remarqua au *Bulletin des lois* de cette année, les messages du Président accompagnant chacun de ses projets, donnant les motifs nécessaires pour déterminer la conviction des représentans. Ainsi, ils votèrent :

1º La loi portant amendement au code d'instruction criminelle de 1835, afin de simplifier le jugement, à la justice de paix, des nombreuses contraventions qui lui avaient été dévolues, de ne pas faire souffrir inutilement des lenteurs aux délinquans, lesquelles sont toujours une aggravation de peines.

2º La loi sur l'emprisonnement des débiteurs contraignables par corps, dans le même esprit que la précédente, portant amendement au titre 14 de la loi Nº 4 du code de procédure civile, pour diminuer les frais à la charge des débiteurs.

3º La loi portant tarif des frais judiciaires pour tous actes faits pardevant les tribunaux de paix, les tribunaux civils et le tribunal de cassation, par leurs greffiers, les défenseurs publics, etc., à des taux modérés.

4º La loi qui ferma les ports d'Aquin, de l'Anse-d'Eynaud, de Miragoane, de Saint-Marc et du Port-de-Paix, lesquels avaient été ouverts au commerce extérieur en 1832, en donnant cependant au Président d'Haïti la faculté d'ouvrir, selon les circonstances, tel de ces ports ou autres, dans l'intervalle d'une session à une autre[1].

---

1 Ces divers ports restèrent fermés en vertu de la loi, et cette mesure y développa l'Opposition contre Boyer. Les négocians, les spéculateurs en denrées, les marchands

5 Enfin, la loi qui, par l'initiative de la Chambre, prorogea celles de l'année précédente, sur les patentes et sur l'impôt foncier.

La Chambre des communes utilisa ainsi les trois mois de la session et termina son mandat paisiblement. La législature qui allait la remplacer était destinée à faire plus de bruit, au début de ses travaux et pendant trois années consécutives.

Deux actes de piraterie, par des bâtimens étrangers, commis en octobre sur la côte de Neyba, et en novembre devant le port de Jérémie, motivèrent un arrêté du Président d'Haïti qui rendait justiciables « du conseil militaire spécial » du Port-au-Prince, ayant attribution du conseil d'ami» rauté, » tous prévenus de ce crime, conformément à la loi du 1er novembre 1814 sur la piraterie. L'arrêté enjoignait aux autorités qui les auraient fait saisir, eux et leurs bâtimens, de les envoyer à la capitale afin que les faits fussent préalablement examinés par le gouvernement.

Le 5 janvier 1837, Boyer publia une proclamation relative à la formation de la cinquième législature. Il n'avait jamais tenu aux électeurs un langage aussi explicite que cette fois : c'est qu'il présumait, avec raison, que les opposans mettraient tout en œuvre pour se faire élire représentans. Aussi bien, ce mandat était plus apprécié chaque jour, la vie politique se répandait dans la nation depuis quelques années ; la proclamation du Président, du 5 janvier 1832, y avait même contribué, quand il s'agissait de la quatrième

---

ou marchandes en détail, qui tous comptaient sur la prospérité du commerce direct avec l'étranger, furent mécontens d'être forcés de recourir à celui des autres villes plus importantes. Depuis l'établissement de la République, il y avait de continuelles fluctuations à cet égard : l'administration voyait une contre bande active dans ces petits ports et des dépenses onéreuses, par les fonctionnaires qu'il fallait y entretenir ; l'intérêt privé ne lui savait pas gré de ce qui contrariait ses chances de gain.

législature. Il pouvait prévoir que Hérard Dumesle et David Saint-Preux, dont l'exclusion de cette législature n'avait pas été sanctionnée par l'opinion publique, feraient tous leurs efforts pour être réélus, ainsi que cela se pratique dans tous les pays où le régime constitutionnel, parlementaire, est établi; car leur amour-propre était intéressé à faire prononcer cette sorte de protestation par leurs communes respectives[1]. Ne voulant, comme toujours, employer aucun moyen d'influence auprès des électeurs, Boyer se bornait à parler à leur esprit : « Sachez, leur dit-il entre
» autres choses, dans vos élections, distinguer le citoyen
» modeste, vertueux, sincèrement dévoué à son pays, de
» celui dont l'intrigue s'agitera pour obtenir votre suffrage,
» et qui n'y aspire que pour satisfaire sa vanité, peut-être
» même son ambition. » Il leur rappela enfin « les temps
» funestes d'agitations politiques que le pays avait traver-
» sés miraculeusement, pour leur faire « considérer les
» fruits heureux de l'union du peuple avec son gouverne-
» ment, etc. »

[1] A mon retour de France, le 30 novembre 1836, je me rendis de suite auprès de Boyer que je trouvai couché, ayant la fièvre. J'étais porteur d'une lettre de M. Isambert pour lui, que je lui remis; il me la fit décacheter et lire, en présence de sa femme qui était seule dans la chambre. Après cette lecture, il me donna à décacheter et lire encore une autre lettre qui venait de lui être remise par M. S. Villevaleix : elle lui était adressée par Hérard Dumesle et datée d'Aquin où il s'était rendu. Par cette lettre de quatre pages, H. Dumesle lui rappelait toutes les bontés dont il avait été l'objet de sa part en diverses circonstances, qu'il avait logé chez lui, etc.; il parla de ses principes, de ses opinions politiques qui ne pouvaient avoir pour but le renversement de Boyer, car ce serait vouloir le malheur de la patrie. Il l'entretint de quelques lettres de lui, qu'on avait trouvées dans les papiers de Félix Darfour, en protestant contre toute idée d'approbation de la conduite tenue par ce dernier. Enfin, H. Dumesle le priait de permettre qu'il vint au Port-au-Prince lui faire sa profession de foi entière, lui renouveler ses sentimens d'attachement. A ces mots, le Président dit : « Je n'en ai nul besoin : » qu'il se conduise en honnête homme, en bon citoyen, c'est tout ce que je desire de lui.» Je me permis alors de lui faire observer, qu'il était probable que H. Dumesle serait réélu par la commune des Cayes, et qu'il valait mieux, selon moi, le laisser venir, l'entendre, gagner son concours à la Chambre, par la persuasion, plutôt que de l'y voir opposant. Mais Boyer persista dans son refus.

Pendant que, dans toutes les communes, on se préparait à se réunir du 1ᵉʳ au 10 février pour les élections, dans celle du Cap-Haïtien il se tramait une conspiration contre le gouvernement; le projet en existait même auparavant.

Vers octobre ou novembre 1836, le chef de bataillon Bélonie Narcisse, du 29ᵉ régiment, en étant informé, avait manifesté son opinion publiquement à ce sujet, en disant: qu'il combattrait toute tentative faite pour renverser le gouvernement ou seulement porter atteinte à son autorité; et il cita nommément le colonel Izidor Gabriel, commandant du régiment des carabiniers à cheval de la garde, comme étant l'un des auteurs de cette conspiration. Il aurait dû dénoncer ce qu'il savait au Président lui-même ou aux autorités du Cap-Haïtien. Or, Izidor avait su capter la bienveillance et on peut dire l'attachement de Boyer [1]; il adressa au Président une lettre, se plaignant des propos tenus sur lui par B. Narcisse, citant les personnes auxquelles ce dernier avait parlé, en prodiguant au Président les assurances les plus chaleureuses de son dévouement. Il le trompait indignement! car B. Narcisse avait raison. Mais Boyer, séduit, ordonna au général Léo, commandant de l'arrondissement, de réunir un conseil spécial militaire pour juger ce chef de bataillon qui avait osé suspecter la *fidélité* éprouvée du colonel. Ses ordres étaient sévères [2]. B. Narcisse comparut pardevant le conseil spécial; il soutint ses paroles sans pouvoir toutefois fournir la preuve de

---

1 Voyez les Mémoires d'Inginac, page 87.

2 A la page 89 de ses Mémoires, Inginac dit que B. Narcisse avait dénoncé la conspiration par une lettre adressée au Président, et que celui-ci envoya cette lettre à Izidor pour qu'il pût le poursuivre en calomnie. Mais nous relatons le fait d'après des notes écrites dans le temps même où il se passa: le souvenir d'Inginac aura confondu les choses, six années après.

ses assertions. Il fut condamné, comme *calomniateur*, à être *dégradé* de son rang, et il subit ce jugement avec toutes les circonstances propres à le couvrir d'infamie : jugement prononcé peut-être par des complices de la conspiration qui existait réellement. Izidor triompha, à la grande satisfaction de Boyer qui s'aveuglait sur son compte.

Cette conspiration paraît avoir été conçue par bien des gens, dans le but de faire du département du Nord un État distinct de la République, sauf à entraîner dans le mouvement le département de l'Artibonite, même tous les autres, s'il se pouvait, en renversant Boyer de la présidence. Les conspirateurs se proposaient de proclamer le général de division Guerrier, comme chef de leur criminelle entreprise.

A cet effet, l'un d'eux nommé Gervais Henri, ancien officier du 1er ou 2e régiment d'infanterie licenciés pour sédition au Cap-Haïtien, en 1821, alla parler de cette conspiration au général Guerrier qui se trouvait à Saint-Michel, l'une des communes de l'arrondissement de la Marmelade qu'il commandait. Gervais Henri était envoyé auprès de lui par ses complices, afin de le persuader de consentir à leur projet. Loin d'y adhérer, le général Guerrier expédia de suite un de ses aides de camp auprès de Boyer pour lui donner connaissance *verbalement* de la démarche de Gervais Henri. Cet aide de camp arriva au Port-au-Prince, le 22 décembre 1836.

Tout en sachant gré au général Guerrier de cette information, le Président s'étonna qu'il n'eût pas fait arrêter Gervais Henri et qu'il ne l'eût pas formellement dénoncé par *une lettre*, lui et les autres conspirateurs dont il avait dû citer les noms pour mieux entraîner le général. Le Président renvoya l'aide de camp immédiatement, avec l'injonction de lui rapporter, dans la huitaine, la lettre qu'il voulait avoir pour servir de base à l'arrestation des conspirateurs. Cet officier ne revint à la capitale que le 18 janvier, porteur toutefois de la lettre dénonciatrice de Gervais Henri seulement. Il répugnait sans doute au général Guerrier de compromettre les autres individus. Mais Boyer fut mécontent, et du silence gardé à leur égard, et du délai qu'avait mis ce général à réexpédier son aide de camp auprès de lui. En même temps qu'il envoyait un officier porteur de l'ordre à ce général de se rendre au Port-au-Prince, il en envoyait un autre au Cap-Haïtien pour ordonner au général Léo de faire arrêter Gervais Henri, et de l'expédier sous bonne escorte. Mais le général Guerrier, dont la santé était souvent altérée, ne parut à la capitale que dans le courant de février, ce qui porta Boyer, néanmoins, à lui ordonner *les arrêts* dans sa demeure, après lui avoir adressé les plus vifs reproches de sa molle conduite en ces circonstances[1]. Quant à Gervais Henri, on ne put ou on ne voulut pas l'arrêter; il se tint caché[2].

A l'arrivée, au Cap-Haïtien, de l'officier porteur de l'ordre de son arrestation, les conspirateurs furent tous en émoi : ils reconnurent qu'il ne fallait pas compter sur le général Guerrier. Néanmoins, craignant leur propre arrestation, ils se décidèrent au mouvement, dans l'espoir d'y entraîner les indécis, les masses des campagnes, peut-être même ce général qui ne se pressait pas de se rendre à la capitale. Le colonel Izidor fut celui qui se chargea d'en

---

1 Pendant que ce général était aux arrêts, on jeta sous le pas de sa porte un billet séditieux, par lequel on l'engageait à ne pas désespérer, que le peuple avait les yeux fixés sur lui, etc. Son premier soin, en ouvrant la porte le lendemain matin, fut de le faire parvenir à Boyer avec des assurances de fidélité. Peu de jours après, il reçut l'ordre d'aller reprendre son commandement.

2 Condamné à mort par contumace, Gervais Henri vécut plusieurs années caché, et mourut de mort naturelle. On n'en fut certain qu'après la chute de Boyer.

donner le signal : il croyait avoir l'assentiment de tout le régiment des carabiniers.

Le 28 janvier, de 9 à 10 heures du soir, il fit sonner par les trompettes de ce corps l'air de se préparer à monter à cheval. En ce moment, le capitaine Bottex, fils du général commandant au Borgne, arrivait en ville, sortant de son habitation de la plaine. Étonné d'entendre cet air de la cavalerie à une telle heure, il se rendit aussitôt auprès du colonel Castaing, commandant de la place, et lui dit ce qu'il avait entendu : il sut alors qu'il n'y avait aucun mouvement militaire ordonné par les autorités. Le colonel Castaing l'envoya en avertir le général Léo ; celui-ci lui dit d'aller ordonner à la garde de l'arsenal de n'y laisser entrer personne, de défendre ce point contre toute attaque. Bottex était l'un des adjudans de place du Cap-Haïtien : après avoir transmis cet ordre, il rencontra Izidor qui, à la tête du 1er escadron des carabiniers, alla s'emparer de l'arsenal de vive force. Le 2e escadron ne l'avait pas suivi, par l'influence de son chef Denis André qui ne voulut point participer à la conspiration [1].

Dans l'intervalle, toutes les autorités civiles et militaires, et la plupart des citoyens notables s'étaient portés au bureau de l'arrondissement. Le colonel Beaufossé, commandant du 28e régiment du Dondon, se trouvant au Cap-Haïtien en ce moment, s'y rendit aussi. Chacun disait son mot sur la situation, et le général Léo semblait ne savoir que faire. Beaufossé, dévoué au Président, brave et éner-

---

[1] En se portant sur l'arsenal, Izidor envoya au général Léo, une lettre par laquelle il l'engageait à se joindre à lui contre Boyer : « Il nous a trahis, disait-il, il est sur le point de nous livrer à la nation française. Nous prenons les armes contre ce tyran..... La masse des noirs et une grande partie des hommes de couleur m'ont chargé de vous écrire cette lettre, etc. » Et la moitié seulement des carabiniers l'avaient suivi dans sa révolte !

gique, fut le premier à dire qu'il fallait aller reprendre l'arsenal en chassant Izidor ; il demanda la faculté de se mettre à la tête du 30° régiment à cet effet. Mais jusqu'alors, *la générale* n'avait pas été battue pour réunir les troupes et la garde nationale : on contraignit en quelque sorte le général Léo à cela : il la fit battre au bureau même de l'arrondissement. Enfin, les troupes et la garde nationale s'étant réunies, Beaufossé prit le commandement du 30°, le colonel Backer, administrateur principal des finances, celui de la garde nationale. Ils marchèrent contre Izidor auquel ils reprirent l'arsenal, après avoir essuyé un seul coup de canon chargé à mitrailles : deux hommes furent tués et plusieurs autres blessés.

Débusqué de ce lieu, Izidor se porta avec l'escadron rebelle à Milot, où il s'empara encore plus facilement de l'arsenal de ce bourg, au jour du 29 janvier. Il appela la population autour de lui et fit distribuer à ces pauvres gens des fusils et des munitions en leur disant : que toute la République était en armes, parce que « Boyer avait vendu le pays aux blancs français. » Cette vieille accusation empruntée au régime de Christophe, fut reçue avec d'autant plus de crédulité, que les habitans de Milot l'avaient souvent entendue arguer à la charge du gouvernement fondé par Pétion, et qu'ils savaient que le colonel Izidor jouissait de la confiance de Boyer. Mais le conspirateur, continuant à déblatérer contre le Président, vint à examiner ses actes successifs depuis la réunion du Nord. Il critiqua amèrement le *morcellement* des habitations en petites propriétés concédées aux soldats et aux cultivateurs, et qui avait entraîné, disait-il, la ruine des grandes sucreries des plaines du Nord, notamment celle qui lui appartenait où il ne pouvait plus faire autant de revenus que par le passé ; *l'indiscipline* survenue parmi les troupes, etc. Insistant sur le régime agricole maintenu par le gouvernement, il s'écria, en créole : « *Cé à présent que nègres va travaillé !* [1] »

Ce *programme* de sa révolte était trop clair pour n'être pas parfaitement compris par tous ceux qui l'écoutaient, — habitans, cultivateurs, carabiniers eux-mêmes : le régime despotique de Christophe était le but à atteindre ! Aussitôt, la débandade commença parmi les gens qu'Izidor avait armés ; ils jetèrent les fusils et les cartouches derrière les maisons et s'enfuirent : les carabiniers firent des demi-tours à droite et à gauche et prirent le trot ou le galop dans toutes les directions. Ces derniers avaient été abusés, du reste ; ils s'étaient laissés persuader que toutes les autorités du Cap-Haïtien et du Nord étaient du complot, et la reprise de l'arsenal, la non-participation du 2e escadron avaient commencé à les éclairer.

Peu d'entre eux étaient restés auprès de leur colonel, quand le général Monpoint, commandant de l'arrondissement de la Grande-Rivière, avisé des événemens, fit marcher contre Milot un détachement du 26e régiment et des gardes nationaux, sous les ordres du colonel Mouscardy, commandant de la place. A leur approche, Izidor décampa et se porta à Limonade. Poursuivi par Mouscardy, abandonné par tous les carabiniers,, il se rendit du côté de Sainte-Suzane, où il se jeta dans les bois, avec son beau-fils Harmonide Richeux, jeune homme de couleur, âgé d'environ 25 ans. Traqués par Mouscardy, ils furent rencontrés le 4 février et subirent une décharge de coups de fusil sous laquelle périt Harmonide, et Izidor fut blessé mortellement ; il trépassa deux heures après. Mouscardy fit porter le corps du jeune homme au Cap-Haïtien, pour être remis à sa mère,

---

1 Izidor lui-même était un noir, marié à une mulâtresse.

Madame Izidor, et celui d'Izidor à la Grande-Rivière où il fut enterré [1].

La nouvelle de l'événement du Cap-Haïtien était parvenue à Boyer le 31 janvier. Pendant qu'il expédiait le capitaine Ethéart, des grenadiers à cheval de la garde, porteur de ses ordres aux généraux Bonnet, à Saint-Marc ; Guerrier, à Saint-Michel ; Monpoint, à la Grande-Rivière, pour qu'ils concourussent à la répression de cette révolte, il expédiait aussi le capitaine Lestage, de l'artillerie de la garde, porteur des mêmes ordres aux généraux Beauvoir, aux Gonaïves ; Obas, à Plaisance, et Léo, au Cap-Haïtien, ce dernier devant opérer l'arrestation de tous prévenus de complicité à l'attentat d'Izidor Gabriel, pour les faire juger [2]. Une proclamation du 31 janvier renouvelait les mêmes ordres, en annonçant l'événement à la République. Le Président y disait que « depuis quelque temps, le gouvernement était » instruit que des ambitieux machinaient sourdement le » renversement de l'ordre et de la paix qui font leur » désespoir, etc. » Il félicita, au nom de la nation, la garde nationale et les troupes, le général Léo et toutes les autorités du Cap-Haïtien, de leur conduite en cette circonstance ; il dit qu'ils avaient bien mérité de la patrie. Le 8 février, un ordre du jour adressé « à l'armée, » annonça que « le régiment des carabiniers de la garde était rayé de son » tableau, » en ordonnant que les officiers, les sous-officiers

---

1. Hélas ! qui eût cru alors qu'un jour arriverait où les ossemens du révolté seraient exhumés, pour recevoir les funérailles et les honneurs dus à un général de division ! On a assisté à ce spectacle en mai 1843. — Madame Izidor fut accusée, dans le temps, d'avoir poussé son mari à prendre l'initiative de la révolte, parce qu'elle aurait été mécontente de Boyer qu'elle supposait avoir influencé le tribunal de cassation, dans un procès qu'eut son fils Harmonide avec sa femme divorcée ; procès qu'il perdit.

2 Nous croyons qu'il y en eut qui furent condamnés à mort et exécutés, mais nous ne nous ressouvenons pas de leurs noms ; c'étaient probablement des officiers du 1er escadron des carabiniers.

et cavaliers qui n'avaient point pris part à la révolte fussent répartis dans les autres corps de troupes de l'arrondissement du Cap-Haïtien. Cet acte annonça en même temps la mort d'Izidor Gabriel.

Boyer devait une réparation d'honneur au chef de bataillon B. Narcisse : il le manda au Port-au-Prince, le rétablit dans son grade en le comblant de prévenances. Il y fit venir également le chef d'escadron Denis André qu'il plaça au Fort-Liberté, en le félicitant de sa belle et patriotique conduite[1].

On prétendit à cette époque, que cet officier lui fit connaître toutes les ramifications de la conspiration. On disait encore que l'arpenteur Beaugé, gendre du général Quayer Larivière, s'étant brouillé avec son beau-père, était venu de la Grande-Rivière le dénoncer à Boyer, comme étant l'un des auteurs, sinon le chef, de cette conspiration dont le but était de le renverser du pouvoir et d'acclamer le général Guerrier[2]. Le paragraphe de la proclamation du 31 janvier où le Président dit que « depuis quelque temps » le gouvernement était instruit que des ambitieux machi- » naient sourdement, etc., » semble donner créance à ces traditions orales de l'époque ; mais nous ne les citons que comme telles, sans les garantir.

Quoi qu'il en ait été, il est à remarquer, pour la suite de ces *Études* que nous faisons de notre histoire nationale, que la facilité et la promptitude avec lesquelles la révolte d'Izidor

---

1 Denis André, toujours bon citoyen, devenu général de division, est mort au Port-au-Prince, en décembre 1852.

2 Beaugé fut élu représentant en février 1837 et devint colonel aide de camp du général C. Hérard aîné, — Quayer Larivière mourut le 16 novembre 1836, âgé de 73 ans ; la veille, il écrivit une deuxième lettre à Boyer, car en octobre il lui en avait écrit une autre pour l'informer de la grave maladie dont il était atteint, et le Président avait envoyé un officier auprès de lui pour lui porter des paroles de consolation. C'est à sa mort que le général Monpoint devint commandant de l'arrondissement de la Grande-Rivière.

Gabriel fut étouffée, inspirèrent beaucoup de sécurité à Boyer, un peu trop peut-être, sur la *solidité* de son pouvoir. En cette circonstance, comme dans une autre qui eut lieu en 1838, il se convainquit, que s'il y avait dans la République des ambitieux qui désiraient y attenter, du moins la majorité des citoyens des villes et bourgs, les masses des campagnes, n'adhéraient pas à de tels projets, et qu'il suffirait toujours de la fidélité et du dévouement de quelques fonctionnaires dans chaque localité, pour réprimer promptement toute tentative contre l'ordre établi, sans que le chef de l'État eût besoin de se déplacer de la capitale.

Oui, cela était évident; mais il fallait aussi qu'il s'assurât cette *fidélité* et ce *dévouement* des fonctionnaires par tous les moyens dont un gouvernement dispose pour maintenir la tranquillité publique, au grand avantage de la société tout entière, et c'est ce qui n'était pas toujours le fait de Boyer. Par exemple, dans l'affaire relative à Bélonie Narcisse, *fidèle et dévoué*, n'eut-il pas *le tort* d'être trop prévenu contre cet officier supérieur qui avait longtemps servi dans sa propre garde, trop prévenu en faveur du traître Izidor Gabriel? Au lieu d'ordonner, avec sa vivacité ordinaire, la mise en jugement de B. Narcisse, n'aurait-il pas dû le mander à la capitale avec ce colonel, pour les entendre tous deux? Après ce jugement, si iniquement prononcé, après la dégradation publique de cet officier supérieur d'un courage si éprouvé, qui eût voulu s'exposer à dénoncer régulièrement, légalement, un projet de conspiration qu'on saurait exister contre le gouvernement? B. Narcisse n'avait pas suivi la voie légale, cela est vrai; mais il y a toujours des nuances en de tels cas qu'il faut pénétrer pour être équitable; et s'il est vrai que Boyer avait été informé préalablement de menées sourdes contre le gouvernement, le bon sens dit qu'il aurait dû entendre cet officier alléguant les mêmes choses [1].

Le général Monpoint n'avait pas été le seul à envoyer des forces pour réprimer la révolte d'Izidor ; les généraux Obas et Bottex agirent de même. Ce dernier se rendit au Cap-Haïtien à la tête de détachemens du 25e régiment, d'artillerie et de garde nationale. Depuis 1820, Bottex commandait l'arrondissement du Borgne; en 1832, son commandement s'étendit sur celui du Port-de-Paix, vacant par la mort du général Nicolas Louis, et en 1834 sur celui du Môle, par la mort de l'amiral Bastien. Le 30 mars 1837, le général Léo ayant été foudroyé d'apoplexie, Bottex reçut encore le commandement de l'arrondissement du Cap-Haïtien avec le grade de général de division : témoignages de la haute estime que lui portait Boyer. Il la méritait à tous égards, et sous son autorité active, éclairée, dévouée à la prospérité de tous les citoyens, le Cap-Haïtien et son arrondissement recouvrèrent l'ordre, la tranquillité et le progrès qu'y avait imprimés celle de Magny, mais que Léo avait laissé déchoir depuis 1827 [2].

1 Le 9 mai suivant, le régiment des dragons de l'Artibonite étant en garnison au Port-au-Prince, un cavalier de ce corps s'introduisit dans la cour du palais de la présidence vers 9 heures du soir ; la garde du palais le vit rôdant du côté de la chambre à coucher de Boyer et l'arréta; on le trouva armé d'un poignard, mais il fit le fou, s'il ne l'était pas réellement. Boyer ordonna qu'on le mit en prison où il resta quelques semaines avant d'être renvoyé à Saint-Marc aux soins de sa famille. Peu de temps [après, le Président ordonna, par simple mesure administrative , le licenciement de ce régiment des dragons et de celui des Cayes ; ce qui produisit un mauvais effet.

2 Le général Léo, afiecté de la goutte comme le colonel Castaing, commandant de la place, n'était capable d'aucune activité, et c'est sans doute à cela qu'il faut attribuer sa molle conduite dans la révolte d'Izidor. A cette époque, des malveillans répandirent le bruit qu'il s'était empoisonné, à cause de l'insuccès de cette révolte. Peu de temps après lui, Backer fut aussi foudroyé d'apoplexie, et ils dirent les mêmes absurdités. Du reste, presque tous les généraux du Nord étaient morts successivement à l'époque dont nous nous occupons : ces hommes avaient vieilli plus ou moins. Le général Lerebours mourut aussi le 31 octobre 1836. En avril 1837, le général Nord Alexis reçut le commandement de l'arrondissement de Port-de-Paix où il décéda en 1840

La session législative fut ouverte le 10 avril. Dans son discours, Boyer dit aux représentans : « Maintenant plus
» que jamais, il est de la dernière évidence que la nation
» veut jouir paisiblement des droits qu'elle a conquis, et
» qu'elle a une aversion prononcée pour les *complots* de
» l'ambition, comme pour les *manœuvres* de l'esprit de
» parti. Le résultat de l'affreux attentat commis au Cap-
» Haïtien par un petit nombre de pervers, est une preuve
» éclatante du bon sens du peuple, de son dévouement au
» bon ordre et de son attachement au gouvernement con-
» stitutionnel. Durant le cours de la dernière législature,
» d'utiles et importantes dispositions ont été adoptées...
» Ma sollicitude pour le bien public me fera rechercher
» avec persévérance tout ce qui pourra tourner à l'avan-
» tage de la République; mais il est convenable de ne pro-
» céder qu'avec prudence et maturité. Ainsi, dans l'état
» actuel de la législation, je n'ai pas reconnu la nécessité
» de préparer de nouveaux projets de lois pour cette ses-
» sion. »

Chacun des représentans, comme le public, sentait que ces déclarations étaient motivées par la réélection de H. Dumesle et David Saint-Preux; eux-mêmes ne se faisaient nulle illusion à cet égard. Mais, à raison de la récente révolte d'Izidor, si promptement réprimée par le concours des officiers militaires, l'autorité du Président de la République paraissant plus raffermie, les deux opposans durent s'étudier à user envers lui des formes les plus convenables dans cette situation, et propres cependant à ranger l'opinion publique de leur côté, par ces égards mêmes : tactique habile qu'ils employèrent dans deux autres sessions de la même législature.

La Chambre s'était constituée sous la présidence de

Phanor Dupin, qui avait activement figuré dans la précédente législature, et cela, pour être en quelque sorte agréable à Boyer. Mais la majorité était toutefois sous l'influence de H. Dumesle, aidé de son ami. Elle forma une commission, aussitôt que la session fut ouverte, pour présenter à la Chambre un projet de règlement de police intérieure; cette commission fut présidée par H. Dumesle et composée de D. Saint-Preux, J. Loiseau (de Jacmel), défenseur public, et Rameau, second représentant des Cayes : les trois premiers membres étaient de l'Opposition. Le 24 avril, le projet de règlement fut présenté ; il fut discuté et adopté dans la séance du 28.

Un rapport bien écrit en expliqua les principales dispositions. Ainsi, désormais, les représentans, en entrant en fonction, devaient prêter le serment suivant sur la constitution, et en face du buste d'Alexandre Pétion qu'on voyait dans le tableau allégorique qui était placé au fond de la salle des séances publiques : « Je jure à la nation de remplir fidè-
» lement l'office de député à la représentation nationale,
» de maintenir de tout mon pouvoir la constitution, de
» respecter les droits et l'indépendance du peuple haï-
» tien. » A peu de mots près, c'était le même serment que prêtait le Président d'Haïti. La commission disait :
« qu'elle avait invoqué la religion du serment... pour at-
» tacher le représentant à ses devoirs par le lien de la
» conscience; qu'il devait en prêter un comme le séna-
» teur; qu'en proposant de le faire prêter sur la constitu-
» tion et devant l'image auguste d'A. Pétion, elle expri-
» mait un vœu : c'est que la vénération pour le grand
» homme devînt un culte populaire, etc. » — Et quant aux honneurs à rendre au Président d'Haïti, lorsqu'il procède à l'ouverture de la session : « Entourer *le premier représen-*

» *tant* de la nation de toute la considération qui lui est
» due, c'est proclamer *la majesté du peuple ;* et, en inspi-
» rant cette grande idée, la Chambre s'honorera elle-même.
» Toutefois, elle prouve que le sentiment de la liberté, cette
» source de noble et sublime enthousiasme, de pensées fé-
» condes et pures, d'où jaillissent l'esprit d'examen, l'in-
» dépendance d'opinion et les lumières de l'évidence, est
» compatible avec le plus haut degré de respect. » — La
commission disait encore que : « Comme représentant de
» tous les vœux, de tous les besoins du pays, la Chambre ne
» peut se borner à répondre, par l'organe de son prési-
» dent, au discours d'ouverture du Président d'Haïti : une
» *adresse*, rédigée dans le calme de la méditation et so-
» lennellement votée, est destinée à apporter au premier
» magistrat de la République, l'expression des sentimens
» de la nation et de ses vœux pour la prospérité pu-
» blique. »

Il n'en fallait pas davantage pour rallier autour de la
Chambre des communes l'esprit de la jeunesse possédant
des lumières, celui des hommes d'un âge mûr qui désiraient
quelque éclat pour Haïti dans la discussion de ses intérêts
de toute nature. Ceux mêmes qui étaient le plus dévoués à
Boyer personnellement, ou à son gouvernement qui avait
réalisé déjà des choses importantes pour le pays, n'avaient
rien à dire de la Chambre qui observait ainsi envers lui
toutes les formes usitées dans le régime représentatif. Et
l'Opposition voyait avec plaisir son drapeau arboré par
celui qui savait exprimer ses opinions et qui était déjà devenu son chef.

Quant à H. Dumesle et D. Saint-Preux, en faisant abstrac-
tion de leur ambition (dont on ne saurait leur faire un reproche, puisque tout homme a la sienne), on ne peut se

dissimuler qu'il leur était bien permis, se sentant des lumières, d'aspirer à être « les promoteurs » de toutes les améliorations désirables pour le pays, en se servant du régime parlementaire établi par la constitution. De ce que ce pacte fondamental attribuait au chef du pouvoir exécutif l'initiative des lois et de toutes les mesures d'administration propres à promouvoir la félicité publique, était-ce à dire que les citoyens, que leurs représentans à la Chambre des communes, ne devaient former aucun vœu à ce sujet? Quand même il n'y aurait eu ni Chambre ni Sénat dans la République pour en manifester, ce *droit* n'existerait pas moins pour tout Haïtien; car elle était *la chose de tous*, tous étant intéressés à sa prospérité. Ces deux tribuns se montraient ambitieux, désireux de se distinguer par la parole dans les travaux législatifs, pour acquérir de la renommée, de la popularité, de la gloire même, nous n'en doutons pas; mais si l'on admet que le citoyen qui suit la carrière militaire peut et doit être mu par des sentimens analogues, pour la fournir honorablement et dans les vues de servir utilement son pays, pourquoi dénierait-on toute aspiration semblable à celui qui parcourt la carrière civile? Un gouvernement éclairé et bien intentionné comme l'était celui de Boyer, devait s'attendre à rencontrer l'ambition individuelle sous ses pas, et essayer de tous les moyens de la modérer, de la diriger vers le bien.

Quoi qu'il en soit, la Chambre des communes, avertie qu'elle ne recevrait pas de projet de loi du pouvoir exécutif, dut s'occuper de l'examen des comptes généraux de 1836 qu'il lui adressa; et elle prit son temps pour le vote de la loi sur les patentes et de celle sur l'impôt foncier; il fallait remplir les trois mois de la session, chose essentielle aux intérêts pécuniaires des représentans. La Chambre déchargea le secrétaire d'Etat Imbert de sa gestion financière pendant cette année-là [1]. Elle ne vota les deux lois d'impôts que dans les derniers jours de la session, en juillet; mais n'admettant pas la distinction provoquée par le Sénat en 1833, régularisée en 1834 et continuée dans les deux années suivantes, entre les dispositions concernant simplement l'établissement de ces impôts directs, et celles concernant leur régie, la Chambre les confondit dans les mêmes lois émanées de son initiative, ainsi que cela se pratiquait antérieurement [2]. La 4e législature avait cependant acquiescé à cette distinction, mais la 5e ne se crut pas liée à cet égard. Les chefs de la majorité tenaient à *protester* de cette manière contre les représentans qui les avaient exclus en 1833. On verra ce que firent le Sénat et le pouvoir exécutif au sujet de ces deux lois.

Une plainte avait été formée au tribunal correctionnel du Port-au-Prince par un huissier de la justice de paix de

1 D. Saint-Preux présida la commission qui examina ces comptes. Dans son rapport à la Chambre, il critiqua le mode adopté pour leur reddition, et constata un existant en caisse de 644,696 gourdes en monnaies étrangères, dont 543,796 perçues depuis a loi sur la matière, d'octobre 1835 au 31 décembre 1836. La commission proposa à la Chambre de demander au secrétaire d'Etat, « quelle était la destination de ces fonds : » ce qui eut lieu. Il fut répondu que c'était « dans les vues de pourvoir aux besoins publics. » M. Imbert fut loué dans le rapport pour son « incorruptible probité, le lustre » de sa noble pauvreté après 40 années de service. »

La faible récolte de 1836, comparée à celle de 1835, — 37 millions de café au lieu de 48 millions, fut attribuée au dépérissement de l'agriculture, etc. — 1837 produisit encore moins, environ 31 millions de livres; mais en 1838 on récolta près de 50 millions. D. Saint-Preux parla de « la désuétude où était tombé le code rural, de l'invasion » de la licence, de l'apathie que favorise le climat, de la paresseuse et insouciante » police des campagnes, de la spoliation établie dans les douanes, etc. »

Il est sous-entendu que le gouvernement était responsable de toutes ces choses; mais si la récolte de 1838 fut si supérieure à celle de 1836 et 1837, c'est une preuve que la *nature* seule était *coupable* du peu de produit des cafés, etc, que les douanes n'étaient pas gérées aussi mal que le disait ce représentant.

1 Il est constant que de 1817 à 1833, le gouvernement faisait toujours préparer les lois sur les patentes et autres impôts directs, pour faciliter le travail de la Chambre qui en avait l'initiative; et alors on y confondait ce qui concernait leur régie avec les dispositions relatives à leur assiette, etc. Mais le Sénat ayant réclamé une distinction à cet égard, elle fut reconnue judicieuse, et par le gouvernement et par la Chambre elle-même.

l'Anse-à-Veau, contre le représentant Dézé Gourdon, de la même commune, pour une rixe survenue entre eux après un duel convenu et qui ne fut pas effectué. Le tribunal s'étant décliné en renvoyant le plaignant pardevant qui de droit, il s'adressa à la Chambre, en transformant sa plainte et donnant au fait un caractère de tentative d'assassinat sur sa personne. Néanmoins, la Chambre observa les dispositions de la constitution, entendit son membre accusé qui se disculpa à ses yeux ; elle décida qu'il n'y avait pas lieu à admettre la plainte.

Cette affaire fournit l'occasion à plusieurs représentans de faire des discours ; elle fut même suspendue, séance tenante, sur la motion de D. Saint-Preux tendante à faire prêter préalablement, aux membres de la Chambre, le *serment* établi par le règlement que, jusqu'au 3 juillet, les législateurs avaient négligé de prêter, malgré toute l'emphase du rapport de la commission. A cette occasion, D. Saint-Preux, dans sa motion, prononça des paroles acerbes dont le sens était évidemment à l'adresse de ses collègues, notamment Latortue (des Gonaïves), qui, ayant fait partie de la 4ᵉ législature, avaient été réélus comme lui. Ce député n'avait pas, comme H. Dumesle, l'avantage de se posséder, de modérer sa fougue. Latortue, Phanor Dupin et d'autres ne répondirent point à ces paroles ; mais plus tard ils se trouvèrent dans la position de prendre leur revanche, par une nouvelle intempérance de langage de la part du même orateur.

A l'une des séances du mois de juin, le représentant Couret, du Port-au-Prince, avait fait la proposition d'adresser un message au Président d'Haïti, pour lui exposer la situation fâcheuse où se trouvait le *commerce* du pays, par suite, disait-il, de la loi de 1835 sur le payement des droits d'importation en monnaies étrangères, qui gênait toutes les transactions, et l'urgente nécessité de *rapporter* cette loi. La proposition fut envoyée à l'examen des trois sections ou comités de la Chambre, de législation, de l'intérieur et des finances, et elle fut appuyée. Onze orateurs s'inscrivirent pour discourir à ce sujet; on était en plein régime parlementaire. Le 16 juin, Couret développa sa proposition : « Le patriotisme, le dévouement, l'honneur »et le désir de remplir son mandat fidèlement le guidaient »seuls; la loi avait été rendue avec les intentions les plus »louables, mais loin d'avoir produit l'effet désiré, elle avait »entièrement paralysé le commerce, arrêté l'industrie dans »son essor; et si la misère publique n'en était pas la triste »conséquence, elle était du moins le complément de ses »effets; la loi menaçait notre système monétaire d'une des- »truction d'autant plus redoutable que le mal semblait être »prochain !...» Tels furent les principaux argumens employés par l'orateur qui, d'ailleurs, parla du Président d'Haïti avec une parfaite convenance[1]. A son exemple, les autres orateurs furent aussi irréprochables sous ce rapport.

Mais Daguerre, autre représentant du Port-au-Prince, tout en admettant le but de la proposition, fut le seul qui conclut à ce que la Chambre chargeât son président, H. Dumesle, d'en entretenir particulièrement Boyer, attendu que c'était aux commerçans, disait-il, à exposer eux-mêmes leur situation et leurs vues pour l'améliorer; et, comme s'il était initié aux vrais motifs qui avaient déterminé l'adoption de cette mesure financière, il ajouta à la

---

[1] M. Couret est le même personnage qui figura dans les faits passés à Samana en 1822, quand l'amiral Jacob y vint sur la demande des colons français établis dans cette presqu'île. Il était devenu l'un des plus ardents *patriotes.*

fin de son discours : « Nous ne devons pas pénétrer dans
» la politique du gouvernement ; et ce qui nous semble un
» grand malheur aujourd'hui, pourrait devenir, dans quel-
» ques années, un grand bonheur pour notre patrie. »

Daguerre était dans le vrai de la situation ; sans cette loi
et les ressources qu'elle produisait au trésor public, « en
bonnes espèces sonnantes, » Haïti n'eût pas été, l'année
suivante, reconnue comme *État libre, indépendant et souverain*, avec la réduction de 60 millions de francs sur sa dette
nationale.

Parmi tous les orateurs qui prirent ensuite la parole, le
lieutenant de l'Opposition, David Saint-Preux, se distingua,
comme toujours, par des opinions mieux formulées et qui
tendaient à fixer les principes dont la représentation nationale devait se pénétrer. Il saisit cette occasion, disait-il,
pour faire sa *profession de foi* : « La pairie universelle, le
» grand jury national, l'assemblée des électeurs, enfin, a
» dessouillé ma probité politique de la bave délatrice des
» méchans. Aussi pure que le feu sacré, ma dignité civique
» et représentative a été proclamée, et la confiance publique
» m'a renvoyé sur la chaise curule... C'est la science du
» monde éclairé, que *l'auguste chef* qui partage avec la re-
» présentation nationale le droit de fixer les destinées du
» peuple haïtien, est un *modérateur !* Et quand il n'y aurait
» d'autre preuve de son indulgente *bonté* que la sagesse qui
» préside *à toutes ses actions*, relativement aux derniers
» événemens du Nord, elle suffirait pour convaincre les
» esprits qui ne cherchent que la vérité... Placé à la tête de
» toutes les affections sociales, le Président d'Haïti, sans
» doute, accueillera avec de délicieuses émotions toute re-
» présentation qui a pour objet la félicité publique, etc. »
L'orateur conclut donc à l'adoption de la proposition Cou-

ret, « en appelant la médiation du pouvoir administratif, à
« prévenir les cruelles influences que pouvait exercer sur les
« intérêts du pays *la désastreuse crise financière qui existe au*
« *dehors.* »

Beaugé, représentant de la Grande-Rivière du Nord,
parla aussi de cette « crise financière, » après sa *profession
de foi* où il manifesta « son hommage aux sentimens pa-
» triotiques de *l'illustre chef* qui nous gouverne. La loi,
» dit-il, qui exige de payer les droits d'importation en
» monnaies fortes a manqué son but. Cette loi qui devait
» opérer un heureux changement dans notre système mo-
» nétaire, contribue journellement au dépérissement de
» notre commerce. Il est une vérité incontestable ; les
» étrangers, quelles que soient leurs bonnes intentions de
» s'y conformer, ne peuvent accomplir cette obligation... »
Enfin, après une digression sur les peuples de l'antiquité,
sur l'Égypte, la Phénicie, la Perse, la Médie, l'Assyrie, la
Macédoine, etc., cet orateur conclut à l'adoption de la
proposition. Il en fut de même de tous les autres. [1]

La Chambre des communes, suffisamment éclairée, arrêta
à l'unanimité (moins une voix), qu'un message motivé et
raisonné serait porté au Président d'Haïti, par une grande
députation à la tête de laquelle se trouveraient son président et ses deux secrétaires. Ce message fut approuvé le
17 juin, en comité général. — Rédigé avec beaucoup de
convenance, cet acte débuta par une précaution oratoire
propre à le bien faire accueillir par Boyer : « Président,
» dirigés par les puissantes inspirations du bien public, et
» les idées de concours et d'harmonie qui doivent à jamais
» cimenter l'alliance des pouvoirs constitutionnels, les
» représentans de la nation, organes des vœux et des

[1] *Bulletin des lois*, n° 5, séance du 16 juin.

» besoins du pays, vous adressent une députation, non
» pour *revendiquer* des attributions, mais pour vous expo-
» ser les nécessités de porter quelques *modifications* à la
» loi sur l'impôt des douanes... » Rappelant ensuite à
Boyer, qu'en présentant la loi dont s'agit, il avait dit à la
législature que c'était dans les vues « d'améliorer le système
monétaire du pays, » le message exposait que la crise financière que subissaient alors l'Europe et les États-Unis, produisait des effets désastreux sur le commerce et l'industrie
d'Haïti, et privait le peuple des objets de première nécessité, en menaçant notre système monétaire d'une chute
funeste. Enfin, la Chambre concluait à demander au Président « une loi *suspensive* du payement des droits en mon-
» naies étrangères, laquelle reparaîtrait dans une occasion
» plus heureuse, » et elle manifestait l'espoir qu'elle avait
dans le *succès* de sa démarche, qui se réaliserait au retour
de sa députation.

Averti par un autre message qui lui demandait l'heure à
laquelle cette députation pouvait se présenter au palais,
Boyer la reçut avec cette politesse exquise qui le distinguait.
Laissons parler H. Dumesle rendant compte à la Chambre
de cette conférence. « L'accueil grâcieux que le chef du
» pouvoir exécutif a fait à votre députation est le présage
» du *succès* que vous avez *droit* d'attendre d'une démarche
» aussi nationale que juste et raisonnable. La conférence
» a embrassé les intérêts publics, liés aux effets de la loi
» qui fixe votre sollicitude ; elle s'est terminée par l'assu-
» rance que le Président d'Haïti donne à la Chambre, qu'ap-
» préciant sa pureté d'intention, il *méditera* sur l'objet du
» message et les explications données, et qu'il fera inces-
» samment parvenir sa réponse à la Chambre. »

Après ces paroles prononcées en séance publique, —

représentans, commerçans nationaux et étrangers, citadins de la capitale et autres villes de la République, tous s'attendaient à ce qu'un projet de loi serait adressé à la Chambre par le pouvoir exécutif, pour remplir le but proposé. Mais Boyer *méditait* encore le 10 juillet, quand arriva le moment de la clôture de la session législative, et sa réponse fut consignée dans une « proclamation adressée aux Haïtiens : » nous en parlerons bientôt.

En attendant, le 28 juin, veille de la *Saint-Pierre*, fête patronale adoptée par Boyer, la Chambre lui vota une adresse de félicitations, proposée par son bureau et lue en séance publique par D. Saint-Preux, l'un des secrétaires. Elle fut expédiée sous la forme d'un message, attendu que le Président restait absent de la capitale ce jour-là. La Chambre disait : « Président, c'est un usage vénéré chez les peuples » libres et jaloux de leurs droits, d'honorer leur premier » magistrat dans les solennités et aux jours consacrés à la » joie et aux souhaits.... Représentant de toutes les affec- » tions du pays et expression des désirs populaires, la » Chambre est profondément persuadée, et aime à le » répéter : la gloire, cet aliment des grandes âmes, serait » sans attrait pour vous, si elle ne devait produire » la félicité publique, objet de vos vœux les plus chers. » Que cette noble et généreuse pensée dirige à jamais » votre cœur ! etc. »

Il était impossible, vraiment, de faire plus d'avances pour concilier le droit constitutionnel de la représentation nationale avec les prérogatives, également constitutionnelles, du chef de l'État; et dans le cas où elles n'aboutiraient pas au gré des désirs de l'Opposition, elles devaient être en quelque sorte comme des fleurs dont on ornerait la victime, avant de la sacrifier sur « l'autel de la patrie. »

Le 3 juillet, Boyer répondit à ce message en exprimant à la Chambre combien il était sensible à ses vœux pour sa conservation : « En associant mon bonheur à celui de la » nation, la Chambre a toujours compris la pensée qui, » seul, anime mon existence, et pour l'accomplissement de » laquelle je consacrerai mes veilles et ma plus vive solli- » citude. »

Enfin, il fallut clore la session. Le 10 juillet, la Chambre, réunie en séance publique, forma une députation pour aller annoncer cette fin de travaux au Président d'Haïti. H. Dumesle, en sa qualité de président, était placé pour la diriger; mais avant de lever la séance, il prononça le discours suivant, vraie « protestation » contre le manque de tout projet de loi de la part du pouvoir exécutif, notamment en ce qui concernait la démarche infructueuse de la Chambre. Aussi bien, il nous faut produire ce discours tout entier, afin que l'on comprenne les événemens qui eurent lieu en 1838 ; car il en était comme le précurseur. H. Dumesle dit aux représentans :

« Législateurs, en terminant la première session de cette législature, j'éprouve le besoin de vous entretenir des hautes pensées qui en ont marqué le cours. Sans doute, elle a été *stérile*, si on la considère sous le point de vue des *améliorations* que le pays avait droit d'attendre; mais cette stérilité ne nous a pas fait désespérer du bien public. Vous avez fécondé l'*avenir*, en jetant les semences de ces idées de rajeunissement social qui honorent l'intelligence du siècle, et si la nation vous demande ce que nous avons fait pour réaliser ses *espérances*, vous répondrez :

« Nous avons proclamé des *principes* dont les rapports intimes avec la loi des lois, font sentir la nécessité du perfectionnement politique et moral auquel toute société doit aspirer : nous les avons posés dans nos règlemens, pour leur présenter notre premier tribut d'hommage, et là, ils ont attesté que le respect de la liberté est consécrateur du pouvoir; là, nous vous avons offert de nouvelles garanties de la sincérité de notre dévouement, nous avons lié notre conscience à nos devoirs par le serment solennel de ne jamais les trahir.

» Vous lui direz aussi : — que dans l'examen des comptes généraux de la République, vous avez taché de répandre la lumière sur toutes les parties où il était de son intérêt d'être éclairé; et elle se convaincra que les transactions les plus importantes doivent cesser d'être un *mystère* pour elle, qu'elle peut aujourd'hui embrasser d'un seul coup d'œil le tableau de ses dépenses et de ses revenus; et son bon sens lui révèlera que les sources de la prospérité publique ne sont pas taries, mais qu'il faut, pour les développer, renoncer à ces *vieilles théories* minées par le temps et dont l'expérience a démontré l'illusion, et à ces *utopies* qui n'ont d'autres bases que le désir imprudent d'innover; qu'il ne faut s'arrêter qu'aux utiles et salutaires pensées de *régénérer* l'État dans ses *institutions*.

» Vous direz à cette nation intéressante, mais souvent *froissée* dans ses espérances : — l'ignorance et la mauvaise foi avaient osé mettre en doute *le droit* qu'ont vos mandataires d'exprimer vos sentimens, vos vœux et vos besoins; elles contestaient à votre représentation *la puissance d'opinion!* mais terrassées par l'Hercule de la raison, — l'évidence, — elles se sont vues forcées de fléchir la tête devant ces principes proclamés par la liberté en présence des siècles.

» Vous direz : — vos députés ont fait usage du droit le plus précieux à l'existence du corps social; ils ont soutenu cette vérité : aucune des affaires du pays ne peut être étrangère aux intéressés à sa conservation. Mais unissant toujours la modération aux hauts sentimens du devoir et de la responsabilité, ils ont demandé au chef du pouvoir exécutif un projet *suspensif* du mode de perception de l'impôt des douanes; et, si *des raisons d'État* ont porté le premier au magistrat de la République à *ajourner* sa réponse au message qui lui a été adressé, la nation vous saura, sans doute, gré et de votre noble et généreuse entreprise, et du *sacrifice* que vous avez offert à l'union et à la concorde;

» Vous lui direz, enfin, et je le dirai avec vous : — le patriotisme, cette vie du corps politique, a dirigé toutes nos pensées dans le cours de cette session; il a élevé nos âmes à la hauteur de notre mission; et si nous avons peu fait pour vous, nous n'avons pas compromis *l'avenir*, nous n'avons pas aliéné les *espérances* que vous avez confiées à notre garde; *ces espérances ne seront pas trompées*, nous en attestons les souvenirs glorieux de la patrie, ces souvenirs inspirateurs de sublimes dévouemens; nous en attestons la *sollicitude* du chef *illustre* qui préside la République, *consolante* sollicitude qui promet au pays *une prochaine régénération politique et morale !!!* [1] »

Et, après ce discours qui faisait adroitement un appel à l'opinion publique, qui se terminait par une sanglante ironie envers « le chef illustre, » la séance fut levée aux cris de : Vive la République ! Vive la Constitution ! Vive le Président d'Haïti !

Le Président ne fut sans doute pas dupe de ce dernier

---

[1] Royer avait employé deux fois le mot *sollicitude :* dans son discours à l'ouverture de la session et dans son message en réponse à celui de la Chambre, à l'occasion de la *Saint-Pierre.*

cri qui semblait un vœu pour sa conservation au pouvoir. Aussi bien, il devait une réponse au message de la Chambre, voté avec solennité, relatif à la perception des droits d'importation en monnaies étrangères; et cette réponse, il la fit dans sa proclamation du 20 juillet. Il y dit que le malaise qu'éprouvait le pays était dû surtout à la crise financière que subissaient l'Europe et les États-Unis depuis une année. « Privé tout à coup du crédit qui le soutenait au
» dehors, le commerce s'est vu forcé de ralentir le mou-
» vement de ses importations; et la rareté des objets
» de première consommation (des comestibles tirés des
» États-Unis) faisant hausser leur prix, a rendu plus dif-
» ficile la subsistance du peuple que son intérêt bien
» entendu ne devrait faire dépendre que de lui-même.
» A cette cause, il faut en ajouter une autre qui n'a pas
» peu contribué à aggraver la position du pays. Une lon-
» gue *sécheresse* a frappé pour ainsi dire à la fois les diffé-
» rentes parties du territoire de la République, et a ravi
» à la population ses principales ressources. De là ce
» malaise général que toutes les classes de la société ont
» plus ou moins éprouvé et que *la malveillance* a cherché
» à exploiter, en lui attribuant une origine de tout autre
» nature... Chez les autres nations, la crise est née de
» l'enivrement *des spéculations*... Chez nous, elle n'a été
» que le résultat d'une réaction; c'est le contre-coup de
» la commotion qui ébranle encore les pays étrangers
» avec lesquels nous sommes le plus en rapport. Le
» gouvernement pouvait-il empêcher le mal? Non, sans
» doute... [1] »

1 Une situation semblable vient d'avoir lieu en Haïti, au temps où j'écris cette partie de mes *Études*. La crise financière commencée aux Etats-Unis à la fin de 1857 et qui a produit tant de désastres en Europe et même dans l'Amérique méridionale, a eu son contre-coup à Haïti; des suspensions de payement, des faillites, des banqueroutes fraudu-

Et Boyer rappela à cette occasion ses fréquentes *instruc-tions* données aux autorités chargées de le seconder, afin de veiller à la plantation des vivres pour la subsistance du peuple. Il leur parla encore de ces soins qu'elles ne devaient pas négliger ; il dit aux citoyens, en général, qu'ils devaient se livrer au travail et observer une sage économie pour assurer des moyens d'existence à eux et à leurs familles, attendu que « d'ailleurs, des événemens » inattendus pouvaient subitement interrompre les rela- » tions du commerce étranger avec la République... »

Le Président était fondé à tenir ce langage à la nation, pour la dissuader d'écouter celui de cette Opposition systé-matique qui ne visait qu'à obtenir une popularité dan-gereuse pour la société : *systématique*, en ce qu'elle reconnaissait elle-même que « des raisons d'État » com-mandaient, non « l'ajournement » de la réponse au mes-sage de la Chambre, mais le maintien de la loi qui faisait payer les droits d'importation en monnaies étrangères ; car les tribuns qui la dirigeaient, n'ignoraient pas que cette mesure avait été prise en vue de faciliter nos arran-gemens avec la France, bien que le gouvernement eût dit que c'était pour améliorer le système monétaire du pays. Ils savaient que dans cette année, une somme de plus de 300 mille piastres avait été remise à la maison Ed. Lloyd et Cie, pour être expédiée en France. Leurs intimes rela-tions avec le secrétaire d'État Imbert (personne ne l'ignore) les mettaient à même de savoir toutes les opérations fi-nancières de l'État.

Il est vrai ensuite que la sécheresse de 1837 fut extraor-

leuses ont atteint une foule de personnes dans leurs moyens d'existence ; le café de ce pays, qui se vendait en Europe à 72 fr. les 100 kilogrammes, est tombé tont à coup à 50 fr., etc. Le gouvernement haïtien actuel « pouvait-il empêcher le mal » qui est ré-sulté de toutes ces causes ?

dinaire, qu'elle diminua excessivement les vivres cultivés dans le pays, en influant également sur la production des denrées d'exportation, principalement le café dont la récolte ne s'éleva qu'à environ 31 millions de livres, tandis que 1836 en avait produit 37 millions et que 1838 en offrit près de 50 millions à l'exportation. La crise financière des pays étrangers, survenant dans cette circonstance, les États-Unis ne purent expédier à Haïti autant de comestibles que d'habitude ; de là la cherté excessive des alimens. Les commerçans, étrangers et nationaux, qui *inspirèrent* la proposition Couret, savaient fort bien toutes ces choses ; mais à côté de la gêne que leur occasionnait *passagèrement* la crise financière au dehors, pour payer les droits d'importation en monnaies étrangères, se trouvait l'urgente nécessité *permanente* d'assurer au trésor de la République des ressources claires pour payer la dette nationale ; ils ne l'ignoraient pas non plus.

Il y avait une autre cause qui contribuait au malaise du commerce, et elle était aussi indépendante de la volonté du gouvernement. Une grande quantité de café d'Haïti se vendait en France. Jusqu'en 1836, cette denrée y payait les mêmes droits que les cafés de toutes autres provenances, à l'exception de ceux des colonies françaises toujours favorisés, comme de raison. Dans cette année, le 17 mai, la France, dans la vue de faciliter la grande navigation de ses bâtimens marchands, de former des matelots, rendit une loi qui abaissa les droits à l'entrée des cafés de l'Inde, en maintenant ceux que payaient les cafés d'Haïti, soit par navires français, soit par navires étrangers [1]. Il s'ensuivit

---

[1] Par cette loi du 17 mai 1836, les cafés de l'Inde payaient, par navires français, 62 fr., par navires étrangers, 105 fr.; ceux d'Haïti payaient par navires français, 95 fr., par navires étrangers, 105 fr. ; la différence était donc de 33 fr. au désavantage des cafés d'Haïti importés en France par les navires français.

naturellement un désavantage pour ce produit d'Haïti dans les ports de France, en même temps que la crise financière en faisait tomber le prix vénal, de 72 francs à 50 et même au-dessous, les 100 kilogrammes ; de là des pertes subies par le commerce haïtien.

Il y avait, enfin, une autre considération en faveur du maintien de la mesure administrative qui fait l'objet de cette discussion. On a vu cette Opposition arriver au pouvoir dirigeant six ans après ; s'est-elle empressée d'*abroger* la loi contre laquelle elle se récriait en 1837 ? Elle l'a *maintenue* au contraire, et par les mêmes motifs qu'avait Boyer : donc elle était *systématique*.

Deux jours après la proclamation du Président, il parut sur le journal officiel, un avis qui annonçait au public : que le Sénat avait *rejeté* les deux lois votées par la Chambre des communes, sur les patentes et sur l'impôt foncier. Le Sénat ne motiva point ce rejet, en vertu de l'art. 134 de la constitution ; mais c'était à cause de la confusion rétablie par la Chambre, entre les dispositions relatives à l'assiette de ces impôts et celles concernant leur régie.

Se prévalant de ce rejet constitutionnel, le 26 juillet, le Président adressa au secrétaire d'État une dépêche rendue publique, par laquelle il l'en informait et lui ordonnait, en conséquence, de maintenir la perception de ces deux impôts en vertu des lois du 7 juillet 1835, prorogées par celles du 8 novembre 1836, qui continuaient d'être en vigueur, disait-il, puisqu'elles n'avaient pas été abrogées par une autre loi.

On trouve les raisonnemens sur lesquels s'appuyaient Boyer à ce sujet, dans la circulaire du 8 août suivant qui fut adressée par M. Imbert, aux conseils de notables des communes de la République. Il établissait d'abord : que le trésor ne pouvait être privé d'une portion de ses ressources, parce que le Sénat avait rejeté ces deux lois; que l'art. 5 du code civil portait textuellement « qu'aucune loi ne peut » être abrogée ni suspendue que par une autre loi.» Il disait ensuite; « l'art. 57 de la constitution dit bien que la » Chambre des communes détermine la durée des contri-» butions publiques; mais que signifie cette disposition, si » ce n'est que la Chambre a la latitude d'établir l'impôt » pour le temps qu'elle jugera convenable? Peut-on, avec » quelque fondement, en induire que l'impôt se trouve » détruit dès l'expiration de l'époque pour laquelle il a été » réglé, si la législature ne l'a pas renouvelé pour une » époque suivante? D'ailleurs, cette latitude de déterminer » la durée de l'impôt entraîne nécessairement la condition » de le fixer de nouveau à chaque expiration; et s'il y a » empêchement à cette formalité, il y a aussi forcément pro-» rogation de l'impôt tel qu'il existe. Enfin, l'article cons-» titutionnel précité, n'établissant rien qui soit contraire » au principe posé par l'art. 3 du code civil, ce principe » subsiste dans toute sa force: les lois d'impôts doivent, » comme les autres lois, continuer de recevoir leur exécu-» tion tant qu'elles ne sont pas abrogées.» En conséquence, M. Imbert invita les conseils de notables à concourir avec les agents de l'administration des finances, qui avaient reçu des ordres à cet effet, au maintien de la perception des impôts dont il s'agissait. Le même jour, il répondit à la dépêche du Président pour l'informer qu'il avait donné des instructions en exécution de ses ordres [1].

Aux raisonnemens ci-dessus, on pouvait ajouter, que la

---

[1] Quoique opposant au fond du cœur, M. Imbert n'hésitait nullement à donner tous les ordres nécessaires à la marche du service. Cela peut paraître singulier; mais sa conduite s'explique par *l'amour* qu'il avait pour sa haute situation dans la République; il ne voulait pas la perdre par un refus.

Chambre des communes elle-même avait reconnu la *néces-sité* de ces impôts, puisqu'elle les avait votés spontanément, malgré son opposition à la distinction établie en 1834 par la précédente législature, d'accord avec le pouvoir exécutif et le Sénat. Quant au Sénat, il devait être conséquent avec lui-même, en maintenant la distinction entre ce qui était des attributions de la Chambre et ce qui était de celles du Président d'Haïti, puisque ce fut sur ses propres observations : le seul moyen qu'il avait de le faire était de rejeter les deux lois. Mais cette décision, après le refus qu'il avait fait de convoquer la haute cour de justice, en 1833, sur la demande de H. Dumesle et D. Saint-Preux, fit naître entre ces deux branches du corps législatif une froideur qui éclata l'année suivante : ces deux représentans excitèrent la majorité de la Chambre des communes qu'ils influencèrent.

Le 9 août, par suite de sa proclamation sur la crise financière, et d'un ouragan qui venait de passer sur divers points du pays, le Président publia un arrêté pour enjoindre aux commandans d'arrondissement de faire faire des plantations de vivres de toute espèce, en grande quantité.

Peu auparavant, au mois de mai, la réorganisation du lycée national du Port-au-Prince avait eu lieu sous la direction intelligente et dévouée du citoyen P. Faubert, succédant à feu M. Saint-Macary. Le 2 septembre, la commission d'instruction publique améliora le régime de cet établissement par un nouveau règlement basé sur l'ancien; et il continua de produire d'heureux résultats par les soins de son directeur.

Au moment où la clôture de la session allait porter le Sénat à s'ajourner, le Président d'Haïti crut devoir le consulter de nouveau sur les questions pendantes entre la

France et la République. On trouvera ses motifs exprimés dans le message suivant qu'il adressa au Sénat, sous la date du 3 juillet.

« Citoyens sénateurs,

» Par mon message en date du 11 janvier 1835, je fis connaître au Sénat quelle était à cette époque la situation des négociations entamées par le gouvernement de la République avec le gouvernement français, pour parvenir à la conclusion d'un traité définitif, et je réclamai le concours de l'opinion de chacun de ses membres sur la ligne de conduite qu'il convenait le mieux d'adopter dans un tel état de choses.

» Le Sénat, en motivant son opinion sur les différens points que j'avais présentés à son examen, approuva, par sa réponse du 15 du même mois, signée par tous les membres présens à la séance du jour, les résolutions prises par le gouvernement haïtien.

» Dès lors j'ai suivi avec persévérance la marche que je m'étais tracée; mais comme, dans l'intervalle des deux années qui se sont écoulées, le Sénat a été renouvelé en partie [1], et que, par suite du remboursement fait au trésor de France du capital de 4,848,905 fr. dont il avait fait, dans le temps, l'avance pour le service de l'emprunt de 1825, il est possible que le gouvernement français reprenne les négociations déjà entamées, j'ai jugé convenable de rappeler officiellement ici les propositions contenues dans ma dépêche du 11 janvier 1835, pour avoir actuellement la pensée du Sénat; et, quoique je ne doute pas que son opinion ne soit conforme à celle motivée dans son message du

---

[1] Dans cette session de 1837, il se trouvait dix nouveaux sénateurs qui n'avaient point participé aux résolutions de 1835, sur quatorze membres qui furent alors consultés.

15 du susdit mois, j'éprouve toujours de la satisfaction, chaque fois que l'occasion se présente, de lui donner la preuve de la confiance que je place en son patriotisme éclairé, et du désir que j'ai de m'étayer constamment de son concours pour consolider la gloire, le bonheur et l'indépendance souveraine de la République.

« J'attends donc à cet égard la réponse du Sénat au présent message, dans la même forme que celle adoptée en 1835, et j'ai l'honneur de le saluer avec une haute considération.　　　　　　　　　　Signé : BOYER. »

Le 8 juillet, le Sénat répondit ainsi :

« Président,

» Le Sénat a l'honneur de vous accuser réception de votre message en date du 3 de ce mois, par lequel V. E. lui témoigne le désir d'avoir l'opinion de ses membres réunis en majorité, sur les mêmes communications contenues dans son message en date du 11 janvier 1835.

» Les circonstances n'ayant point changé nos relations politiques avec la France, les nouveaux sénateurs, d'accord avec les anciens, et animés des mêmes sentimens patriotiques, ne forment qu'un faisceau pour manifester ensemble l'intention bien prononcée de persévérer dans l'opinion émise précédemment par le Sénat, dans son message du 15 janvier 1835, dont ils reproduisent ici les différens points qui tendent :

» 1° A réduire le solde de l'indemnité à quarante-cinq millions de francs;

» 2° A payer cette somme en quarante-cinq ans, en se réservant la faculté de la payer plus tôt, si les ressources du pays en donnent la possibilité;

» 3° A régler ce payement par une convention financière;

» 4° A obtenir un traité d'amitié et de commerce sur le pied respectif de la nation la plus favorisée, pour régler les rapports politiques entre les deux pays.

» Tels sont, Président, les vœux que forme le Sénat.

» Il a l'honneur de saluer V. E. avec la plus haute considération.

» Signé : J.-J. Delmonte, président; J. Georges et Longchamp, secrétaires ; N. Viallet, J. Noël, J.-B. Bayard, J.-P. Oriol, Gayot, Madiou, Bazelais, D. Maillard, Pierre André, Bouzi et B. Ardouin. »

Trois mois après cet échange de messages entre le Président et le Sénat, les journaux français parvenus à Haïti annoncèrent qu'un agent y viendrait incessamment pour régler et décider définitivement les questions subsistantes depuis si longtemps entre la France et la République. En cette circonstance, il était du devoir du Président d'informer la nation de tout ce qui avait eu lieu entre le gouvernement haïtien et le gouvernement français, à partir de la rupture des relations diplomatiques signifiée en 1831 par le consul général Molien. Tel fut l'objet de la proclamation du 22 octobre. Boyer y mit, comme toujours, une grande modération dans ses termes, ainsi qu'il convenait à la dignité d'un chef d'État parlant au nom de ses concitoyens. Après la mention de toute la correspondance échangée entre les deux gouvernemens, depuis le départ de M. Molien jusqu'au retour de M. Dupetit-Thouars de sa mission en 1835; de celle échangée entre le Président d'Haïti et le Sénat dans cette année et tout récemment encore, dans laquelle il obtint l'approbation motivée de ce corps; après avoir exposé les quatre points de ses propositions au gouvernement français, tels qu'on vient de les lire dans le dernier message du

Sénat, et annoncé que le trésor de France avait reçu le remboursement de ses avances; le Président dit :

« Le commissaire dont on annonce la prochaine arrivée, vient-il, dans un esprit de conciliation, pour régler les propositions que nous avons faites à son gouvernement? Si telle est sa mission, il trouvera dans le gouvernement haïtien le désir sincère *de se prêter* à tout arrangement possible, et qui soit surtout compatible avec l'honneur national. Si, au contraire, comme un bruit généralement répandu semble l'accréditer, il s'avance, entouré de l'appareil de la guerre, avec la prétention de nous imposer des conditions que tout peuple libre doit rougir d'accepter, la nation se rappellera sa première énergie, elle sera fidèle au serment qu'elle a fait de défendre à extinction ses droits et son indépendance.

» Haïtiens, soyez calmes, mais soyez prêts à tout événement. Que votre confiance réponde toujours au dévouement du Président d'Haïti pour vos intérêts les plus sacrés. Montrez, jusqu'au dernier moment, votre respect inviolable pour le droit des gens, et que le monde entier, en admirant votre modération et votre héroïsme, reconnaisse que vous êtes dignes du rang auquel votre courage vous a élevés parmi les nations civilisées. »

Cette proclamation était tout ce qu'il fallait dans la circonstance. Elle exposait parfaitement les questions à résoudre entre la France et Haïti; et, en disant que « le » gouvernement haïtien avait le désir sincère *de se prêter* » à tout arrangement possible, » le Président déclarait par cela même qu'en faisant ses propositions, il n'avait pas entendu signifier un *ultimatum* au gouvernement français : ce qui eût été fort déplacé de sa part, et dans la position d'Haïti comme débitrice d'une somme énorme, et envers une puissance comme la France. Parler à sa raison, à sa justice, faire un appel à ses généreux sentimens, c'était le langage qu'il fallait tenir.

Comme complément à cet acte important, le Président fit insérer sur le *Télégraphe* du 12 novembre suivant, ses deux messages au Sénat, du 11 janvier 1835 et du 3 juillet 1837, et les réponses de ce corps, du 15 janvier et 8 juillet des mêmes années, précédés d'un article dans la partie officielle où il était dit : « qu'il importait que l'on » sût que les deux pouvoirs marchaient dans la plus » parfaite harmonie, et que les efforts de l'un et de l'autre » ne tendaient qu'au même but : — consolider l'indé- » pendance nationale et promouvoir la prospérité de la » République. [1] »

Dans le chapitre suivant, on verra comment furent résolues ces grandes questions entre la France et Haïti.

---

[1] Il me sera peut-être permis de dire, qu'après la publication de la proclamation du 22 octobre, voyant le bon effet qu'elle avait produit à la capitale, je conseillai à Boyer de publier aussi sa correspondance avec le Sénat, afin de prouver la bonne entente entre lui et ce corps. « Rappelez-vous, Président, lui-dis-je aussi, ce qui se passa en » 1825; prouvez à la nation que le Sénat vous a donné une approbation entière dans » vos propositions au gouvernement français ; publiez ces messages avec les noms des » sénateurs ; il faut que chacun ait le courage de ses opinions librement exprimées. » Et en 1838, M. le baron de Las Cases me dit que ces messages avaient produit une certaine impression sur lui et son collègue, de même que la proclamation.

CHAPITRE VII.

Enfin, après un quart de siècle passé en négociations suivies plus ou moins régulièrement entre la France et Haïti, la France se décida à reconnaître l'existence politique de son ancienne colonie, de la seule manière qu'il convenait à la raison, à la justice, au droit public des nations, et à son rang parmi les puissances civilisées. Mais, que d'efforts employés par elle, dans ce long intervalle, pour y rétablir sa souveraineté, soit sous une forme absolue, soit indirectement! Et du côté d'Haïti, quelle patience, quelle persévérance ne fallut-il pas mettre en œuvre pour arriver à obtenir la consécration définitive de ses droits comme État libre, indépendant et souverain! Ces difficultés incessantes, furent-elles uniquement le résultat du *regret* éprouvé par cette ancienne métropole, de la perte d'un pays qui l'avait enrichie par ses produits, qui entretenait entre elle et lui un grand commerce, une navigation considérable? Non! Elles furent occasionnées par les *préjugés* nés du système colonial fondé par l'Europe en Amérique. C'est que la race noire qui dominait à Haïti, qui en avait exclu les hommes de la race blanche, ne paraissait pas digne des mêmes avantages dont jouissaient les habitans des colonies émancipées dans les mêmes contrées. Les États-Unis de l'Amérique septentrionale, à peine constitués indépendans de la Grande-Bretagne, avaient vu toutes les puissances européennes s'empresser de reconnaître leur existence politique. Il en fut de même des États formés dans l'Amérique méridionale, bien que leur indépendance de l'Espagne eût pris naissance après celle d'Haïti, et que la plupart d'entre eux n'avaient pas une situation aussi régulière et consolidée par des institutions civiles et politiques, qui la portèrent à marcher constamment dans les voies tracées par le droit des gens.

Quoi qu'il en soit, le ministère français présidé par M. le comte Molé, choisit M. le baron E. de Las Cases, membre de la chambre des députés, et M. C. Baudin, capitaine de vaisseau, pour venir à Haïti en qualité de plénipotentiaires de Sa Majesté Louis-Philippe, Roi des Français, afin de régler et terminer toutes les questions pendantes depuis si longtemps entre la France et la République. Partis de Brest le 29 novembre 1837 sur la frégate *la Néréide*, ils s'arrêtèrent quelques semaines à la Martinique où ils prirent connaissance de la proclamation du Président d'Haïti, du 22 octobre, et des messages échangés entre lui et le Sénat, publiés sur le *Télégraphe* du 12 novembre. Ces divers actes leur prouvèrent qu'ils étaient attendus. Le dimanche 28 janvier 1838, *la Néréïde* jeta l'ancre dans la rade du Port-au-Prince. [1] Aussitôt, un officier de la frégate et M. J. P. Vaur vinrent au port : ils furent conduits au bureau de la place et de là à l'hôtel du secrétaire général Inginac. M. Vaur était porteur d'une lettre adressée au Président par les deux plénipotentiaires avec la copie de leurs pleins-pouvoirs ; ils demandaient une audience à Boyer. M. Vaur ne voulut remettre cette dépêche, ni au colonel Victor Poil, commandant de la place, ni au secrétaire général ; il fut accompagné au palais avec l'officier de marine. Le Président les reçut avec affabilité et fit répondre à MM. de Las Cases et Baudin, qu'il les recevrait le lendemain dans l'après-midi.

A l'heure prescrite, ces agents arrivèrent au palais où ils trouvèrent Boyer entouré du général Inginac, du général Voltaire, grand juge, et des colonels de la garde et autres officiers [2]. Le Président leur fit un accueil des plus gracieux et répondit aux complimens que lui adressa M. de Las Cases, chef de la mission en sa qualité de membre de la chambre des députés. Après l'échange d'assurances données de part et d'autre, qu'on était disposé à arriver à une conciliation des intérêts de la France et de ceux de la République, les plénipotentiaires furent accompagnés, dans la même voiture qui les avait reçus sur le quai, au consulat français qui était géré en ce moment par M. Cerffber. Là, M. de Las Cases remit au lieutenant Deluy, aide de camp, un billet *confidentiel* pour le Président à qui il

---

1 En partant de la Martinique, la frégate fut escortée par les brigs *le Nisus* et *le Griffon* qui vinrent avec elle au Port-au-Prince.

2 Les plénipotentiaires français avaient pour secrétaire M. Galot, inspecteur des douanes. M. de Las Cases obtint la permission d'emmener à Haïti M. Radiguet, jeune homme qu'il affectionnait, et M. Vaur, qui, déjà connu du Président et de tous les personnages du gouvernement, pouvait le renseigner à leur égard.

demandait une audience en *particulier*, afin de lui faire connaître intimement les intentions de son gouvernement; il
lui écrivit même que l'article 1er du traité à conclure porterait « la reconnaissance de la République d'Haïti par la
» France, comme État indépendant, sans aucune condi-
» tion. » M. de Las Cases dit encore à l'aide de camp, qu'en
voyant Boyer, il avait conçu pour lui autant de respect
qu'il en portait au Roi des Français. Ces paroles furent rapportées fidèlement au Président qui consentit à recevoir
M. de Las Cases en particulier, le lendemain dans la
soirée.

Mais il avait fait inviter le général Inginac, les sénateurs
Frémont, Labbée et B. Ardouin, et M. S. Villevaleix aîné,
chef des bureaux de la secrétairerie générale, à se rendre
au palais dans la matinée du 30. Il leur dit qu'il les choi-
sissait comme plénipotentiaires pour traiter avec ceux du
roi des Français [1]. Déjà, par ses ordres, M. E. S. Villevaleix jeune, son secrétaire particulier, désigné pour être celui des plénipotentiaires haïtiens, avait préparé le projet
des pleins-pouvoirs et des instructions qui leur seraient
donnés. Lecture en fut prise, ainsi que de la lettre de
MM. de Las Cases et Baudin, du billet confidentiel du premier, et de leurs pleins-pouvoirs.

D'après ce qui s'était passé en 1825 et dans les négociations subséquentes, dans lesquelles le Président était
souvent intervenu pour discuter personnellement avec les
agents français, en l'absence des négociateurs haïtiens;
voyant en outre que M. de Las Cases, par son billet confidentiel, essayait d'ouvrir une négociation particulière, et

---

[1] Dès ce moment, j'ai eu l'idée de tenir des notes exactes de tout ce qui se passerait
dans la négociation : c'est ce qui m'autorise à relater bien des particularités essentielles
que l'on ne trouve pas dans les procès-verbaux des conférences.

que Boyer allait l'entendre dans la soirée du 30 ; le sénateur Ardouin crut devoir proposer qu'une discussion eût
lieu en présence du Président, sur chacun des points des
instructions auxquelles lui et les autres plénipotentiaires
devaient se conformer, afin qu'ils fussent bien pénétrés de
sa pensée et de ses désirs, et que cette négociation, qui
semblait devoir être la dernière, ne fût pas entravée par des
malentendus. Boyer ayant admis cette proposition, la discussion fut ouverte.

Les instructions portaient : 1° sur la forme à donner à
la reconnaissance, par la France, de la République d'Haïti
comme État libre, indépendant et souverain ; elles disaient,
en outre, que S. M. le Roi des Français *renoncerait*, pour
lui, ses héritiers et successeurs, à toutes prétentions sur
Haïti ; 2° quant aux clauses de la convention ou traité de
commerce, on devait admettre toutes celles qui, précédemment adoptées dans les projets qui avaient eu lieu, ne seraient pas contraires aux institutions politiques, aux lois de
la République et aux intérêts nationaux : sa durée pourrait
être de dix à quinze ans au plus; 3° à l'égard du chiffre à
fixer pour solde de l'indemnité, les plénipotentiaires devaient *persister* dans la proposition de le réduire à 45 millions de francs, s'efforcer de l'obtenir ainsi, payable en
45 ans, par délégation sur les douanes haïtiennes, par
lettres de change ou en espèces monnayées, à la convenance
du gouvernement de la République. — Le principe d'être
traité, réciproquement, en matière de commerce, sur le
pied de «la nation la plus favorisée, » était inséré aussi
dans ces instructions. A ce sujet, M. S. Villevaleix aîné,
émit l'opinion qu'il pourrait être repoussé par les plénipotentiaires français, pour ne pas favoriser l'entrée en France
des *cafés* d'Haïti, à moins d'obtenir des avantages commer-

ciaux dans la République, par cela seul que les *cafés* de l'Inde jouissaient déjà d'une grande faveur [1]. Mais le sénateur Ardouin lui fit observer que cette faveur accordée en France aux cafés de l'Inde n'était point établie dans un *traité*, mais par une *loi* dont le but était de promouvoir la grande navigation, de former des marins, puisque les navires français seuls étaient admis à les importer avec cette modération de droits; qu'ainsi les plénipotentiaires de la France ne pourraient rien arguer contre le principe dont s'agit, qui n'allait accorder aucune faveur aux cafés d'Haïti. Cette discussion amena un changement dans la rédaction des instructions; car il fut résolu qu'Haïti ne demanderait aucun avantage sous le rapport du commerce et de la navigation, ne voulant en accorder aucun non plus, afin de traiter également toutes les nations commerçantes dans ses ports [2].

Comme il en était convenu, Boyer reçut M. de Las Cases dans la soirée du 30, et passa deux heures à causer avec lui : nous venons de dire quel devait être le sujet de cet entretien [3].

[1] Ce produit de l'Inde ne payait que 62 fr. pour 100 kilogrammes, à l'importation par navires français, d'après la loi de 1836; mais une loi de 1838 venait de porter le droit à 78 fr., tandis que les cafés d'Haïti payaient 95 fr.

[2] Dans le projet de pleins-pouvoirs, il était dit : « que le Président d'Haïti nommait « pour *ses plénipotentiaires*, les citoyens, etc. » Frémont me dit en particulier qu'il serait plus rationnel de mettre : « pour plénipotentiaires de la République, etc., » le Président ne devant pas tenir à cet égard le même langage que le Roi des Français. Je lui répondis : « Vous avez raison; mais vous êtes mon aîné dans la carrière, c'est à vous d'en faire l'observation, et je vous appuierai. » Il la fit, je l'appuyai, et Boyer nous dit en souriant : « Ce changement sera fait comme vous le désirez. » En ce moment, nos collègues étaient à quelque distance.

[3] En sortant du palais, M. de Las Cases se rendit à bord de *la Néréide*, où lui et son collègue se tenaient avant d'avoir pris logement au consulat français. Il s'empressa de dire au commandant Cosmao Dumanoir, « qu'il venait de tout conclure avec Boyer. » M. Cosmao le complimenta et alla féliciter aussi M. Baudin de ce succès, croyant qu'ils s'étaient entendus à cet effet. Mais M. Baudin, irrité, fit appeler tous les officiers de la frégate pour être témoins de l'explication qu'il exigea en leur présence, de M. Las Cases: Celui-ci se rétracta : il y eut dès-lors une certaine froideur entre eux.

Dans la matinée du 31, les plénipotentiaires haïtiens se réunirent chez le général Inginac, et notifièrent leurs pouvoirs à MM. de Las Cases et Baudin. Il fut convenu entre eux, qu'à la première séance, on se bornerait à l'échange des pouvoirs, à entendre les plénipotentiaires français qui venaient répondre à des propositions formulées depuis cinq ans par le gouvernement haïtien, à prendre note de ce qu'ils diraient contre ces propositions pour être examiné, afin d'être d'accord sur les réponses à faire en engageant les discussions : le grand nombre de cinq négociateurs, du côté d'Haïti, semblait exiger ces précautions. Il fut répondu à leur notification de pouvoirs, que MM. de Las Cases et Baudin désiraient que les conférences s'ouvrissent dès le lendemain matin.

On se réunit, à cet effet, à l'hôtel de la secrétairerie d'État qui, placé au fond d'une cour, et n'étant pas habité par M. Imbert, offrait plus d'avantage pour les conférences. Après l'échange des pouvoirs respectifs, M. de Las Cases lut le préambule d'un traité *unique* qui devait contenir la reconnaissance de notre indépendance, et les conventions relatives au solde (à fixer) de l'indemnité et au commerce : l'ordonnance de 1825 y était mentionnée. Puis il lut le 1er article de ce projet, ainsi conçu : « Il y » aura paix constante et amitié perpétuelle entre la France » et la République d'Haïti, dont S. M. le Roi des Français » reconnaît *expressément* l'indépendance. »

Selon ce qui avait été convenu entre les plénipotentiaires haïtiens, ils devaient laisser continuer la présentation de toutes les propositions des plénipotentiaires français; mais le général Inginac entama aussitôt la discussion, et sur le préambule et sur cet article 1er, en demandant que deux traités, l'un purement *politique*, l'autre *financier*, réglassent

toutes les questions entre Haïti et la France, et qu'il ne fût
point fait mention de l'ordonnance de 1825, source de
toutes les difficultés entre elles depuis treize ans. Tous ses
collègues appuyèrent sa proposition. MM. de Las Cases et
Baudin se levèrent pour l'examiner en particulier ; et après
avoir délibéré entre eux, ils l'adoptèrent, à la grande satisfaction des plénipotentiaires haïtiens. On rédigea immédiatement le *préambule* du traité politique, à peu près comme
il a été publié.

M. S. Villevaleix proposa une autre rédaction que celle
présentée pour l'art. 1er, et fut appuyé par le général
Inginac. Le sénateur Ardouin, ayant remarqué que ses
collègues ne parlaient point de la clause « de la *renonciation,*
» par S. M. le Roi des Français, pour lui, ses héritiers et
» successeurs, à toutes prétentions de souveraineté sur
» Haïti, » — clause portée dans les instructions dont lecture avait été donnée en présence de Boyer qui paraissait
y tenir beaucoup, — il proposa de l'insérer dans cet arti
cle. MM. de Las Cases et Baudin objectèrent que cette
clause « pourrait entraîner pour *l'avenir* des difficultés, » et
le général Inginac et M. S. Villevaleix adhérèrent à cette
objection, à la grande surprise du sénateur Ardouin qui
insista sur sa proposition, en disant que c'était pour se
conformer aux instructions du Président d'Haïti. Il ne fut
pas moins surpris d'entendre ses deux collègues dire, qu'il
y avait *erreur* de sa part. Accusé ainsi de *légèreté*, il exigea
la lecture de cette partie des instructions et reconnut que
cette clause de *renonciation* avait été effectivement retran-
chée, mais à l'insu des trois sénateurs[1]. Toutefois, les ins-

---

[1] Je ne cite cette particularité, que parce qu'elle est constatée au procès-verbal de la
première conférence. On avait tout simplement oublié d'avertir les trois sénateurs de cette
modification.

tructions portaient que S. M. le Roi des Français devait
» reconnaître, pour lui, ses héritiers et successeurs, la
» République d'Haïti comme État libre, indépendant et
» souverain. » Les plénipotentiaires français délibérèrent
entre eux un moment à ce sujet, et acceptèrent la rédaction de l'art. 1er dans cette forme.

L'art. 2 fut admis sans discussion. M. de Las Cases
demanda alors si les plénipotentiaires haïtiens désiraient
autre chose; ce qui porta M. S. Villevaleix à proposer
un troisième article : « Les ministres publics que la Ré-
» publique pourra accréditer auprès de S. M. le Roi des
» Français, jouiront des mêmes droits, immunités et
» prérogatives dont jouissent en France les ministres
» publics, de même classe, des États avec lesquels la
» France a des traités. » MM. de Las Cases et Baudin ne
contestèrent pas le principe de cette proposition ; mais ils
firent remarquer, avec raison, que la République, étant
reconnue comme « État indépendant et souverain, » avait
un droit parfait à l'envoi de tous agents diplomatiques
en France et auprès de toutes autres puissances ; cependant, ils demandèrent à réfléchir sur « l'opportunité »
d'un tel article dans le traité.

L'article final, relatif aux ratifications et à leur échange,
fut ensuite convenu, sauf le lieu où cet échange devait
s'effectuer.

Ayant ainsi réglé ce qui concernait le traité politique,
les plénipotentiaires français proposèrent deux articles
pour le traité financier, en fixant le solde de l'indemnité
à 70 millions de francs payables en 20 ans et par séries
de 5 années : la première, à 2 millions chaque année; la
seconde, à 3 millions ; la troisième, à 4 millions ; la
quatrième, à 5 millions. Lesdites sommes seraient payées

dans les trois premiers mois de chaque année, et versées à Paris en monnaie de France, à la caisse des dépôts et consignations. Le payement de 1838 s'effectuerait immédiatement, en y joignant les 700 mille francs restant dus sur le premier cinquième de l'indemnité.

La première conférence se termina de cette manière, sans aucune discussion de la part des plénipotentiaires haïtiens qui se bornèrent à prendre note de cette proposition. Il était évident que le traité financier allait en occasionner plus que l'autre, à cause du solde de l'indemnité et du mode de sa libération. En conséquence, ils se rendirent au palais, dans l'après-midi du 1er février, afin d'informer le Président de ce qui s'était passé. S'il fut très-satisfait des clauses du traité politique, qui donnait enfin raison aux justes réclamations du gouvernement et du peuple haïtien, Boyer éprouvait une véritable anxiété par rapport au chiffre de 70 millions, que MM. de Las Cases et Baudin avaient dit être celui fixé par leurs instructions : ce qui était réel [1]. En vain les plénipotentiaires haïtiens lui demandèrent l'autorisation d'aller au delà de celui de 45 millions qu'il avait proposé et payable en 45 ans, en lui exposant qu'il n'avait certainement pas entendu notifier en cela un *ultimatum* au gouvernement français. M. S. Villevaleix, le premier, opina pour proposer 60 millions, et ses collègues l'appuyèrent pour déterminer Boyer qui finit par consentir, quoiqu'à regret, disait-il, mais pourvu qu'on s'efforçât d'obtenir ou 50 ou 55 millions, payables en 30 années au moins. Son consentement fut verbal, mais sa ratification devait tenir lieu de nouvelles instructions écrites.

[1] M. J. Laffitte fit savoir au secrétaire d'État Imbert, par une lettre du 15 octobre 1837, que le gouvernement français fixait le solde de l'indemnité à ce chiffre.

Dans la soirée, M. de Las Cases entretint également le Président de l'objet de la première conférence ; et il conti nua à agir ainsi après toutes les autres, pour faire marcher la négociation directement avec lui, autant pour en obtenir une décision qui la terminerait, que pour se vanter ensuite d'avoir tout réglé entre eux [1].

A la 2e conférence, qui eut lieu le 2 février, les plénipotentiaires français reproduisirent leurs observations à propos de l'article relatif aux « ministres publics » ; et après diverses considérations présentées par les plénipotentiaires haïtiens, ils consentirent à son insertion dans le traité politique dont il aurait formé le 3e article, sauf à adopter une dénomination plus génériqne, disaient-ils, que celle de « ministres publics. » Puis ils proposèrent un article qui devait être le 4e, mais qui resta le 3e du traité, — celui où il est question de « consuls, » et d'un traité spécial à conclure plus tard pour régler, entre la France et Haïti, les rapports de commerce et de navigation sur le pied de la nation la plus favorisée. M. de Las Cases, particulièrement, fit valoir « la grandeur, l'immense étendue de cette *conces-* » *sion* de la part de la France, tandis qu'elle n'aurait aucune » *réciprocité* de la part d'Haïti, à cause des lois restrictives » qui y existent à l'égard des étrangers, etc. » Le sénateur Ardouin lui fit observer, au contraire, que cet article produirait « des effets plutôt favorables au commerce français » qu'au commerce haïtien, qui ne se trouvait pas dans » une position à pouvoir en profiter. » Un 5e article, devenu le 4e, relatif à l'échange des ratifications à Paris

---

1 Je ne me permets de parler ainsi de M. de Las Cases que parce qu'il m'a donné des preuves de sa vanité. Mon collègue et moi l'avons entendu prétendre que lui et Boyer avaient reglé les deux traités, au diner que nous donna M. Barthe, garde des sceaux et ministre de la justice. L'amiral Baudin fut très-choqué de cette assertion qui lui fut rapportée.

dans un délai de trois mois, fut alors définitivement adopté.

On passa ensuite à la discussion du solde de l'indemnité, les plénipotentiaires français l'ayant fixé à 70 millions de francs, d'après leurs instructions. Il nous est impossible de produire ici tous les argumens employés par les plénipotentiaires haïtiens pour faire accepter le chiffre de 45 millions, ni ceux énoncés par MM. de Las Cases et Baudin pour s'en tenir à leur proposition. Le général Inginac avait fait demander aux archives de la Chambre des communes tous les comptes généraux de la République depuis 1817, de même qu'il avait fait à l'égard de M. Dupetit-Thouars. On les soumit aux plénipotentiaires français, après que M. S. Villevaleix eût proposé 50 millions. Ils demandèrent que la conférence fût remise au lundi 5 février, et on leur offrit ces comptes généraux pour être examinés dans l'intervalle ; ce qu'ils acceptèrent volontiers. Si l'offre faite de 50 millions dut les porter à espérer que les plénipotentiaires haïtiens finiraient par consentir au chiffre de 70 millions que le ministère français avait fixé, disaient-ils, pour compléter avec le premier cinquième, déjà payé, celui de 100 millions qui avait été consenti en 1824 par MM. Larose et Rouanez, de leur côté les plénipotentiaires haïtiens espéraient aussi que l'examen attentif des comptes généraux les convaincrait de l'exiguïté des ressources de la République, et qu'ils accepteraient 60 millions qu'on était décidé à proposer en dernier lieu [1].

Boyer ne se trouvant pas en ville ce jour-là, ce ne fut

---

[1] MM. de Las Cases et Baudin avaient eu la loyauté de nous communiquer la copie du rapport fait par M. Dupetit-Thouars, au retour de sa mission en 1835, pour nous prouver que cet officier était plus favorable à l'égard d'Haïti que nous ne le pensions. Nous en conclûmes que, puisqu'il avait émis l'opinion de réduire le solde de l'indemnité à 60 millions, après avoir eu connaissance et même pris copie des comptes généraux, il en serait de même des plénipotentiaires de 1838.

que dans la matinée du 3 que les plénipotentiaires haïtiens le virent et lui dirent ce qui avait eu lieu la veille ; il partagea leur espoir. Mais, dans l'après-midi, il reçut de MM. de Las Cases et Baudin une lettre par laquelle ils lui disaient que, d'après la discussion du 2, ils reconnaissaient qu'il serait impossible de s'entendre ; que leurs instructions étaient positives au sujet des 70 millions et qu'ils ne pouvaient consentir à moins. Le Président manda aussitôt les plénipotentiaires haïtiens pour leur communiquer cette lettre ; ils l'engagèrent à ne pas céder sur ce chiffre, à laisser marcher encore la négociation : ce qui fut résolu.

A l'ouverture de la 3ᵉ conférence, le 5 février, M. de Las Cases revint sur le 2ᵉ article du traité politique disant : «Il y aura paix constante et amitié perpétuelle entre la »France et la République d'Haïti, ainsi qu'entre les citoyens »des deux États, sans exception de personnes ni de lieux.» Il demanda que la République prît l'engagement *d'interdire*, aussi longtemps que le gouvernement français le jugerait nécessaire, tout rapport entre les navires et les citoyens haïtiens et les colonies françaises. M. S. Villevaleix, au nom de ses collègues, y consentit moyennant la *réciprocité*; c'est-à-dire, qu'il fût interdit aux navires et citoyens des colonies françaises de venir dans les ports d'Haïti. M. Baudin, en y adhérant comme son collègue, fit observer cependant que cette interdiction ne devrait pas s'étendre aux navires français qui, venant des ports de France ou d'autres lieux, auraient touché aux colonies françaises avant de venir à Haïti. Le général Inginac et le sénateur Ardouin répondirent qu'il en était ainsi déjà, et rappelèrent que le Président d'Haïti, par une proclamation publiée en 1823, avait interdit toutes relations entre les citoyens et les navires haïtiens et les diverses colonies des

Antilles, à l'exception des îles de Saint-Thomas et de Curaçao, sur la demande expresse de leurs gouverneurs. Les plénipotentiaires français, en admettant la *réciprocité*, déclarèrent qu'ils n'entendaient pas faire de leur demande l'objet d'un nouvel article du traité politique, mais seulement obtenir une *promesse* à cet égard, consignée dans les procès-verbaux des conférences: ce qui fut consenti, après que le sénateur Frémont eût exprimé le vœu ardent en faveur de la liberté des esclaves des colonies françaises, dont la malheureuse position était la seule cause de ce débat.

Après ce débat, survint la continuation de la discussion relative au chiffre du solde de l'indemnité. Tous les argumens employés de part et d'autre furent repris et développés de nouveau pendant cette séance de cinq heures. Les plénipotentiaires haïtiens prirent tous part à cette discussion, en invoquant leur bonne foi par la communication qu'ils avaient donnée des comptes généraux, dont l'examen avait dû convaincre leurs adversaires des ressources excessivement bornées de la République; ils maintinrent le chiffre du solde à fixer, à 50 millions. Mais, de leur côté, les plénipotentiaires français semblaient être liés par leurs instructions pour exiger les 70 millions; et ceux de la République pensèrent qu'ils ne pouvaient guère consentir au chiffre de 50 millions, et que, pour qu'ils acceptassent celui de 60 millions qui n'avait pas encore été offert, il fallait qu'ils prouvassent à leur gouvernement qu'ils avaient employé les argumens les plus propres à justifier leur conduite par cette adhésion; car eux-mêmes voyaient bien que leurs adversaires étaient disposés à accorder plus que 50 millions, et ils demandèrent que la 4ᵉ conférence fût renvoyée au mercredi 7 février. Dans l'après-midi du 5, les plénipotentiaires haïtiens allèrent entretenir Boyer des débats qui avaient eu lieu : il parut soucieux de ce que la négociation n'avait ainsi fait aucun pas en avant, malgré l'espoir qu'ils lui donnèrent.

MM. de Las Cases et Baudin avaient eu l'attention de faire une visite à chacun des plénipotentiaires haïtiens, après la 2ᵉ conférence : ces derniers allèrent ensemble la leur rendre, le 6, au consulat français. Il fut convenu entre eux qu'ils essayeraient de traiter amiablement de la seule question qui les divisait, du chiffre du solde de l'indemnité. A cet effet, pendant que le général Inginac entretenait M. Baudin plus particulièrement de cet objet, ses collègues s'attachaient à convaincre M. de Las Cases. Le général Inginac déclara à son interlocuteur que l'on était disposé à consentir à 60 millions, bien qu'on eût tenu au chiffre de 50 millions dans la conférence de la veille. Il lui exposa les motifs politiques qui portaient le gouvernement haïtien à désirer d'obtenir, de la générosité de la France, la réduction du solde effectif de 120 millions à la moitié de cette somme, pour se réconcilier en quelque sorte avec l'opinion de la nation, qui était encore si mécontente des termes de l'ordonnance de 1825 et de l'énorme indemnité que cet acte ambigu avait imposée à Haïti. « En satisfaisant
» l'honneur national, lui dit-il, par le traité politique, et
» en réduisant le solde de l'indemnité à 60 millions, la
» France acquerra pour toujours l'estime et la reconnais-
» sance des Haïtiens, et une telle décision sera digne du
» gouvernement de 1830 en qui ils ont placé tant de con-
» fiance. » M. Baudin était, sans contredit, plus homme d'affaires que son collègue; il comprit mieux que lui la position de Boyer et de son gouvernement : il laissa le général Inginac dans l'espoir qu'il déterminerait M. de Las

Cases à consentir au chiffre de 60 millions, pour en finir, bien que leurs instructions, disait-il, portassent celui de 70 millions. Il est vrai de dire qu'il pouvait s'autoriser à cela par l'opinion déjà émise à ce sujet par les commissions que présidèrent M. le comte Lainé et M. le comte Siméon, et par celle de M. Dupetit-Thouars. M. de Las Cases lui-même pouvait se laisser influencer par cette opinion, sans aucun danger pour sa responsabilité envers le ministre qui les avait expédiés à Haïti. Cependant, quand M. Baudin l'eut engagé à céder aux désirs du gouvernement haïtien, il s'éleva entre eux une vive discussion, et il finit par exiger de son collègue une « déclaration écrite » pour y consentir : ce que fit M. Baudin pour assumer en quelque sorte toute la responsabilité sur soi [1].

En sortant du consulat français, les plénipotentiaires haïtiens allèrent dire à Boyer qu'ils avaient maintenant plus d'espoir de terminer à 60 millions. Dans la soirée, M. de Las Cases se rendit chez le général Inginac pour s'entretenir avec lui à ce sujet, et notre ministre ne négligea rien pour le porter au consentement que nous désirions obtenir de lui. Il demanda alors que la conférence, fixée au 7 fût renvoyée au 8, et cela fut convenu entre eux. Mais ayant passé la soirée du 7 avec le Président, M. de Las Cases demanda encore le renvoi de la conférence au vendredi 9 : ce que Boyer fit dire au général Inginac, en invitant en même temps les plénipotentiaires haïtiens à se rendre au palais, le 8 à 3 heures de l'après-midi.

---

[1] Cette particularité, que j'affirme pour en avoir eu connaissance, vient à l'appui de ce que j'ai déjà dit à l'égard de la conduite des officiers supérieurs de la marine française envers les Haïtiens; ces derniers ont presque toujours trouvé en eux une loyauté chevaleresque, des sentimens élevés, qui tiennent au caractère de leur nation et à la profession du marin. Des faits postérieurs à celui-ci ont encore prouvé mon assertion, et je la consigne ici avec plaisir pour rendre hommage à la vérité.

Il leur fit part de son entretien avec M. de Las Cases qui débuta par lui demander *des conseils*, disait-il, sur la difficulté qui s'offrait dans la négociation, les instructions des plénipotentiaires français leur prescrivant d'exiger 70 millions, et ceux d'Haïti n'offrant que 50 millions. Boyer lui répondit que, par l'examen des comptes généraux, si franchement offerts à leurs investigations, ils devaient être convaincus de l'exiguïté des ressources de la République, et qu'il n'était pas présumable qu'ils seraient blâmés par le Roi des Français et son gouvernement, en prenant sur eux de réduire le solde de l'indemnité au vrai niveau de ce qu'elle pouvait payer, ayant encore à satisfaire au service de l'emprunt. M. de Las Cases répliqua alors que lui et son collègue, « animés du désir d'être utiles à Haïti, de prouver » la générosité de la France, ne pourraient cependant réduire le solde à moins de 60 millions.» «60 millions, » soit,» lui dit Boyer, et ils se donnèrent la main en signe d'accord[1]. Ils convinrent ensuite que les payemens seraient répartis en trente années, par séries dont la première serait de 1,500,000 francs : ce qui serait réglé entre les plénipotentiaires respectifs.— Le Président se récriant encore contre l'énormité du solde de l'indemnité, le sénateur Ardouin lui dit : « qu'il fallait moins envisager la somme *à* » *payer*, que celle dont on obtenait *la réduction*; ce qui » était un avantage immense pour la République, en outre » du traité politique si satisfaisant pour l'honneur natio- » nal.»

Quoique ce fût enfin une chose convenue, MM. de Las Cases et Baudin écrivirent une lettre au Président, par la-

---

[1] D'après ce qui précède, on voit que cet accord fut le fait de M. Baudin dont son collègue avait exigé une déclaration motivée pour consentir lui-même à 60 millions.

quelle ils lui dirent : qu'il conviendrait que les plénipotentiaires haïtiens offrissent eux-mêmes les 60 millions
et demandassent le terme de 30 années pour les payer.
Cette lettre leur fut communiquée, et l'on reconnut qu'il
était convenable, en effet, qu'il en fût ainsi, par rapport à
la responsabilité de ces Messieurs envers leur gouvernement dont les instructions étaient formelles.

La 4ᵉ conférence eut donc lieu le 9 février. Elle fut pré-
cédée d'un entretien *particulier* qui dura près de deux
heures, sur la demande des plénipotentiaires français qui
désiraient, disaient-ils, régler « quelques points secon-
» daires des deux traités, à l'amiable, » avant d'entrer en
conférence officielle où tout devient ordinairement définitif.

Ces points secondaires consistaient à *renoncer,* de la part
des plénipotentiaires haïtiens, à l'article du traité politique
relatif « aux ministres publics, » et à *consentir* à ce que le
gouvernement d'Haïti donnât une « déclaration écrite particulière » pour le payement de l'emprunt, et une autre
pour celui des 700 mille francs restant dus à la France
sur le premier cinquième de l'indemnité ; et de plus, à
l'insertion, dans le traité financier, d'une « clause commi-
» natoire » par laquelle « la République, en cas de l'inexé-
» cution même de l'une des annuités du solde de l'indem-
» nité, serait *replacée* dans les termes et les conditions de
» l'ordonnance de 1825 ; » c'est-à-dire, surtout, qu'Haïti
s'obligerait à payer les 120 millions.

Or, déjà, dans la 2ᵉ conférence, MM. de Las Cases et
Baudin avaient parlé d'une *garantie,* en termes vagues,
que leurs instructions leur prescrivaient d'obtenir du gouvernement haïtien pour l'exécution du traité financier, et
ils avaient semblé ne pas vouloir insister à cet égard. Main-

tenant, ils revenaient sur ce point en demandant les deux déclarations particulières, le rejet de l'article relatif aux ministres publics, comme pour faire la *condition* de la concession des 60 millions pour solde de l'indemnité. Mais les plénipotentiaires haïtiens, dans cet entretien particulier, étaient résolus à ne pas céder, notamment sur la clause *comminatoire* ou toute autre *garantie* [1].

En entrant en conférence *officielle*, M. de Las Cases proposa le règlement des points secondaires, avant de discuter le chiffre du solde de l'indemnité. Il dit que leur résolution à cet égard *dépendrait* de la solution de ces questions, et il demanda formellement la *radiation* de l'article relatif aux ministres publics. Le droit d'Haïti d'en envoyer auprès de tous les gouvernemens devant résulter, en effet, de la reconnaissance positive de son indépendance et de sa souveraineté, le sénateur Ardouin invita ses collègues à consentir à cette radiation, et ils le firent. Il ajouta : « Nous agissons ainsi, parce que nous ne pouvons pas » supposer au gouvernement français l'intention de traiter » nos envoyés autrement que ceux des autres États. » M. de Las Cases répondit : « Toute défiance à cet égard » serait injuste et mal fondée. » Puis, le général Inginac proposa les 60 millions payables en 30 ans.

M. Baudin déclara que son collègue et lui « prenaient note » de ces nouvelles offres, et qu'il fallait maintenant examiner la « clause comminatoire : » il fut appuyé par M. de Las Cases, qui développa toutes les considérations

---

[1] Il paraît que les instructions données à MM. de Las Cases et Baudin leur prescrivaient d'obtenir, ou la clause comminatoire , ou une *garantie*. Celle-ci eût consisté dans *l'occupation*, par la France, de la ville du Môle Saint-Nicolas et de ses environs. Il m'a été fait trop de questions au sujet de cette ville, de son port, de ses environs, de sa température, etc., par ces Messieurs et même ensuite par S. M. Louis-Philippe, pour que je ne croie pas que le gouvernement français désirait cette occupation qui, en apparence temporaire, serait devenue définitive.

qui motivaient cette clause. Mais le général Inginac répondit : « Je le dis ici en mon nom et au nom de tous mes
» collègues : nous n'accepterons jamais des conditions
» semblables; » et il s'étendit aussi sur toutes les considérations qui nécessitaient leur refus. Le sénateur Ardouin
lui vint en aide, en disant : « L'acceptation de cette clause
» comminatoire serait pour nous une humiliation, sans
» être effectivement pour la France une garantie. Son seul
» recours en cas de non-accomplissement des conditions
» du traité, serait *la guerre*.... Le Président d'Haïti ne
» souscrira jamais à cette clause, et il ne trouverait même
» aucun Haïtien qui voulût la signer.... [1] » Le sénateur
Frémont étaya son collègue par ces mots : « A quoi servirait
» une clause pareille, si l'honneur national ne commandait
» pas de remplir les engagemens? L'honneur est la seule
» garantie que la France puisse exiger. » Les deux sénateurs furent soutenus par M. S. Villevaleix, et le général
Inginac qui finit par dire : « que l'adoption d'une telle
» clause causerait une irritation excessivement dangereuse
» et soulèverait l'opinion publique; » et les autres plénipotentiaires confirmèrent cette pensée.

MM. de Las Cases et Baudin s'entretinrent alors en particulier et renvoyèrent à la conférence suivante, pour faire
connaître leur résolution. Celle-ci se termina par la proposition que firent les plénipotentiaires haïtiens, de répartir
le payement du solde de 60 millions en 30 ans, et par la
déclaration que la République affecterait un million de

---

[1] On peut lire ces paroles dans le procès-verbal de la 4e conférence. Je sus ensuite
que Boyer trouva mauvais que j'eusse dit : « qu'il ne trouverait même aucun Haïtien
qui voulût signer un traité avec la clause comminatoire, » dans la supposition qu'il
voulût y consentir lui-même. Mais j'avais d'abord dit : « qu'il n'y souscrirait jamais; »
et, dans ma pensée, c'était pour donner plus de force à mon affirmation que
j'ajoutais ces mots, pour faire entendre qu'il était d'accord avec ses concitoyens.

francs par an, jusqu'à extinction, en faveur de l'emprunt. Sur la demande de M. de Las Cases, le général Inginac assura qu'un engagement écrit, revêtu de l'approbation du Président, serait remis à MM. les plénipotentiaires français.

Ils désiraient que la 5ᵉ conférence eût lieu le 10; mais ils consentirent à reprendre la discussion dans l'après-midi du 9, à 5 heures. Elle s'ouvrit par le consentement donné par MM. de Las Cases et Baudin au chiffre de 60 millions pour solde de l'indemnité, et ils renoncèrent à la clause comminatoire, après que le premier eût motivé leur résolution par bien des considérations. Il lut alors un projet pour le traité politique, qui n'offrit qu'une seule observation [1], et un autre pour le traité financier dont une disposition était relative au payement des 700 mille francs restant dus en 1825. Cette disposition devant nécessairement rappeler l'ordonnance du 17 avril, les plénipotentiaires haïtiens n'acquiescèrent pas à ce qu'elle fût *insérée* dans le traité. Mais le général Inginac déclara que le gouvernement souscrirait, par un acte particulier, l'engagement de payer ces 700 mille francs en trois termes égaux, les premiers juillet 1839, 1840 et 1841 : ce qui fut accepté par les plénipotentiaires français. Le sénateur Ardouin demanda que l'obligation de 30 millions, souscrite en 1826 par le secrétaire d'État de la République pour le 2ᵉ cinquième de l'indemnité et déposée à la caisse des dépôts et consignations, fût remise à l'agent haïtien qui irait à Paris pour l'échange des ratifications des traités : cela fut convenu.

---

[1] Cette observation était relative aux mots : *leurs* plénipotentiaires, d'après l'idée exprimée au Président par les sénateurs Frémont et Ardouin. On supprima le pronom.

Les deux projets de ces traités étant approuvés de part et d'autre, moyennant les changemens opérés dans leur rédaction primitive, M. de Las Cases proposa au général Inginac de les parapher avec lui, ce qui eut lieu en double expédition. Il n'y avait plus qu'à rédiger définitivement les actes consentis ; la 6e conférence fut renvoyée au lundi 12 février, et à 7 heures du soir, les plénipotentiaires haïtiens allèrent remettre à Boyer les deux projets de traités paraphés : ce qui lui occasionna une grande satisfaction.

La 6e conférence se passa à convenir de la rédaction des deux déclarations relatives au payement de 700 mille francs, et à l'engagement d'affecter un million par an au service de l'emprunt. La première devait être signée par les plénipotentiaires haïtiens, la seconde par le secrétaire d'État, et toutes deux revêtues de la ratification du Président. Malgré l'accord existant à cet égard, dans l'après-midi du même jour, MM. de Las Cases et Baudin adressèrent à Boyer deux lettres à ce sujet, et une troisième par laquelle ils proposaient d'envoyer au trésor un *agent* chargé de recevoir les fonds destinés à payer : 1º la première annuité de 1500 mille francs pour l'indemnité; 2º le solde d'environ 560 mille francs encore dus sur les avances faites par le trésor de France; 3º un million pour le service de l'emprunt. L'objet de la troisième lettre, ainsi conçue, était évidemment de faire *exécuter* le traité financier avant sa ratification par S. M. le Roi des Français.

Le mardi, 13 février, les plénipotentiaires respectifs se réunirent pour la 7e et dernière conférence, afin de signer les deux traités, les deux déclarations ci-dessus mentionnées et les derniers procès-verbaux, préparés par les secrétaires. Les traités devaient ainsi porter la date du 13 février où ils furent signés ; mais M. Baudin demanda qu'ils fussent datés du 12, « parce que le 13 février était » un jour *néfaste* pour la France, l'anniversaire de l'as- » sassinat du duc de Berry, évènement politique qui fut » cause du retard mis par les Bourbons de la branche aînée » à sanctionner les libertés publiques des Français. » Son collègue ayant adopté la même idée, empreinte d'une certaine superstition, les plénipotentiaires haïtiens devaient respecter leur scrupule de conscience, et ils consentirent volontiers à leur désir.

Après cette dernière séance, qui avait commencé à 5 heures de l'après-midi, les plénipotentiaires haïtiens allèrent à 7 heures remettre au Président les deux traités, politique et financier, signés et scellés. Il leur communiqua la lettre de MM. de Las Cases et Baudin, relative à l'exécution anticipée du dernier. Sur leurs observations, il fut décidé : que des agents de l'administration des finances iraient porter les fonds à bord de la frégate *la Néréide*, et les compteraient au commandant de ce navire qui en donnerait un reçu de *dépôt*, puisque l'envoyé haïtien, à son arrivée en France, devait en prendre charge pour opérer d'abord le change de toutes ces monnaies étrangères en monnaie française, et verser les sommes à la caisse des dépôts et consignations, pour ce qui concernait l'indemnité et le solde des avances du trésor de France ; et quant au million destiné à l'emprunt, dans la banque de M. J. Laffitte. Le Président fit savoir cette décision à M. de Las Cases, qui vint au palais pendant la présence des plénipotentiaires haïtiens ; ce qui le contraria beaucoup, et voici pourquoi :

Au moment où la mission française venait à Haïti, M. J.

Laffitte adressa une lettre au Président, par laquelle il lui disait : qu'étant lui-même porteur d'obligations de l'emprunt d'Haïti, il s'était assuré que la grande majorité des prêteurs consentirait à un mode de libération qu'il fit connaître, et qui devait offrir des avantages à la République. Il ajouta : que si le Président voulait affecter annuellement un million de francs pour cette opération et la lui confier, l'emprunt serait promptement éteint [1].

Sans doute, M. J. Laffitte envisageait les intérêts de sa caisse dans cette proposition ; mais s'il pouvait réussir, comme il en donnait l'assurance, le Président devait se confier à lui, qui avait donné tant de preuves de dévouement à la République, en prenant souvent sa défense à la tribune de la Chambre des députés ; et c'est ce qui avait motivé la résolution du gouvernement de consacrer le million de francs au service de l'emprunt, résolution qu'il eût prise, même sans cette proposition. Or, celle-ci, et la combinaison imaginée par M. J. Laffitte, étaient parvenues à la connaissance du ministère français. Comme cet homme honorable était de l'Opposition, qu'il était brouillé avec S. M. Louis-Philippe, en même temps que les plénipotentiaires français étaient chargés de réclamer en faveur des

---

1 M. Laffitte proposait de rembourser les 20 mille obligations qui restaient de l'emprunt, intégralement, à 1,000 fr. chacune, sans payer d'intérêts : de cette manièr-, on eût tiré au sort mille obligations par an, et en vingt ans l'emprunt eût été éteint.

On a vu qu'en 1833, Boyer lui avait fait rembourser 1,000 obligations intégralement. La République ayant laissé son emprunt en souffrance, ses obligations étaient tombées à 200 ou 250 fr. au plus, à la bourse. Quand parut la loi sur le payement des droits d'importation en monnaies étrangères, en 1835, des négocians étrangers proposèrent au Président, de payer une portion de ces droits en obligations de l'emprunt, à 500 fr. chacune, afin de faciliter leur commerce avec Haïti, ce qui serait en même temps un moyen d'amortir ces obligations avec un grand bénéfice, puisqu'elles étaient de 1,000 fr. Boyer y ayant consenti, le trésor en reçut ainsi une notable quantité fournie également par des Haïtiens. C'est pourquoi il n'en restait plus en circulation que 20 mille environ. Mais cette opération encourut le blâme du public en France : on y disait que la République agissait de mauvaise foi, etc.

porteurs de titres de l'emprunt, ils devaient faire tous leurs efforts pour *s'opposer* à la réalisation des vues de M. J. Laffitte.

En conséquence, dans la conférence où ils présentèrent le projet de déclaration relative à l'engagement que souscrirait le gouvernement haïtien pour l'emprunt, ce projet étant libellé de manière à *obliger* le gouvernement à verser le million, en dépôt, « à la Banque de France, » le sénateur Ardouin leur dit qu'il n'en serait pas ainsi (connaissant parfaitement la pensée du Président); que cette somme serait versée dans toute autre banque, soit à *Paris*, à Londres ou à Amsterdam : il fut soutenu par ses collègues, notamment par le général Inginac.

Le nom de *Paris* fit comprendre aux plénipotentiaires français qu'il s'agissait de la banque de M. Laffitte, et ils répondirent : que s'ils proposaient la Banque de France, c'était dans l'intérêt même de la République, aucun autre établissement de ce genre n'offrant autant de sûreté et de garantie ; qu'ils avaient appris qu'on engageait le gouvernement à adopter une espèce de *loterie* pour la libération de l'emprunt, laquelle ne serait pas « aussi avantageuse » que le mode qu'ils indiquaient dans la déclaration, consistant à *capitaliser* les intérêts échus et dus pour l'emprunt depuis dix ans, pour former une somme totale dont les intérêts seraient désormais servis à raison de 3 pour cent, au lieu de 6 pour cent d'après le contrat primitif [1] ; que si le gouvernement adoptait cette *loterie*, ce

---

[1] Les obligations restant entre les mains des prêteurs étaient au nombre de 20 mille ; les intérêts non payés depuis 10 ans, à 6 pour cent, formaient une somme de 12 millions ; en les capitalisant, la dette de l'emprunt serait de 32 millions, au lieu de 20 millions. Une telle opération n'aurait donc pas été « aussi avantageuse » pour la République que le mode de libération proposé par M. Laffitte. Mais il est vrai que les prêteurs avaient droit de recevoir des intérêts pour leurs titres, surtout en les réduisant à 3 pour cent au lieu de 6 pour cent.

serait de sa part, non-seulement manquer à ses engagemens, mais faire une chose qui répugnerait beaucoup en
France, dans le moment où l'on venait d'y abolir toute
espèce de loterie par rapport à l'immoralité qui en résulte[1].
M. de Las Cases insistant pour que les sommes destinées à
l'emprunt fussent versées à la Banque de France, à cause
de la sûreté qu'elle présentait, le général Inginac lui dit :
« La République aimera mieux courir le risque d'une
» *faillite* dans une banque particulière. » Cette déclaration
mit fin aux efforts tentés pour nuire à M. Laffitte ; mais on
y réussit en France même, où le ministère mit tout en jeu
pour porter les prêteurs à ne pas souscrire à la combinaison qu'il avait imaginée : ce qui nécessita l'envoi, à
Paris, de deux commissaires chargés de prendre des arrangemens avec les prêteurs [2].

Boyer ratifia les deux traités à la même date du 12 février qui leur avait été donnée, afin de complaire aux idées
exprimées par les plénipotentiaires français. Le 14, il
adressa au Sénat un message en lui disant : que le secrétaire général Inginac et le citoyen S. Villevaleix aîné étaient
chargés de les lui présenter et de fournir toutes les explications propres à éclairer son opinion. « J'aime à penser
» que le Sénat, appréciant l'importance de terminer le
» litige qui dure depuis si longtemps entre la République
» et la France, et l'avantage pour l'avenir d'Haïti de con-
» clure ce différend d'une manière favorable, donnera,
» sous le plus bref délai, sa sanction aux deux traités dont
» s'agit, conformément au vœu de l'art. 125 de notre pacte
» constitutionnel. »

Le Sénat se réunit dans l'après-midi du 14, sous la
présidence du sénateur Bazelais ; les secrétaires étaient les

1 Les loteries furent abolies par une loi en 1836.
2 Le sénateur Frémont et M. P. Faubert qui partirent d'Haïti à la fin de 1838.

sénateurs Pierre André et Ardouin. Quelques membres opinèrent pour que la présentation des traités eût lieu en séance
publique, et que les trois sénateurs-plénipotentiaires fussent *exclus* de la délibération ; mais la majorité décida le
contraire. La délibération eut donc lieu à huis-clos ; le Sénat approuva et sanctionna les traités, vers 6 heures du
soir, et renvoya au lendemain après-midi pour en donner
connaissance en séance publique. Une foule nombreuse de
citoyens et d'étrangers y assista. On était curieux de savoir
le résultat des négociations qui duraient depuis quinze jours,
et une satisfaction générale accueillit les deux traités.

Le Sénat envoya une députation composée de son président, des deux secrétaires et de quatre autres de ses membres, pour porter au Président d'Haïti les deux traités
sanctionnés, et un message en réponse au sien qui le félici-
tait de l'heureuse issue des négociations qu'il avait entamées avec le gouvernement français, dès l'acceptation de
l'ordonnance de 1825. Boyer reçut cette députation avec
une émotion visible, par la satisfaction qu'il éprouvait lui-
même d'être parvenu, enfin, à obtenir une reconnaissance
claire et explicite de la situation politique d'Haïti, et à régler
la dette nationale d'une manière aussi favorable [1]. Il chargea la députation de dire au Sénat, que son intention était
de faire embarquer sur la frégate *la Néréïde* les fonds nécessaires au payement de l'annuité de l'indemnité et de l'emprunt pour 1838 ; que deux agents haïtiens partiraient sur
ce navire avec les plénipotentiaires français, afin d'échan-
ger les ratifications des traités et de régler les conditions

---

[1] Le Président fit savoir à MM. de Las Cases et Baudin, qu'une salve serait tirée le
vendredi 16 février, par les forts de la capitale, en signe de réjouissance. Ils demandèrent à y faire répondre par les navires de guerre ; mais M. Baudin proposa de tirer cette
salve le *samedi* de préférence, parce que les marins considèrent le *vendredi* comme un
mauvais jour. Boyer déféra à ce désir.

d'un nouvel arrangement entre la République et les porteurs des titres de son emprunt, et que l'un de ces agents
serait pris parmi les membres du Sénat. Ce corps reçut
cette communication et s'ajourna dans la séance du 19 février.

Si Boyer fut heureux d'avoir réussi à réparer, dans les
traités de 1838, tout ce qu'il y eut de fâcheux dans l'acceptation de l'ordonnance de 1825, par la persévérance, la
modération, la loyauté, le tact qu'il mit dans ses rapports
avec le gouvernement français; si les vrais bons citoyens de
la République partagèrent sa satisfaction, en lui tenant
compte de la difficulté des circonstances et de ses efforts
constans pour servir les intérêts de la patrie, il n'en fut pas
de même assurément de ceux qui, se prétendant être
« les seuls vrais patriotes, » faisaient profession d'être aussi
toujours de l'Opposition [1]. On avait remarqué qu'après
chacun des grands succès de son gouvernement, cette Opposition systématique semblait se raviver ; ainsi il en avait
été à la pacification de la longue révolte de la Grande-Anse,
à la réunion de l'Artibonite et du Nord, à celle des départemens de l'Est. Ainsi il en devait être après les traités de
1838.

Quoi qu'en puissent dire ceux qui font profession d'être
opposans, quoi qu'ils invoquent pour motiver leurs tracas-
series, à côté des quelques idées judicieuses qu'ils émettent
dans l'intérêt de leur pays, il y a souvent au fond de leurs
cœurs un sentiment de jalousie et d'envie contre ceux qui
sont revêtus du pouvoir et de l'autorité, chefs ou ministres;
et ces sentimens les portent à blâmer les actes de ceux-ci,

---

[1] Que l'on ne se méprenne pas sur le sens de cette assertion. Si j'affirme qu'il y eut
des personnes systématiquement opposées à Boyer, je sais aussi qu'il y en eut d'autres
dont le patriotisme était sincère, dépourvu de système, et qui se rallièrent successivement à l'Opposition, dans la seule pensée que Boyer eût pu mieux faire et qu'il se
montrait trop obstiné dans ses vues qu'on jugeait rétrogrades.

ou tout au moins à penser qu'ils eussent mieux fait s'ils étaient à leur place. D'un autre côté, et ceci est remarquable, toutes les fois qu'une nation est menacée dans son existence politique par une grande puissance, l'intérêt commun oblige chacun à se rallier au gouvernement pour mieux résister; mais le danger vient-il à disparaître, on s'empresse de vouloir exiger de sa part des réformes intérieures, souvent des modifications dans les institutions publiques, sans envisager s'il y a opportunité de mettre à exécution *toutes* les idées, *tous* les plans qui surgissent alors. Haïti ne pouvait échapper, exceptionnellement, à une telle situation [1].

C'est ce que l'on verra dans le livre suivant. On y verra comment l'Opposition, par son langage peut-être imprudent, remua le bas-fond de la société au point de la menacer d'une grande perturbation, sinon d'une subversion totale. En attendant le moment d'en parler, complétons ce qui reste à dire concernant les traités conclus avec la France.

Après que ces traités eurent été ratifiés par le Président d'Haïti et sanctionnés par le Sénat, les plénipotentiaires français firent partir le brig *le Nisus* pour aller en apporter la nouvelle à leur gouvernement. M. Baudin avait reçu une mission particulière pour la Jamaïque; il s'y rendit sur le brig *le Griffon* et en revint vers le 15 mars. Dans l'intervalle, les fonds furent successivement apportés à bord de *la Néréide;* ils consistaient en 563,794 gourdes ou piastres; les

1 J'ai déjà parlé d'une conversation que j'eus avec le maréchal Clausel, en 1838, (Maison-Laffitte (t. 5, p. 296). En me témoignant sa satisfaction des traités conclus entre la France et Haïti, il m'exprima sa pensée sur les embarras que le gouvernement haïtien éprouverait indubitablement à l'intérieur, [maintenant que toute crainte cessait par rapport à la France.

monnaies de France, d'Espagne, d'Angleterre, des États-Unis, etc., y figuraient. Le 22 mars, *la Néréide* et *le Griffon* quittèrent le Port-au-Prince.

MM. B. Ardouin et S. Villevaleix aîné eurent l'honneur d'être désignés par le Président d'Haïti, pour aller en France avec les plénipotentiaires français. Leur mission était : 1° de procéder à l'échange des ratifications des deux traités, si S. M. le Roi des Français les ratifiait ; 2° de convertir en monnaie française la somme embarquée, pour verser à la caisse des dépôts et consignations les 1500 mille francs de l'annuité de 1838 pour l'indemnité, 360 mille francs restant dus au trésor de France pour ses avances, et à la banque de M. J. Laffitte un million de francs destiné à l'emprunt ; 3° de demander l'obligation de 30 millions, souscrite en 1826 par le secrétaire d'État de la République, ainsi que les 2400 titres de l'emprunt dont l'amortissement avait eu lieu par le trésor français. En cas de non-ratification par le Roi de l'un des deux traités, les deux agents haïtiens devaient déclarer au gouvernement français que l'un et l'autre étant indivisibles, ils demeureraient *nuls* ; et alors ils verseraient toutes les sommes dans la banque de M. Laffitte, moins les 360 mille francs du solde revenant au trésor de France. Ils étaient en outre chargés de remettre à S. M. Louis-Philippe une lettre autographe que lui adressa Boyer, à l'occasion des traités qui mettaient fin aux longues discussions entre la France et Haïti.

Le 24 mars, *le Griffon* se sépara de la frégate, à l'entrée des Débouquemens, pour retourner à Haïti, et *la Néréide* arriva à Brest le 23 avril [1]. Les plénipotentiaires haïtiens s'empressèrent de notifier leurs pouvoirs au ministre des

---

1 Le 14e jour de son départ, ce navire se trouvait à 300 lieues de Brest ; il y subit une quarantaine de 20 jours, à cause de quelques cas de fièvre jaune.|

affaires étrangères, qui leur répondit que les traités seraient ratifiés par le Roi, à leur arrivée à Paris avec MM. de Las Cases et Baudin : ce qui était également annoncé officiellement par un article du *Moniteur*, et ils purent transmettre cette agréable nouvelle au Président d'Haïti [1]. La ratification royale eut lieu le 21 mai, et le 28, le comte Molé procéda avec les plénipotentiaires haïtiens à son échange contre celle du Président d'Haïti : le 2 juin, les traités furent publiés dans le *Bulletin des lois*, et reproduits officiellement dans le *Moniteur*.

Toutes ces formalités étant remplies, les envoyés d'Haïti furent invités par M. le comte Molé à se présenter à S. M. le Roi des Français, pour lui remettre la lettre autographe dont ils étaient porteurs [2].

Ils furent reçus au palais des Tuileries, le 9 juin. Après quelques paroles que le sénateur Ardouin adressa à Louis-Philippe, le Roi lui dit : « qu'il était satisfait des traités qui » venaient d'être conclus entre la France et Haïti ; que » c'était la seule manière qu'il convenait de terminer les » différends qui existaient entre les deux pays ; qu'il l'avait » ainsi conseillé à Charles X, mais que des difficultés qu'il

1 Le succès de la mission valut à M. Baudin son élévation au grade de contre-amiral, et à M. de Las Cases sa nomination comme conseiller d'État.

Dans le projet des pouvoirs qui furent donnés aux agents haïtiens, Boyer les avait qualifiés de *commissaires* ; ils lui firent l'observation, qu'étant chargés de procéder à l'échange des ratifications des traités, ils étaient nécessairement *ministres plénipotentiaires*. Mais le Président, en supprimant le premier titre, ne leur en donna aucun ; il dit à cette occasion : « Ces messieurs se croient sans doute appelés à jouer le rôle d'ambassadeurs. » A leur arrivée en France, ils prirent le titre d'*envoyés* qui ne leur fut pas contesté par le ministre des affaires étrangères.

2 Selon l'usage diplomatique, les envoyés d'Haïti auraient dû recevoir du Président une copie de sa lettre autographe pour être communiquée préalablement au Roi. M. le comte Molé leur ayant demandé cette copie, le sénateur Ardouin lui répondit : « Nous ne l'avons pas ; mais vous voudrez bien nous excuser, car notre chancellerie » est encore dans l'enfance. » Le ministre rit de cette réponse. Cependant, ils offrirent de lui remettre une déclaration portant en substance ce que contenait la lettre dont ils avaient pris lecture ; ce qui fut accepté. Il ne leur fut pas délivré de passeports non plus pour se rendre en France, et à Brest ils durent en demander au maire pour aller à Paris.

» n'est pas toujours facile de surmonter s'étaient opposées
» à ses propres intentions; qu'il espérait que les Haïtiens
» se ressouviendraient toujours qu'ils avaient été *Français*,
» et que, quoique indépendans de la France, ils devaient
» se rappeler qu'elle a été leur métropole, afin d'entre-
» tenir avec elle des relations de bonne amitié et d'un com-
» merce réciproquement avantageux. [1] » Louis-Philippe
ajouta : qu'il répondrait à la lettre de Boyer; et en congé-
diant les envoyés, il leur dit qu'il les présenterait incessamment à la Reine et à la famille royale, à Neuilly [2].

[1] Après ces paroles, le Roi adressa aux envoyés une foule de questions sur la situation d'Haïti, sur ses productions, sa population, son armée, sur la partie de l'Est principalement; il désira savoir s'il y avait beaucoup de *blancs* jouissant de la qualité d'Haïtien, s'il existait encore au Môle Saint-Nicolas beaucoup des anciens *Allemands* amenés là dans le siècle dernier, si ce quartier était fertile, si l'air y était sain pour les Européens; enfin, quel était le nombre de *blancs* admis comme citoyens dans toute la République. Toutes ces questions, assez naturelles de la part du Roi des Français, parurent aux envoyés empreintes de préoccupations politiques, sinon pour le présent, du moins pour l'avenir. Il lui fut répondu sur toutes, aussi bien que possible; et quant à la partie de l'Est : que tous les blancs qui y étaient propriétaires en 1822 et qui prêtèrent serment de fidélité à la République, furent recounus Haïtiens; qu'il n'y avait plus d'Allemands dans l'arrondissement du Môle; que ce territoire était excessivement aride, que l'air y était malsain, ce qui était prouvé par les nombreuses mortalités survenues parmi les Allemands. Enfin, sur la dernière question : « Le gouvernement ne faisant » aucune distinction entre les indigènes et les blancs qui jouissent des mêmes droits » qu'eux, n'a jamais eu l'idée de constater le nombre de ces derniers. » Cette réponse, quoique vraie, parut trop diplomatique à Louis-Philippe; il sourit, et congédia les envoyés.

[2] En effet, ils eurent l'honneur d'être invités à dîner à Neuilly, le 4 juillet suivant. Présentés par le Roi à toute sa famille si distinguée, ils reçurent les preuves de la plus grande considération pour Haïti qu'ils représentaient; le sénateur Ardouin fut même admis à se placer à table entre la Reine et la princesse Clémentine qu'il y avait accompagnée. Le comte Molé, M. de Las Cases et l'amiral Bardin y étaient aussi. Les envoyés d'Haïti remarquèrent néanmoins que le *Moniteur* ne mentionna point cette réception si flatteuse pour eux et leur pays, et que le *Journal des Débats* dit seulement le lendemain : « Hier, M. le comte Molé, ministre des affaires étrangères et président du conseil, » M. le contre-amiral Baudin et M. le baron de Las Cases ont eu l'honneur de dîner avec » le roi. »
Il est impossible que ce journal ministériel n'ait pas été informé de la présence des envoyés d'Haïti à Neuilly; il y avait donc intention compréhensible dans l'omission de leurs noms. Au reste, si je parle de cette particularité, ce n'est que comme fait historique; car, mon collègue et moi, nous n'avons eu qu'à nous féliciter des attentions et des égards dont nous fûmes l'objet, dans cette mission, de la part des ministres et d'une foule de personnages éminens auxquels nous avons été présentés. Nous eûmes l'honneur de dîner également avec quatre des ministres: le comte Molé, l'amiral de Rosamel, M. barthe

La conversion des monnaies, opérée à la caisse des dépôts et consignations où la somme de 563,794 gourdes avait été déposée, produisit 2,986,335 francs [1]. Le 28 juin, tous les versemens étaient effectués par les envoyés d'Haïti, pour l'indemnité, pour le trésor, pour la banque de M. Laffitte qui reçut, outre le million destiné à l'emprunt, un surplus de 106,206 francs [2]. Ce million même y resta en dépôt, parce que les porteurs de titres de l'emprunt ne voulurent pas acquiescer au mode de libération qu'il avait proposé au gouvernement haïtien.

A ce sujet, et d'après des pétitions très-vives adressées à la Chambre des députés par quelques-uns d'entre eux, le ministre des affaires étrangères invita les envoyés à une conférence où se trouvèrent M. Lacave-Laplagne, ministre des finances, l'amiral Baudin et M. de Las Cases. Il s'a-

et le comte de Montalivet ; avec M. Dupin aîné, président de la Chambre des députés, avec le comte de Laborde, avec M. Dutrône, alors conseiller à la cour royale d'Amiens. Dans toutes ces réunions, on nous exprima une loyale satisfaction de l'issue heureuse des négociations d'Haïti avec la France, laquelle servirait à favoriser la prospérité et la civilisation du jeune peuple admis désormais sans équivoque, parmi les nations independantes. Mais, à cette occasion, il n'est pas un seul des personnages dont s'agit qui ne nous ait exprimé le désir de voir la République *abroger* enfin les dispositions de sa constitution politique concernant *l'exclusion* des hommes de la race blanche de la société haïtienne, et cela dans l'intérêt, disaient-ils, de son avenir, par l'introduction de leurs lumières, de leur industrie, de leurs capitaux, etc.

Hélas ! ces personnes ne se doutaient pas de ce qui se passait alors à Haïti, à propos des traités si honorables pour elle ! Elles ignoraient l'acte sauvage qui venait d'être commis sur le principal fonctionnaire haïtien qui avait pris part à ces traités, parce que les auteurs de cette atrocité jugeaient compromettant pour la sûreté publique tout arrangement pris avec l'étranger. En général, les Européens ont toujours semblé ne pas pouvoir comprendre tous les motifs des dispositions exclusives qu'ils reprochent à la constitution politique d'Haïti. Des siècles s'écoulent avant que certaines classes d'hommes, dans ces contrées civilisées, ne parviennent à la jouissance de tous leurs droits naturels, et souvent ce résultat n'arrive qu'à la suite de grandes révolutions sociales ; et l'on veut croire que les choses sont plus faciles dans un pays qui n'a pas encore 60 années d'existence, et qui est sorti de la barbarie du régime colonial !

1 Le vice-amiral Grivel, préfet maritime à Brest, — le même qui vint à Haïti en 1825, — avait mis tous ses soins pour expédier ces fonds à Paris. Il fit l'accueil le plus bienveillant à MM. Ardouin et Villevaleix, de même que les autres autorités civiles et militaires de Brest.

2 Environ 25 mille francs de ces fonds servirent à payer du papier filigrané que les envoyés d'Haïti firent fabriquer à Paris, pour des billets de caisse.

gissait de les convaincre de la nécessité, pour le gouvernement haïtien, de donner des preuves de sa bonne foi envers les porteurs des titres de l'emprunt, en adoptant d'autres voies de libération que celles qui avaient été suggérées par M. Laffitte, et ils devaient être chargés d'en faire un rapport au Président d'Haïti. Dans cette conférence, M. le comte Molé, avec ce tact exquis et cette urbanité qui le distinguaient, se montra très-conciliant; il exprima l'espoir que les créanciers consentiraient à réduire les intérêts de l'emprunt, de 6 qu'ils étaient d'après le contrat de 1825, à 3 pour cent. Il n'en fut pas de même de M. Lacave-Laplagne, dont le langage était quelque peu acerbe à l'égard de la République : ce qui força le sénateur Ardouin à relever le ton général de ses paroles, par la citation de faits bien autrement reprochables de la part de plusieurs gouvernemens de l'Amérique, après avoir fait un exposé succint des embarras occasionnés aux finances d'Haïti, et par l'acceptation de l'ordonnance de 1825, et par les interminables négociations qui l'avaient suivie jusqu'à cette présente année. Les envoyés promirent, enfin, d'en parler à Boyer à leur retour, et émirent l'opinion qu'il enverrait prochainement de nouveaux agents pour prendre des arrangemens avec les porteurs de titres de l'emprunt.

Leur mission étant terminée, les envoyés quittèrent Paris le 21 juillet et s'embarquèrent à Brest le 31, sur la corvette *la Sarcelle* : le 15 septembre dans la soirée, ce navire jeta l'ancre dans la rade du Port-au-Prince. Une heure après, le Président d'Haïti recevait les ratifications de S. M. le Roi des Français aux deux traités du 12 février, et la réponse autographe qu'il fit à la lettre que lui avait adressée Boyer.

Quand le Président eut reçu les dépêches de ses agents annonçant la ratification des traités par Louis-Philippe, il adressa au Sénat le message suivant, en date du 28 juillet :

« Citoyens sénateurs, conformément à l'article 121 de la constitution, j'ai le plaisir de vous faire part que le dernier sceau a été mis aux arrangemens qui furent conclus en février de cette année, entre la France et la République.

» J'ai reçu des commissaires haitïens en France deux lettres ; l'une à la date du 28 mai, l'autre à celle du 12 juin, par lesquelles ils m'informent que les traités ont été ratifiés le 21 mai par le Roi des Français, et que l'échange des ratifications a eu lieu le 28 dudit mois. Ainsi se trouve accompli l'œuvre de la reconnaissance de la République comme État libre, souverain et indépendant, œuvre qui, depuis vingt-deux ans, était l'objet de la plus vive sollicitude du gouvernement.

» L'accueil que Sa Majesté Louis-Philippe a fait aux envoyés de la République, qui ont été reçus et traités comme les agents diplomatiques des autres nations, et l'ordonnance royale qui prescrit l'exécution des traités conclus avec Haïti, prouvent que la France est vis-à-vis de la République dans une voie de sincérité qui ne peut manquer d'affermir de plus en plus les rapports de bonne intelligence entre les deux pays. C'est à la nation haïtienne à continuer de se rendre digne, par sa loyauté et son respect pour le droit des gens, du rang où elle s'est élevée par son courage et par la pratique des vertus qui distinguent les peuples civilisés.

» J'ai l'honneur, etc.

Signé : BOYER.

Et le même jour, par un acte rendu « au nom de la République, » le Président ordonna que les traités fussent publiés et exécutés selon leur forme et teneur.

La signature de ces traités par les plénipotentiaires respectifs, leur ratification par le Président d'Haïti, et leur sanction par le Sénat, étant terminés le 15 février, et ne laissant presque aucun doute sur leur ratification par S. M. le Roi des Français, le gouvernement crut devoir donner un avertissement indirect à celui des États-Unis qui avait institué, dans plusieurs ports de la République, « des agents commerciaux » qui n'étaient point accrédités auprès de lui. En conséquence, le 23 février, *le Télégraphe* publia une circulaire du grand juge aux tribunaux civils, qui leur enjoignait « de ne point souffrir ni tolérer désor- »mais qu'aucune personne, sous aucun prétexte, fît aucun »acte en qualité d'*agent consulaire,* sans avoir été officielle- »ment autorisée par l'*exequatur* indispensable du gouver- »nement.» Et, le 3 mars, le secrétaire général publia aussi un avis au public dans le même but, soit que ces personnes prissent le titre d'agent consulaire ou celui d'agent commercial.

RÉSUMÉ DE LA CINQUIÈME ÉPOQUE.

Si l'ordonnance du roi de France avait paru ambiguë et négative de la souveraineté d'Haïti, aux yeux même de Boyer qui l'accepta, à ceux du Sénat qui l'entérina, il était tout naturel que la nation éprouvât un sentiment de répulsion à l'égard de cet acte et de mécontentement contre le gouvernement, dès qu'il fut publié et que l'on apprit les particularités relatives à son acceptation, surtout la présence d'une flotte française dans le port de la capitale, qui semblait avoir intimidé le chef de l'État. Ce sentiment résultait encore de la surexcitation des esprits pendant le cours de l'année précédente, par divers actes qu'il publia pour porter la nation à se préparer à une vigoureuse résistance.

Ce fut dans le Nord de la République que se traduisit immédiatement ce mécontentement, non sans doute dans un complot formé contre Boyer, mais par des paroles virulentes qui pouvaient en faire naître un. Aussi, avisé de ces faits par le général Magny, Boyer se porta-t-il de suite au Cap-Haïtien. Sa conduite énergique, mais en même temps modérée en cette circonstance, réussit à dissiper ce danger dont le moindre effet eût été la scission du Nord avec les autres départemens.

Pendant qu'il ramenait les esprits au calme par la persuasion, en expliquant les motifs qu'il avait pour accepter l'ordonnance dont s'agit, il fut rappelé à la capitale où la fille de Pétion se mourait.

Peu de temps après, un consul général de France y

arriva accompagné de plusieurs autres agents secondaires. En les accréditant auprès du gouvernement haïtien dont ils devaient obtenir leur exequatur, le gouvernement français déclarait, par cela même, qu'il reconnaissait l'indépendance et la souveraineté d'Haïti, malgré l'anomalie et l'équivoque de l'ordonnance du roi Charles X.

La transaction opérée nécessita la prompte réunion du corps législatif ; elle eut lieu en janvier 1826. Afin de prouver sa bonne foi dans cette affaire, et celle que devait montrer aussi le peuple haïtien, Boyer porta la Chambre des communes à voter une loi qui déclarait « dette nationale, » les 150 millions de francs consentis envers la France. Une autre loi imposa une contribution extraordinaire à l'effet de payer cette somme.

Les lois formant le code rural, le code de commerce, le code d'instruction criminelle et le code pénal, et d'autres sur une nouvelle organisation de la gendarmerie, de l'ordre judiciaire, de la chambre des comptes, des troupes de ligne, de la garde nationale, de l'enregistrement et des hypothèques, et sur d'autres matières, préparées à l'avance, furent décrétées dans cette session législative, l'une des plus laborieuses de la deuxième législature dont le mandat allait finir cette année.

Les agents envoyés en France avaient contracté un emprunt à Paris pour payer le premier terme de l'indemnité fixée par l'ordonnance royale de 1825 ; mais la somme obtenue par cet emprunt ne suffisant pas, le gouvernement y expédia un million de piastres qui lui restait en réserve au trésor national et qui ne suffit pas encore pour cet objet. Ces agents n'avaient pu obtenir du gouvernement français qu'une convention pour régler les rapports de commerce et de navigation entre les deux pays, au lieu du traité qui devait effacer l'ambiguïté de l'ordonnance par rapport à l'indépendance et la souveraineté d'Haïti, et réduire l'indemnité à un chiffre raisonnable.

Boyer ne pouvait ratifier cette convention qui éludait ainsi la question principale de la transaction entre Haïti et la France. Il communiqua sa pensée au Sénat qui fut d'accord avec lui pour refuser cette ratification et faire cesser la faveur du demi-droit accordé au commerce français au bout de cinq années. En conséquence, il publia une déclaration pour expliquer dans quel sens il avait accepté l'ordonnance royale, afin de fixer le peuple haïtien et la France elle-même sur sa résolution. Cet acte d'une ferme politique porta le gouvernement français à envoyer des pouvoirs à son consul général, à l'effet de souscrire une nouvelle convention ; mais elle ne put aboutir au résultat désiré par Haïti.

Pendant qu'on s'en occupait, la Grande-Bretagne accréditait dans la République un consul général et des agents secondaires, et la plupart des autres puissances de l'Europe y nommaient aussi des consuls.

Toutefois, Boyer se vit obligé à prendre une attitude défensive à l'égard de la France; et par suite de la loi sur une nouvelle organisation des troupes de ligne, il ordonna le recrutement des corps pour les porter au grand complet. Ainsi, la transaction politique qui devait amener le désarmement relatif du pays, fut au contraire la cause d'un état militaire considérable et nuisible aux finances. Aussi fallut-il recourir à un expédient pour y faire face ; le papier-monnaie fut créé par cette nécessité impérieuse.

Dans une telle situation, il était impossible de contracter un nouvel emprunt à l'étranger pour effectuer le payement du second terme de l'indemnité. Aussi bien il fallut obtenir préalablement de la France les garanties indispensables pour rassurer Haïti sur la question de son indépendance souveraine. Le secrétaire d'État se borna à envoyer au gouvernement français une obligation pour le second terme de l'indemnité, en même temps que le Président d'Haïti convoquait de nouveau à la capitale les généraux de l'armée, afin de leur communiquer ses actes depuis leur première réunion et d'arrêter avec eux les mesures de guerre que des éventualités pourraient nécessiter. Loin de reconnaître les bonnes intentions que Boyer avait eues, plusieurs d'entre eux osèrent concevoir le projet de le déposer du pouvoir, et il fallut tout le patriotisme expérimenté de l'un d'eux pour faire avorter ce projet. Mais cette pensée coupable entretint la méfiance et le mécontentement qui avaient surgi de l'acceptation de l'ordonnance royale de 1825 ; ces sentimens allaient se traduire en une conspiration quelques mois après.

Dans l'année 1827, la Chambre des communes fut renouvelée intégralement. Les représentans, s'associant aux vues du pouvoir exécutif, sanctionnèrent la création du papier-monnaie et édictèrent plusieurs lois qu'il leur proposa. Deux d'entre elles furent conçues dans le but de modifier, au profit d'Haïti, ce qu'il y avait de trop onéreux pour ses finances et de trop contraire à sa souveraineté dans l'ordonnance du roi de France : 1° en abrogeant tous les droits à l'exportation des produits d'Haïti, ce qui annullait la faveur dont le commerce français jouissait à cet égard ; 2° en augmentant les droits perçus à l'importation des marchandises exotiques et sur-élevant le tarif des douanes par le prix moyen de l'évaluation de ces marchandises.

Avant la session législative, Boyer avait échappé à la mort dans l'explosion de l'arsenal de la capitale, qui occasionna de grandes pertes à l'État par l'incendie de ces établissemens et des magasins attenans. La session était à peine close, qu'il y échappa de nouveau, par la découverte d'une conspiration ourdie contre ses jours.

L'année suivante se passa en mesures financières par le retrait du papier-monnaie de la quotité de 5 gourdes, et de l'ancienne monnaie métallique dite *à serpent* qui circulait depuis 1813. En même temps l'hôtel des monnaies en frappait une de meilleur aloi.

1829 fut une année de stériles négociations suivies avec le gouvernement français, pour parvenir à la conclusion d'un traité formel, quant à la reconnaissance de l'indépendance d'Haïti, et d'une convention financière relative à l'indemnité. Néanmoins, les bases en furent convenues au point que Boyer put, en ouvrant la session législative, annoncer à la Chambre des communes que le demi-droit stipulé pour le commerce français cesserait dès le 1er janvier 1831.

Dès 1828, le bruit avait circulé à l'étranger, que l'Espagne se disposait à une tentative de restauration de son autorité dans son ancienne colonie de l'Est d'Haïti, et cette nouvelle avait porté le gouvernement à prendre des mesures militaires dans cette partie. En janvier 1830, un ministre plénipotentiaire de cette puissance se présenta et réclama pacifiquement la remise de ce territoire; mais il lui fut répondu que la République n'avait rien enlevé à l'Espagne, que l'indépendance de sa colonie avait été proclamée par les populations qui s'incorporèrent volontairement à la République, que partant l'état des choses ne pouvait changer.

Dans cette année, un agent français arriva avec la mission de refaire les actes convenus précédemment; mais, n'ayant pu s'entendre avec le gouvernement, il repartit en même temps qu'un agent haïtien était envoyé en France pour continuer la négociation. On s'en occupait à Paris, quand une révolution détrôna Charles X et institua une nouvelle dynastie en France. L'agent haïtien continua d'y rester, dans l'espoir de terminer cette négociation.

Le grand événement survenu en France exalta tellement l'esprit public en Haïti, qu'à la capitale, à propos d'un incident déplorable survenu entre deux personnes, on vit éclater une opposition insensée contre le gouvernement ; le ministère public dut poursuivre les agitateurs, et le calme se rétablit.

En ce moment, par un article officiel, le gouvernement désavoua la prolongation du séjour de son agent à Paris, que cependant il n'avait pas rappelé et à qui il n'avait pas envoyé de nouveaux pouvoirs, à raison de la caducité des premiers. Bientôt après, cet agent arriva à la capitale et remit au chef de l'État deux traités qu'il avait signés et que le roi des Français avait ratifiés ; l'un était relatif aux arrangemens financiers pour le payement du solde de l'indemnité ; l'autre, au commerce et à la navigation entre les deux pays ; ils étaient tous deux indivisibes, le rejet de l'un entraînant également celui de l'autre. Or, par le dernier, l'agent haïtien avait outrepassé ses instructions en consentant des stipulations contraires aux institutions politiques d'Haïti : ce traité ne pouvait être ratifié par le chef de l'État ; il refusa sa ratification à l'un et à l'autre. Cette résolution porta le consul général de France à rompre toutes relations avec le gouvernement et à se retirer dans son pays.

Boyer fit écrire au gouvernement français pour expliquer ses motifs. Cette dépêche, mal accueillie, eut pour réponse une note verbale qui reflétait les sentimens éprouvés par le gouvernement français. Il y fut répliqué par une note de même nature, et les relations diplomatiques entre les deux gouvernemens furent dès lors suspendues.

1832 amena le renouvellement de la législature. Dans la proclamation qu'il publia à cet effet, Boyer disait aux électeurs de nommer des citoyens « qui sauraient apprécier les » les améliorations réclamées par le véritable intérêt natio- » nal. » Plusieurs avocats furent nommés représentans, et par leurs lumières, ils devaient diriger la Chambre des communes. Aussi, à l'ouverture de la session, firent-ils entendre au Président des paroles en rapport avec les termes de sa proclamation et l'espoir qu'ils avaient, que le régime parlementaire s'inaugurerait dès cette session. Dans une adresse votée immédiatement au pouvoir exécutif, ces orateurs réclamèrent une foule de mesures comme des améliorations nécessitées par l'état des choses. Ils firent ériger des tribunes au sein de la législature, et le Sénat imita cet exemple.

Ces dispositions auraient occasionné immédiatement une lutte entre l'Opposition, installée dans la Chambre des communes, et le pouvoir exécutif, si parmi ses orateurs une lutte d'influence n'avait pas surgi, chacun des avocats aspirant à diriger cette Chambre. Ce fut la cause de la stérilité de la session législative, au grand désappointement du public et des avocats eux-mêmes : le pouvoir exécutif profita de leur division.

Quelques mois après, des officiers ministériels (avocats et autres) revêtus de la qualité de représentans, ayant donné des sujets de plainte aux tribunaux par leur irrévérence, ces tribunaux voulurent les en punir ; mais ils réclamèrent leurs immunités à raison de leurs fonctions comme législateurs. Ces plaintes furent portées au grand juge, et ce ministre, par ordre du chef de l'État, adressa une circulaire à cette occasion. Elle décida que tout officier ministériel, élu représentant, devait opter entre les deux natures de fonctions qui étaient incompatibles par ces faits ci-dessus dénoncés. Le grand juge fondait sa circulaire par l'analogie des dispositions de l'art. 81 de la constitution disant : « Il y a incompatibilité entre les fonctions de re-» sentant des communes et toutes fonctions publiques » salariées par l'État. »

Quelques-uns des avocats représentans, formant l'Opposition dans la Chambre des communes, pensèrent que c'était à cause d'eux-mêmes que cette mesure avait été prise; et à la session de 1833, ils demandèrent la comparution du grand juge pour répondre sur sa circulaire. Mais cette proposition fut rejetée par l'influence des autres avocats qui leur disputaient la direction dans la Chambre, ceux-ci approuvant la mesure. La lutte entre eux devint si vive et si passionnée, que H. Dumesle et David Saint-Preux furent exclus par la Chambre, placée sous l'influence de Milscent et des autres avocats. Cette décision inconstitu-tionnelle fut attribuée par ceux qui en étaient victimes, à une entente de leurs collègues avec le chef de l'Etat : ils protestèrent contre leur exclusion et en appelèrent au Sénat, afin d'être jugés par la haute cour de justice, si l'on admettait qu'il y avait lieu de les accuser. Mais le Sénat résolut qu'il ne pouvait déférer à leurs désirs, puisque la Chambre ne lui avait adressé aucune accusation contre eux. Privés de cette ressource pour se justifier, H. Dumesle et David Saint-Preux devinrent les chefs de l'Opposition dans le pays, pour poursuivre ce rôle à ou-trance.

Dans cette année, l'archevêque d'Haïti, qui s'était retiré

volontairement dans l'un des couvens de la Havane, dès 1830, y étant décédé, la cour de Rome se décida à envoyer à Haïti un légat qui y arriva dans les premiers jours de 1834. Sa mission avait pour but de régler les affaires religieuses, de concert avec le Président de la République. Entré en conférence avec des agents haïtiens, il opposa de telles difficultés à la conclusion d'un concordat, que cet acte ne put avoir lieu. Mais le Président le chargea d'aller à Rome pour aplanir ces difficultés. Loin d'y réussir, il revint chargé des fonctions de vicaire apostolique dont le Président ne voulut pas permettre l'exercice. Retourné à Rome, après avoir jeté les bases du concordat désiré par Haïti, il ne fut pas approuvé par la cour de Rome, et les choses restèrent dans le même état.

Au commencement de 1833, à propos de quelques paroles prononcées à la tribune par le ministre des affaires étrangères de France, Boyer avait adressé de nouvelles propositions à ce ministre, concernant le solde de l'indemnité à fixer par un traité. En même temps, il offrait de rembourser une somme dont le trésor de France avait fait l'avance pour Haïti, en payant les intérêts de son emprunt. En conséquence, un agent français arriva en janvier 1835, chargé de recevoir cette somme et de s'enquérir de l'état réel de la situation financière de la République. Cette connaissance lui fut donnée amplement avec une lettre de crédit sur Londres, relative à la somme due. Sur son rapport fait au gouvernement français, celui-ci se disposa à traiter définitivement avec Haïti. Marchant d'accord avec le Sénat, Boyer fut invité par ce corps à persister dans les nouvelles propositions qu'il avait faites.

Dans cette année, plusieurs des codes publiés en 1826 furent revisés par le corps législatif, et une loi fut rendue

pour faire payer en monnaies étrangères les droits perçus
à l'importation, mesure adoptée en vue des arrangemens
qu'il fallait prendre avec la France.

Une conspiration éclata au Cap-Haitien en janvier 1837,
et fut comprimée aussitôt par la vigilance des autorités.

Quelques jours après, les élections eurent lieu, pour le
renouvellement de la Chambre des communes ; les deux
représentans exclus en 1833 furent réélus par les électeurs
de leurs communes. Ils étaient trop avancés dans l'Opposition pour ne pas reprendre la marche qu'ils avaient déjà
suivie. Dominant la Chambre par leur influence, ils la portèrent à demander au pouvoir exécutif la suspension, sinon
l'abrogation de la loi sur le payement des droits en monnaies étrangères, en se fondant sur la gêne générale du
commerce et sur une disette extraordinaire que subissait
le pays par suite de la sécheresse. Mais cet état de choses
étant surtout occasionné par une crise commerciale qui
portait la perturbation dans les relations des nations de
l'Europe avec les États-Unis, Boyer résista à la proposition
de la Chambre. Celle-ci rendit une loi sur les impôts où
elle confondait les dispositions relatives à leur assiette et
celles qui étaient relatives à la régie de ces impôts, distinction qui avait été faite depuis trois ans sur les observations du Sénat. Aussi ce corps rejeta-t-il cette loi en
vertu de son véto.

Sur la fin de l'année, le gouvernement fut informé que
des agents français allaient bientôt arriver à Haïti pour
traiter définitivement de l'indépendance nationale et du
solde de l'indemnité. En conséquence, Boyer publia une
proclamation pour leur faire savoir à quoi il était résolu,
dans l'intérêt du peuple haïtien. Il consulta de nouveau

le Sénat à ce sujet, et leur correspondance fut également publiée.

En janvier 1838, les plénipotentiaires français arrivèrent. Ils entrèrent aussitôt en conférence avec ceux de la République, et après des négociations suivies loyalement de part et d'autre, deux traités furent signés ; l'un qui donnait une pleine satisfaction à l'honneur des Haïtiens, par la reconnaissance explicite de leur indépendance et de leur souveraineté, l'autre qui fixait le solde de l'indemnité à 60 millions de francs, au lieu de 120 millions, payables en trente années. Ces traités, furent ratifiés par le Président d'Haïti et sanctionnés par le Sénat. Des arrangemens particuliers furent également convenus, dans le but de reprendre le service de l'emprunt de 1825. Deux agents haïtiens partirent pour France avec les plénipotentiaires de cette puissance, emportant avec eux les fonds nécessaires pour l'indemnité et pour l'emprunt, et avec mission de procéder à l'échange des ratifications des traités, s'ils étaient approuvés par S. M. le Roi des Français ; ce qui eut lieu.

TABLE DES MATIÈRES

CHAPITRE II.

CHAPITRE III.

CHAPITRE IV.

CHAPITRE VII.

FIN DE LA TABLE DES MATIÈRES DU TOME DIXIÈME.

9 782013 486613